第五辑

北京民俗论丛

北京民俗博物馆 编

中国社会科学出版社

图书在版编目(CIP)数据

北京民俗论丛. 第五辑 / 北京民俗博物馆编. —北京: 中国社会科学
出版社, 2017.4
ISBN 978 - 7 - 5203 - 0171 - 8

Ⅰ.①北…　Ⅱ.①北…　Ⅲ.①风俗习惯—北京—文集
Ⅳ.①K892.41 - 53

中国版本图书馆 CIP 数据核字 (2017) 第 078382 号

出 版 人	赵剑英
责任编辑	王 茵　张 潜
责任校对	胡新芳
责任印制	王 超

出　　版	中国社会科学出版社
社　　址	北京鼓楼西大街甲 158 号
邮　　编	100720
网　　址	http://www.csspw.cn
发 行 部	010 - 84083685
门 市 部	010 - 84029450
经　　销	新华书店及其他书店

印刷装订	北京君升印刷有限公司
版　　次	2017 年 4 月第 1 版
印　　次	2017 年 4 月第 1 次印刷

开　　本	787 × 1092　1/16
印　　张	14.5
字　　数	269 千字
定　　价	78.00 元

卷 首 语

　　随着社会发展和科技进步，博物馆的地域和时空限制逐渐被打破，呈现出多元发展的形态。博物馆已不仅是收藏、保护、研究、展示文化遗产的机构，更是服务人的全面发展、面向未来的文化服务和教育机构。当博物馆成为一种生活方式，博物馆与当代生活之间的关系成为其发展的重要命题。博物馆作为社会生活中的一处公共文化空间，它在其中扮演着什么样的角色？如何发挥其作用和影响力？应如何调整其与公众的关系来满足公众教育和文化消费方面的需求？

　　当前，中国博物馆正在经历着"以物为本"向"以人为本"的观念转变，本辑《北京民俗论丛》所载之文正记录了在此期间社会各方的深刻思索和博物馆人的实践。本辑特别推出的"高碑店艺术文化村"调研专题，通过一组翔实深入的调查报告反映出博物馆在保存历史记忆、关照现实生活、保护传承地域文化上，作为公共文化机构应有的敏感和责任担当；还有从乡村博物馆建设、博物馆的儿童教育、博物馆的宣教工作、博物馆与社会资源的合作共享、博物馆信息化建设等多维度，或从理论或结合个案实践多角度重新思索博物馆与当代生活的融入以及新的功能和定位。此外，《民俗文物研究》《北京史地与民俗》《非遗与传统文化保护》等传统栏目，既有学坛前辈们对史料文献仔细爬梳后的严密论证，也有学坛新秀们深入研究后的独到见解，一并呈上，以飨读者。

　　由建筑和藏品定义的博物馆随着多元发展的时代将不断被重新定义。在以人为本的社会，博物馆公共文化服务能力将成为发展的核心竞争力。正如有人所说："博物馆，不在于拥有什么，而在于能给人们带来什么。"在未来社会里，已逐渐成为生活方式的博物馆还将怎样与人们的生产生活发生深度融合？又会面临怎样的挑战？我们的思索和探索将一如时代的脚步，稳步向前。

目　录

民俗文物研究

北京史地与民俗

非遗与传统文化保护

民俗资源与村落复兴
——以北京市朝阳区高碑店村为例[*]

鞠　熙　解育君[**]

高碑店村位于北京市朝阳区，东四环路和五环路之间。它地处京杭大运河通惠河段旁，早在明清时期就已经是百货云集的商品集散地，在几百年的时间中，一直保持着农商并重的村落生产与生活方式。身为运河码头，又毗邻京城，这一地理优势使高碑店村有长期的重商传统，在此基础上形成了高碑店村农商并重的文化特质。这一传统在历史中虽然不断变化，但始终在农业社会的大框架下传承和延续，直至 20 世纪 80 年代。自 20 世纪 90 年代起，高碑店村发生了翻天覆地的变化。首先是一系列市政措施占用了村落绝大部分土地，高碑店村成为"有农村无农业，有农民无耕地，农转居无工作"的"三无"村。随后，村领导敏锐地发现了古典家具行业开始在高碑店村发展的苗头，随之出台一系列优惠鼓励政策，将这一产业扶植成为高碑店村的龙头产业，这为高碑店村的转型与复兴打下了初步基础。接着，高碑店村进一步深化优势，借着国家发展文化产业的优惠政策，引入清华美院、中国油画园、匾额博物馆、华声天桥等

　　[*] "高碑店艺术文化村"调研是 2016 年由北京民俗博物馆和北京师范大学社会学院联合开展的调研课题。课题从空间、时间、社会组织、商户（含雇主和雇员）、居民五个方面对高碑店村展开全面实地调研；针对高碑店村艺术行业内具有代表性的商户进行深度访谈，了解不同艺术行业在高碑店村的发展情况。通过分析高碑店艺术文化村的背景、现状及远景，提出提升社会治理水平，实现文化融合的对策建议。本文作者在完成调研组总调查报告后，又撰写此文。
　　[**] 鞠熙，北京师范大学社会学院副研究员。解育君，北京民俗博物馆副研究馆员。

系列文化企业，初步培育出特色高端的"文化园"区。伴随着农村住房改造和新农村建设的结束，高碑店村为文化产业发展腾出大量空间，随之成为村集体年收入过亿、全国新农村建设的榜样村，用20年时间实现了村落的全面复兴。

对于这一变化历程，北京民俗博物馆与北京师范大学民俗学专业始终是亲历者。2006年，北京民俗博物馆与北京师范大学民俗学专业的学者们到高碑店村开展联合调查，此时正值高碑店村开始转型之初，村落改造已经逐步推开，村民开始脱离土地，成为所谓"上楼居民"。在巨变已经拉开帷幕之际，民俗学者们看到抢救性记录的紧迫性，以"正在逝去的村落"为主题开展民俗调查，搜集、整理并记录了高碑店村在农业社会时代的民俗传统与文化生活，并留下了大量宝贵的记录和一手资料，这为十年后的回访调查奠定了坚实的基础。

十年后的2016年，高碑店村改造与新农村建设已经进入尾声，村落转型初步完成，北京民俗博物馆与北京师范大学人类学与民俗学专业学者再次走进高碑店村，调查记录十年后高碑店村复兴与繁荣的现状，也尝试探索村落进一步发展的内在动力。调查从2016年6月正式开始，共由民俗博物馆的18位学者、北师大3位教师与6名博硕研究生组成联合调查组，投入实地调查。至9月15日实地调查结束时，共向村民和文化产业人口发放问卷1472份，回收有效问卷1441份。进行实地调研约35天，获得文字资料684份、录音资料约158小时、照片115张，深度访谈105人，其中村委社区干部9人、文化产业商户代表76人、本村村民20人。

通过调查我们发现，在高碑店村的复兴过程中，"民俗"是核心资源，扮演了关键角色。正是十年前对高碑店村民俗传统的挖掘，使高碑店村民"有了精气神"，建立了文化自信，进而激发出改天换地的建设决心。正是对民俗知识的有意运用，使高碑店村领导能够深入群众、影响群众、引领群众，顺利开展各项工作。最后，丰富的民俗活动与民间社会组织，使高碑店村民组织程度高、认同感强烈，村集体有充分的向心力。村民有高度的文化自信，也影响了外来商户对本地文化的认同。以高碑店原有的民俗文化为基础，村落共识基本形成，这是外来人口与本地村民得以和谐相处的保证，也是村落能够健康有序发展的重要前提。可以说，在高碑店村实现村落复兴发展的过程中，民俗是核心资源，当它以"传统"的身份进入现代社会后，反而具有高度的象征性权威，能对现代社会起到很好的规范与调控作用。本文以下将从"民俗传统与文化自信""民俗知识作为文化策略"以及"民俗活动与村落认同"三方面，分别加以说明。

一　民俗传统与文化自信

　　高碑店村曾是北京有名的"困难户"。从 20 世纪 80 年代初起，随着北京城市化进程的加快，高碑店村首当其冲受到冲击，原本就不多的耕地越来越少。据统计，1983 年时，高碑店村人均占有土地还有 1.1 亩，而自 1983 年开始，京沈铁路、京通快速路、五环路、华能电厂、北京市高碑店污水处理厂、高压线路等国家和市政重点工程——征用了高碑店村的土地。1993 年到 1999 年，亚洲最大的污水处理厂在高碑店村建成，占地 2300 亩，全是本村的农业用地。更严重的问题是，铁路干线与京郊公路主干道都从村中穿过，把高碑店村的土地切成很多块，根本无法耕种。漕运码头被废、耕地失去、鱼塘被填平，这个村原有的经济产业模式完全废弃，经济来源几乎没有，村民纷纷到城里打工，村内劳动力更显紧缺，全村 5000 多农业人口几乎陷入绝境。

　　为解决生存困境，高碑店村想过很多办法，如发展乡镇企业，电动厂、五金加工厂、羊毛衫厂等，但都是"挎着篮要饭"，属于依托国营企业的附属加工企业，既没有发展余地，又给环境造成了很大污染。到 20 世纪 90 年代末，北京开展综合环境治理，不许烧锅炉，于是羊毛衫厂等乡镇企业均被砍掉，本已不景气的村落经济再次陷入困境。

　　复兴是从 2002 年领导班子调整开始的。当年，新领导班子上任以后，立刻召开村民代表大会，统一思想、治脏治乱、改善环境、发展产业、改善民生。当我们 2016 年再次回到高碑店村时，村落已经发生了翻天覆地的变化。关于这段历程，支芬书记总结道：高碑店村能够实现复兴和发展，"这么多事下来以后，我倒觉得，确实是高碑店人的这种精神是最关键的，也是应该能够传下去的"。经济复苏，是从挖掘古村历史文化开始的。进行深入民俗调查、挖掘古村历史文化，从三个方面为高碑店村的全面复苏埋下了种子。

　　首先，整理村史，使村民重拾文化自信，燃起希望和斗志。高碑店村有悠久的历史传统，明清时期曾有过灿烂的物质文明与精神文明，也曾经是京东富裕乡村的代表与远近闻名的集市。十多年前当高碑店村面临严重的生存危机时，民俗博物馆与北京师范大学民俗学专业的学者们走进高碑店，深入挖掘村史，重新唤起了高碑店人对以往历史的记忆与自豪，在现代经济浪潮中被抛弃的高碑店村，重新经由民俗文化的再发现而被"价值化"了。这一点，西社区党委书记刘某说得很清楚："民俗调查太有用了，忆村史，话美德，开展百姓故事会，村里人就有了精气神儿。我们那时候就是一说高碑店好，大家就真觉得高碑店挺好的，有很多例子，让我们知道高碑店特别好。就像现在似的，要是咱俩对着说漂亮，最起码肯定现在愉悦，接着就是走下去之后更愉悦，老觉得自己很漂亮。我们的古人、老祖宗创造了很多的传承美德，今天我们就是给下代人传承。"随着自我文化的被价值化，高碑店人树立起对自我文化的自信和主人翁意识，他们不再满足于与垃圾和贫困为邻，而开始以昂扬的姿态积极参与社会建设与经济竞争。高碑店村的这场硬仗，才有了心态上的保证。事实上，整理挖掘出来的高碑店民俗文化也真的成为现实的资源与财富，为高碑店村带来了实际的经济效益与社会影响力。例如，高碑店村的娘娘庙庙会在民国时期非常有名，连带本村的高跷会、狮子会等香会表演也独树一帜、独具魅力。2006年开始的"挖村史"活动使这一民间艺术形式重新焕发了生机，高碑店村的高跷队和威风锣鼓重新组织起来，不仅在北京民间艺术团体中颇具声望，还去过美国、荷兰、瑞典、法国、奥地利等地参与表演。直到今天，高碑店村的威风锣鼓仍然是村民引以为豪的艺术表演团体。

其次，整理村史、挖掘民俗，也确定了高碑店村进一步发展的方向。在进行村落民俗文化调查的过程中，高碑店人意识到，自己最宝贵的财富就是祖先们所积累的物质与非物质文化遗产，而进一步发展的道路，必须在继承这笔财富的基础上规划制定。西社区党委书记刘某说："我们的建筑特色就取决于村史，我们不追时尚，时尚很短，我们追什么，就追我们老祖宗的东西，传统文化永远丰富。"在深入访谈、了解旧有文化的基础上，高碑店新的规划设计方案被定了调，并最终形成今天这样以明清建筑样式为主的村落面貌。这样的村落面貌也得到村民和外来商户双方的认可。对于村民来说，统一规划的建筑样式符合他们的审美习惯，也尊重了村民的风水意识，因此得到了他们的认可。对于外来商户而言，明清建筑的整体风格形成了高碑店村的独特特色，吸引了大批与古典文化有关的商家前来落户。北京市民俗产业的代表者华声天桥董事长王某提及，他最初离开十里河、选择高碑店，就是看中这里的古典气息："就高碑店这一块儿，十来年就十来年的积累，这么长时间的积累，所有这个地区的建筑，全是明清的古典建筑。"一些中小型商家最初也是被这里的明清建筑格局吸引而迁入，服装行业"墨意娟子"的设计师兼老板杨某说："我开始不知道高碑店，后来我们去找房子，搜到高碑店，我们就说来看看，我一看就喜欢上这个地方，我觉得这片儿的古建筑，比较符合咱们中国味的东西，我们就在这边找了个房。"类似的例子还有很多，这些例子表明，高碑店村依托本村历史所选定的发展道路，符合实际，也得到了大多数人的认同，这为社会融合奠定了物质认知方面的基础。

最后，通过挖掘传统民俗文化而建立的村史博物馆和道德讲堂，也成为凝聚高碑店村人心、形成社会共识与发展合力的重要空间。村史博物馆在西社区办公楼地下一层，主要以图片形式展示高碑店村的历史发展概况。它免费对外开放，村民可以随时参观，也鼓励外来商户前来参观，了解高碑店村的历史，建立对高碑店村的认同感。这样，村落历史成为本地村民和外来产业居民共有的历史认知与财富，客观上促进了双方的了解与沟通。道德讲堂同样是传承传统文化的重要空间，它位于西社区办公大楼二层，是西社区举行文化讲座、进行村民道德教育的地方。在道德讲堂的墙壁上，写着《论语》《老子》《弟子规》等经典作品的名言警句。西社区文化广场上建设有"二十四孝"塑像。对于道德讲堂的作用，支芬书记说："在三场硬仗当中，不光要干，还要教育村民，比如说尊老爱幼，如何爱祖国、爱领袖、爱家乡，是吧？爱长辈、爱自己、爱孩子，是吧？爱咱们村庄，是吧？就爱咱们村庄，是吧？特别是要传承孝道文化这一块。"例如，2016 年，村委集中力量进行孝文化传承活动，党群办等单位集中力量进行孝道文化宣传与教育，正是通过这样的方式，传统道德始终是全社会的共识，这对于避免社会撕裂、融洽多方关系发挥了重要作用。

二　民俗知识作为文化策略

高碑店村之所以能在城市化和生活革命的大变革中保持健康良好的社会发展态势，根本原因之一在于坚持了党的领导与社会主义制度，依靠民众主体，充分尊重民意，无论是环境改造、文化产业的规划布局，还是新农村建设、农民自建房屋上楼，都由党员带头执行，并发挥骨干带头和先锋模范作用。由于全村居民的共同认可，高碑店"两委一社"班子成员长期稳定，13 年来没有大的调整。2015 年 11 月 28 日，高碑店村举行村党总支换届选举，共 212 名党员直选总支书记和委员，全体总支成员以 99.3% 的得票率高票当选，支芬书记以全票当选，充分反映了基层党员组织的凝聚力与向心力。

通过调查我们了解到，高碑店村委之所以能有如此的号召力，一个重要原因是他们重视工作方法，在尊重民众生活习惯的基础上进行改革。例如，我们在调研中了解到，在高碑店下大力气治理环境之初，迁坟种树等工作中也曾遇到很多困难，除了依靠党员干部带头之外，高碑店村党委领导还创造性地利用了村民的民俗观念。高碑店村本来土地就极少，其中大部分还是村民家中的坟头，支芬书记上任以后，决定要从治理脏乱环境入手，改善村落面貌。可是如何才能说服民众主动迁坟？此时，民俗知识发挥了作用。村委领导们用"坟头长蒿子"的传统说法来教育村民，让他们把注意力从迁坟本身的困难，转移到迁坟后"风水"改变可能会对家族带来兴旺运势的结果上，以"种树"代替"迁坟"的说法，成功说服村民将祖坟从垃圾场移出进入公墓，并在公墓区中广植柏树，将这里建成绿树成荫的绿地空间。340座坟地被迁入铁道线中间无法利用的地区，重新下葬后这里树木成荫，现在甚至成为居民们遛弯、休闲的地方。

再如，在设计村落空间布局时，高碑店村两委同样利用民间观念，把依河布局的高碑店村解释为一座宝鼎，把通惠河水解释为源源不断的财富，水入宝鼎，意味着高碑店的长盛不衰。就连将村落一分为二、长期困扰村落发展的铁路线，也被解释为箍住宝鼎的铁链，保证了宝鼎的稳定与坚固。这些解释在充分尊重了民众的民俗传统与民众心理的基础上，顺利实现了村落环境的现代化转型，是传统融入现代的典型案例。正是这种用心、负责、相互尊重的工作态度，使以支芬为代表的村委与支部领导赢得了村民的信任，也使得高碑店村村民在村落发展中发挥了主体性作用。更重要的是，通过这样的集体行动，村民们的思维方式改变了，被动接受变成了主动追求。正如支芬书记所说："当时我们开村民代表会的时候跟大家讲，如果你要等着国家上级拨款，吃救济，你这代喝粥，你儿子喝粥，你孙子还喝粥，为什么呢？国家救济只能是够你吃饭。所以实质是通过清理之后，转变了村民的思维方式。"民俗还是那些民俗，传统还是那个传统，但一旦在现代化的语境中进行创造性的解释之后，民众愿意听、工作容易做，思维方式似乎还是"风水""运势"那些"老一套"，但又的的确确更适于现代社会的运行方式。这就是民俗知识作为一种文化策略的优势所在。

三　民俗活动与村落认同

从调研情况来看，今天的高碑店村，有丰富的节日文化活动。这些活动绝大多数在高碑店村原有民俗节日基础上发展而成，无论是本地村民还是外来人口，都通过这些活动加强了沟通、联系与交往，促进了相互认识。尤其是元宵节、二月二、五月节、中元节和金秋艺术节这几个比较核心的节日，参与面比较广、活动内容比较丰富，有较高的认同度。除了节日活动以外，位于古典家具一条街上的鲁班祠，也在凝聚人气方面发挥不可替代的作用。

今天的高碑店村，由于重大节日往往有集体活动，因此节日氛围比较浓厚。在集体性的、欢乐的节日气氛中，人与人之间的交往也随之增多，这些节日因而成为外来商户与本地村民最重要的交往时间。冠宏典藏家具的胡某举例说："平常一些节假日、大的节日，如每年的端午，村民给我们包粽子；三十晚上，他们先把饺子煮完了，请这些没有回去的一些商户过来。忙完这些他们才能自己回家。"更重要的是，这样送温暖的行为不是单方向的，即只从村民到外来商户，反过来的情况也很多。鲁班祠就常年在春节期间资助村民，董事长赵某说："我们和村民关系都不错，比如这儿有一个孤寡，有一个儿子得病的，反正挺困难的，有时候过年给人俩钱什么的，资助资助，干点有益的事儿，但我跟他们也不说。"青年创业园区的王某经常参加高碑店村组织的各种活动，也经常收到高碑店村村民在节日期间表达的善意，对此，她感觉非常温暖："像端午节他们会发一些粽子过来，我觉得这种小的光环也挺让人感觉温暖的。不是钱的问题，不是价钱的问题。"如果有机会，她也会尽量参加村里的节日庆典，她感觉这也是宣传自己企业的途径之一："像灯会，元宵节时候办的，我们当时还有赞助有我们自己 logo 的灯，参加灯火晚会。""只要收到邀请，我们肯定会全力以赴，因为这个都是互助的。"这些以节日活动形式表现出来的双方互动，给王某留下了非常好的印象，并认为这是让她对高碑店村及其村民有深厚感情的重要原因："比如说有什么开园仪式，或者有什么活动，我们也会邀请他们领导。比如去年过年之前，虽然在很冷的时候，刚做完这个简装，我们就在楼下的二层，邀请了高碑店的领导，还有老乡们，包括一些入驻的商户，我们一块联欢，大家有一个小的庆祝，这个互动我觉得还是比较好。"

作为高碑店村的龙头企业古典家具行业来说，他们对高碑店村的认同还突出体现在古典家具一条街的鲁班祠上。2005 年，高碑店村决定大力发展家具业、打造"古典家具一条街"之初，从事这一行业的匠人们就提出，要延续北京木匠行会的老传统，修建一座鲁班庙，采取中国传统的方式来规范行业发展。高碑店村委听取了这一意见，专门拨出一座四合院建筑新建了鲁班祠。今天的鲁班祠有主殿和东西配殿，主殿叫祖师殿，供奉鲁班及其弟子像；东西配殿为展览，以实物、文字和图片形式介绍高碑店村的历史、古典家具一条街的发展和家具制作有关知识。院内有碑刻《重建鲁班祠碑记》，记录了 2005 年重修鲁班祠的过程。祠内住持旭阳道长说，鲁班祠香火很盛，前来上香的既有高碑店村的商户，也有村民，还有远道而来祈福的人。而对于古街上古典家具行业的商户来说，鲁班祠更是意义非凡。高碑店村最早的家具商户、古典家具协会副会长赵某介绍："鲁班的生日也好，我们有些匠人招徒弟也好，就说上那儿去办一下，这也是一个老的中国传统方式，所以鲁班祠在这个行业当中也起了很大作用。"其他商户也认为："鲁班是我们家具的祖师爷，它会影响大家一个信仰观念。最直接的，咱们要诚信经营，到鲁班祠那里去了，就会从这些信念上制约你，不要做一些违法的勾当。它是一个精神。"鲁班祠的精神与信仰感召力，对于高碑店村古典家具行业协会的有序运行也发挥了一定作用，赵某认为，"鲁班祠达到了预期的效果，大家还是按照行会的宗旨，把自己的门面做好，服务做好，还有质量方面，在这方面确实提高了。如果没有行会的督促，也达不到这么利落"。

一方面有共同的节日民俗活动，另一方面有公共的信仰空间，高碑店村的外来人口与本地村民相处日益融洽，社会总体和谐，已经在相当程度上形成了村落认同与共识，这主要表现在以下三个方面。

（1）运河文化认同。作为大运河源头处的重要港口，运河与高碑店的历史与命运息息相关。在运河商船繁忙往来的明清时期，高碑店沿河两岸商铺林立、商贾聚集。而随着大运河作为交通要道的功能逐渐淡出历史舞台，高碑店的商业文化也随之衰退，回归了依赖农业生产和养殖为主的生计方式。随着运河水位下降和河道被废弃，高碑店甚至被选为污水处理厂所在地，一度面临生存困境。但是，大运河所带来的商业文化记忆已经融入高碑店村落的血脉，不仅是本地村民，外来产业民众也相信，大运河所代表的商业传统，是高碑店村的"文化之根"，是它能发展文化产业、打造传统文化品牌的基础与保证。华园众合迦南资产管理有限公司董事长佟某说，他们将资本投入到高碑店村之前，就听说过大运河和高碑店村，那时候是从书本上看到的，但当时就觉得高碑店村的文化底蕴与众不同。后来在与村民打交道的过程中，发现村民的确"与周围北京都不一样，这真的都不一样，这地方人都聪明，这地方的村民都聪明"。对此，华夏民俗园董事长马某也深表赞同，并且直接把这种"聪明"解释为大运河文化造成了高碑店村村民见多识广："高碑店它有历史，它这个地方，本来最早就是经行京杭大运河的漕运码头，到这来换船进京，所以说这的人是见多识广的，高碑店村人见多识广。"中国爱德艺术院院长王某也认为，在北京这样一个缺水的地方，高碑店紧邻运河、交通便利、历史深厚，这是千金难换的优势，也是他愿意扎根高碑店谋求发展的重要原因。王院长说："我们来的时候，确实没有想过这么美，这里有水，这个在北京也是不多的。来了这以后见到水，这个对我们从事艺术的人来讲，还是喜欢。还有，了解到高碑店的文化底蕴还是比较厚的，千年的古城，漕运码头也在高碑店，它的文化底蕴还是很厚的。"更有力的证据是"放河灯"的节日活动。高碑店村每年举办大量各类民俗节日活动，但其中影响力最大的，当数放河灯。每年七月十五，由高碑店社区组织，有龙王庙、鲁班祠的道士参与，在运河内举行放河灯仪式，近年来每年都吸引大量游客前来参与，不仅有本村村民和商户，也有高碑店村之外专程赶来参与的人。"二闸放灯"本来就是北京传统中最著名的民俗活动之一，但由于北京城内水位下降、民俗活动组织困难等原因，近几十年来已经渐渐消亡。但人们对通惠河和放河灯的历史记忆一直存在，高碑店村已经成为这种记忆的重要承载空间，扮演着传承北京民俗的重要角色，这是"地利"，更是"天时"与"人和"，是运河文化在今天的高碑店村存在与传承的具体表现。

"运河文化"已经成了高碑店村备受关注的文化名片，对于这一点，高碑店人也有感觉。我们注意到，西社区广场上有腾龙阁，旁边有龙王庙，都是在过去运河旁边的标志性空间上重新翻建而成。在高碑店村新的规划布局中，村里沿河边建起"水乡茶楼"，全力打造与水有关的文化气息，也反映出高碑店村已经意识到"运河水"的品牌效应。但可惜的是，腾龙阁上看不到码头的痕迹；龙王庙中除了供奉龙王外，与运河的关系也不明显；至于水乡茶楼，现在还在建设之中，"运河水"作为文化符号，还没有得到充分的开发、利用与体现，它的认同性价值尚待进一步开发。

总的来说，高碑店村拥有悠久的历史文化，以"运河文化"为代表的中国民俗传统已经深入村落的血脉，并成为各类人群建立村落认同的基础。从调查问卷来看，无论是村民还是外来产业居民，都以高碑店丰富的历史文化而骄傲，尤其是本村村民，认同高碑店村，对本村有强烈自豪感和文化自信的受访者占绝对优势。即使有些外来商户认为对高碑店村还不够了解，但也倾向于认为在这里工作让自己感到自豪，并且从情感上与高碑店村产生了联系，极少有人不同意自己对高碑店村持有欣赏、认同的正面感情。

（2）发展道路认同。在今天的高碑店村，产业结构比较完整、产业形态丰富多样，古典家具制作、销售、展卖，高端书画艺术培训、创作、装裱、印刷、销售，数字媒体制作、后期、电影生产等文化产业，都大量在这里聚集。产业形态的多样化，带来不同层次、不同经历和不同面向的产业居民。但本课题组通过大量的访谈发现，所有产业居民对高碑店村今后的发展道路都有相同的共识，即坚持走文化产业园区发展之路，这也是支芬书记等村两委领导从 21 世纪初就定下的发展道路。

正如前面所说，高碑店村将自己的发展道路定位于文化产业发展园区，尤其重视对中国传统文化产业的引进。这不是拍脑袋的发明，而是经过大量挖掘民俗、回溯村史的工作后，根据自身情况所选择的发展道路，从实施之初，就得到广大村民的认可。在此基础上，才形成了高碑店村以明清建筑为特色的村落空间布局。从村委的角度来说，他们确定了明确的发展目标，优先引进高端文化产业机构；从外来商户的角度而言，首先也是与中国传统文化有关的那些商家受到高碑店村的吸引，认为彼此文化气质比较相近而愿意落户高碑店村。

在调研期间，许多人向我们表达了对高碑店村发展传统文化相关产业的信心与认同。例如，大家普遍认同，高碑店村与798地区虽然都主打文化，但二者气质完全不同。"798是当代艺术比较强的，我们是传统文化。""高碑店怎么打造？按798完全不行，你就是按明清一条街设计的，那你这块儿的打造应该有自己的想法。""我到这里来之后，感觉这种人文的东西，这种古典文化的东西，区别于798。798的商业氛围太浓，倾向于比较现代的艺术家，比较嘈杂。""这个艺术园区将来规模会比798大，但前提是真正按传承中国古典文化这条道路来走，手工艺要摆脱义乌的观念。"

（3）发展前景认同。高碑店村的村民与产业居民们，除了对村落共有的历史、文化资源，以及目前正在走的文化产业发展道路具有基本共识外，也大多认同高碑店村的发展前景，普遍对未来充满希望，对美好明天有所憧憬。无论是本村村民，还是外来商户，他们都相信高碑店发展传统文化的道路，符合国家需要、符合党的大政方针、符合北京市的发展目标，一定能得到党和政府的大力支持。要实现"两个一百年"奋斗目标和中华民族伟大复兴，必须建立中华文化的主体性，要高度重视中华优秀传统文化，并将其作为治国理政的重要思想文化资源。高碑店村目前的发展方向，正符合这一目标，前景广阔、大有可为。正如清华美院高研班马某所说："北京朝阳区有一个798，但是798不是我们中国传统文化的阵地，它某种意义上是西方用文化渗透中国的一个阵地。朝阳区缺一个中国传统文化的阵地，潘家园是吗？潘家园是个交易场所，不是一个产业阵地，我说应该在北京的朝阳区的南部建立一个中国传统文化的产业基地，这个基地就应该在高碑店村。"

正是由于有这样的信心，本调研组也发现，很多高端文化产业已经与高碑店村产生了相当程度的黏合度和休戚与共的命运联系。在古典家具文化一条街上的许多商户向我们表示，他们的根已经深深扎入了高碑店村，"赶都赶不走了"。文化园社区的艺术培训机构也有类似感觉，"现在大家是一种利益共生的关系，因为一个教学单位在这儿越好，它培养的学生越多，老师们对这个地方越依赖，那么就会有更多的人扎根在这个地方。我现在和高碑店村之间，已经是血浓于水了。""咱们企业在这，其实也不仅仅说我挣了钱就完了，关键是跟村里那种融洽的关系，跟高碑店就是融为一体了。"就包括普通商户，也希望尽最大努力留在这片文化核心区中："如果没有特殊的原因，大部分都是想继续待在这儿，都不想走。我感觉差不多有1/3，每年1/3的画家留下来。"从我们的问卷调查数据来看，当问及文化产业机构的雇主是否愿意长期在高碑店村工作和是否关注高碑店村的发展前景时，正面肯定的答复高达63%和74%。这正是高碑店村能继续保持稳定发展的重要基础。

  总之，在高碑店村复兴与腾飞的过程中，民俗作为传统文化资源发挥了重要作用，起到文化引领发展、促进发展、保障发展的功效。民俗不仅是历史上长期形成的观念与意识，深入人心，以民俗传统作为行动策略，更有"润物细无声"的效果。更重要的是，民俗传统是促成高碑店村村民形成认同与凝聚力的核心，在自我民俗认知的基础上，民众有了文化自觉与文化自信，对村落的自我定位与发展方向有了明确的认识，这也对外来人群形成了强大的吸引力与向心力，在周边地区形成了一定规模的博物馆群体和影视传媒群体。传统文化在农村城市化进程中的作用日益凸显，这正是高碑店村迅速发展的秘密所在。

北京高碑店艺术文化村公共空间的现状调查[*]

前　　言

　　高碑店村位于北京城东，隶属朝阳区高碑店乡，是由漕运码头发展起来的一个村落，已有数百年的历史。近年来，随着北京城市的发展，高碑店村由于优越的地理位置和便利的交通条件，商业获得极大发展，艺术类机构和商户云集，使其发展成为远近闻名的艺术文化村。这不仅受到当地政府部门的重视，也引起了学者的关注。

　　村落公共文化空间是村落文化的重要内容，是村落文化发展必不可少的依托。为了解高碑店村空间分布情况以及在此空间中的村落人际关系和文化活动，2016年6月至8月，"高碑店艺术文化村现状调查"课题组空间调查小组多次前往高碑店村进行田野调查。通过座谈、访谈、随机访谈和实地观察等方式，调查小组走访了村干部、社区干部、村民和商户，了解了高碑店村公共文化空间目前的分布情况和使用情况。根据调查结果，结合高碑店村历史发展过程，本报告分析了高碑店村公共文化空间的形成因素及目前使用过程中村委组织、社区组织与商户、村民和商户之间的互动关系，并进一步探讨了高碑店村商户与村落文化的融合现状及存在的问题。

---

　　* "公共空间组"调查组成员：李锦萍、张佳佳、孙英芳、解育君。执笔人：李锦萍，北京民俗博物馆馆员。张佳佳，北京民俗博物馆助理馆员。

一　高碑店村简介

高碑店村北临通惠河，位于通惠河流域中段沿岸，清代属于顺天府大兴县。通惠河是京杭大运河从通州张家湾到京城的重要河段，建于元代。元世祖忽必烈在至元二十九年（1292 年）命水利专家郭守敬修凿通惠河，并在河上建坝闸十座，其中一座名为"平津上闸"，高碑店就位于此闸附近。由于通惠河是外地货物进入北京城的重要水上运输线，因此依河而建的高碑店村早在元代就成为漕运码头和商品集散地，商业也由此逐渐发展起来。从元至清，高碑店村商业一直很繁荣。

北京市朝阳区高碑店乡下辖两个自然村，分别为高碑店村和东店村。高碑店村位于长安街东沿线南侧，北京中央商务区与五环路之间，距离天安门广场仅 8 公里，北临京通快速路，东临五环路，南通广渠路、京沈高速路，地理优势得天独厚。近几十年，北京城市快速发展，高碑店村的商业经济也迅速发展起来，商铺大量增加，外来人口不断增多。2006 年调查显示，高碑店村有常住人口 5700 多人，外来人口 8000 多人；到 2016 年，高碑店村有常住人口 5900 多人，和十年前相比，增幅并不大，但外来人口增加至数万人，商户约 2200 家。

十年来，高碑店村在村委领导下，对村落民居和商铺进行了统一的规划建设，街道宽阔，村容整齐。

二　课题组第三小组调查过程

2016 年 6 月至 8 月，课题组第三调查小组（空间小组）在高碑店村进行了三次较为详细的田野调查。

（一）第一次调查

第一次调查时间在 2016 年 6 月 27 日，调查方法以访谈和参与观察为主。调查的目的主要有两个：一是通过访谈高碑店村委领导，了解高碑店村近些年发展建设中空间规划情况；二是通过实地考察，了解高碑店村公共空间的布局情况。27 日上午，调查小组在高碑店村委会会议室对高碑店村经联社副社长陈科和村委会副主任刘雪梅进行了访谈；27 日下午调查小组对高碑店村空间情况进行实地考察，先后观察了文化园区、古典家具一条街、鲁班祠、东社区民居、西社区民居、西社区广场、龙王庙、将军庙等空间分布的大致情况。本次调查主要内容如下。

1. 关于高碑店村落布局

（1）村落布局概况、村落区域划分和各区域概况、村落分区的原因。（2）村落布局的形成时间、村落规划的历史。（3）近十几年村落规划情况，规划的具体时间、组织者和实施者等相关人员，规划思路、理念和目的。（4）村落规划中街道安排、商业区和居住区的分布、住户房屋整体设计等。（5）村落规划的资金来源。

2. 关于高碑店村公共文化空间

（1）村公共文化空间的名称、位置等概况。（2）村广场建设时间、位置和原因。（3）村广场设施概况、使用人群、使用时间和使用方式。（4）村广场举办的集体活动名称、时间、大致内容以及与岁时节日、人生仪礼的关系；村落集体活动的参与者、组织者、举办原因。（5）村庙宇的位置、建造时间和维修时间。（6）村庙宇供奉的神灵及原因，村庙宇的碑刻及其他文字记录内容，村庙宇相关故事传说等。（7）村庙宇举办的集体活动的名称、时间、会期、规模、参与者、组织者、参与方式。（8）村其他公共文化活动空间的名称、位置、建造时间、规模、使用情况。

3. 关于高碑店村公共文化空间的未来设想

（1）村民对目前村公共文化空间布局的满意程度和未来设想。（2）商户对目前村公共文化空间布局的满意程度和未来设想。

（二）第二次调查

第二次调查时间在 2016 年 7 月 27 日，本次调查以访谈为主，参与观察为辅。调查的目的主要是根据第一次集体调查情况，一方面，通过访谈高碑店村委会或社区工作人员，了解村落代表性公共空间——社区活动室、广场、庙宇的规划和建设情况；另一方面，通过访谈和参与观察，了解高碑店村信仰空间及其活动情况。7 月 27 日上午 9 点半至 11 点，调查小组对高碑店村鲁班祠旭阳道长进行了访谈；下午 1 点半至 3 点半，调查小组对北京冠宏典藏古典家具有限公司总经理胡来宏进行了访谈；下午 4 点至 5 点，调查小组对高碑店村西社区刘新书记进行了访谈。本次访谈主要内容如下。

1. 关于鲁班祠

（1）鲁班祠空间位置、建筑布局和内部大致构造。（2）鲁班祠碑刻的位置及内容、鲁班祠内展室情况及相关文字记录。（3）访谈庙宇内工作人员或道士，了解庙宇建筑分布、奉祀神灵、平时前来祭拜的人员情况、庙宇组织的活动情况等。（4）随机访谈庙宇参观者或上香者，了解其身份、来庙宇的目的、原因和频率等。（5）观察庙宇的空间分布、建筑布局、神像安排以及相关细节。

（6）访谈商户，了解商户与鲁班祠之间的关系（对鲁班祠的认识和看法、来往情况、商户组织信仰活动情况等）。

2. 关于村委会和社区活动室

（1）目前属于村委和各社区的活动室的位置和面积。（2）活动室的规划和建设情况。（3）村委活动室的作用以及与村委的其他办公室之间的关系，活动室平时的管理情况和使用情况。（4）各社区活动室的管理情况和使用情况。（5）活动室举行的集体活动的名称、时间、组织者、参与者及活动大致情况。（6）村委会工作人员、社区工作人员、村民、商户都分别如何看待这些活动的意义。

3. 关于西社区广场（漕运文化广场）

（1）西社区广场建设规划、建设时间、选址原因及建设目的。（2）西社区广场建设的相关文字材料。（3）在西社区广场举行的集体活动的名称及原因。（4）西社区广场上村民自己组织的活动名称、参与者和时间。（5）西社区广场平时的活动情况。（6）西社区广场的管理情况。

4. 关于信仰空间（鲁班祠、龙王庙、将军庙）的规划建设

（1）龙王庙、将军庙和鲁班祠重修或修建的时间、修建原因和选址情况。（2）龙王庙、将军庙、鲁班祠相关文字材料，包括村委文件、档案记录、庙宇的碑刻文字等。

（三）第三次调查

第三次调查时间在 2016 年 8 月 19 日，本次调查以参与观察和村民或商户随机访谈为主，同时也对个别商户进行了专门访谈；调查的主要目的是在以往调查基础上，一方面，通过参与观察和随机访谈，了解高碑店村公共文化空间实际使用情况；另一方面，通过专门访谈，主要了解高碑店村民住宅和商铺内部空间情况。8 月 19 日上午 9 点半至 11 点，调查小组在东社区对村民刘振才和刘金环两位老人进行了访谈；中午，调查小组在高碑店村进行了随机访谈；下午 2 点至 3 点，调查小组对百思传媒行政负责人刘微进行了访谈。本次调查的主要内容如下。

1. 高碑店民和村公共文化设施的关系

（1）村民对西社区广场的了解程度及在西社区广场上的活动情况。（2）村民在西社区广场参加的文化活动的名称和内容等。（3）村民对村落的道路规划、商铺建设和公共文化空间建设的看法和建议。

2. 随机观察高碑店村公共文化空间的使用情况

（1）观察西社区广场上人员的数量、性别、年龄、位置分布、不同时间人

员变化情况等。（2）观察西社区广场上人群的活动情况。（3）随机访谈西社区广场上活动人员，了解其身份、来广场的目的和频率等。（4）访谈龙王庙、鲁班祠内工作人员（道士），了解庙宇的建筑分布、所奉祀神灵、平时前来祭拜的人员情况、庙宇组织的活动情况等。（5）随机访谈庙宇参观者或上香者，了解其身份，来庙宇的目的、原因和频率等。（6）观察庙宇的空间分布、建筑布局、神像安排和相关细节。

经过三次细致全面的调查，调查小组对高碑店村公共文化空间的建设和使用情况有了较为清楚的掌握，并从学理上进行了理解和探讨，形成了对高碑店艺术文化村公共文化空间情况的深刻认知。

三 高碑店村空间分布的形成

在整体空间上，高碑店村位于通惠河南岸，北临通惠河，东临五环路，南临广渠路，形成了相对独立的村落空间。由于高碑店路等村中主要道路的分隔，目前高碑店村共分东社区、西社区、文化园区和古典家具一条街四大部分。村民较为集中的居住的在东社区和西社区，所以东社区和西社区既有村民居住，也有不少商铺；文化园区和古典家具一条街主要是商业区。高碑店村形成这样的村落格局，有着历史的因素，也受近些年来国家、市政和村落规划发展的影响。

（一）高碑店村空间格局形成的历史因素

如前文所述，高碑店村的形成有长期的历史发展因素，它是依托通惠河河道上一个重要闸门——平津上闸所形成的码头。元代修建的京杭大运河是元朝南北物资运送的重要通道，通惠河是京杭大运河北京段的重要组成部分，是京杭大运河从南方进入北京城的必经之处。作为平津闸码头的高碑店村，至今还保留有闸门的遗迹。元代以来，京城漕运的繁盛促成了这个京郊村落的形成，而且很大程度上影响了其发展模式，使之成为远近闻名的货物集散地，形成了村落鲜明的商业经营传统和相应的文化特点。以高碑店村历史最悠久、最有代表性的古典家具市场为例，其形成就是依托于曾作为码头的特殊地理位置。元定都北京后，由于皇宫需要大量珍贵木材和华丽家具，产于南方的黄花梨、紫檀等珍稀木材便通过通惠河运至京城。到平津闸后，船工需要整理货物，办理入境手续并停留休息，于是高碑店村成为客商往来、货物流转的重要地方。船工们会用一些随船的珍贵木材换些吃喝，天长日久高碑店便成为珍稀木材的集散地。后来又逐渐发展出将珍贵木材制成家具的行业，受到京城达官贵人和外国客商的喜爱。① 正是由于高碑店村有着如此悠久的历史文化传统，20世纪90年代后，一些经营古典家具的商户纷纷来到高碑店村开店，形成了高碑店村独具特色的古典家具一条街。

目前，紧邻高碑店村北面的通惠河依然是高碑店村的北至之处，而长期发展形成的古典家具一条街仍然是高碑店村重要的空间。

（二）北京市城市发展规划的影响

高碑店村作为京郊附近村落，近些年的发展受到北京城市发展和市政规划的很大影响。可以说，目前高碑店村空间格局的形成宏观上主要取决于国家和北京市的建设规划。20世纪80年代以来，由于国家建设的需要和一系列市政工程的实施，高碑店村是修建铁路、高速路、工厂等重要设施的选地。除去这些被征用的土地后，形成了目前高碑店村的边际格局。此外，高碑店村的中心街道等一些主干道也是由北京市政规划建设的，这些道路把高碑店村自然分割成了四个部分，分别是村子东北部的东社区、村子西北部的西社区、村子东南部的文化艺术园区、村子西南部的村委办公区和国际民俗接待园区，形成了现在村落内部的空间格局（见图1）。

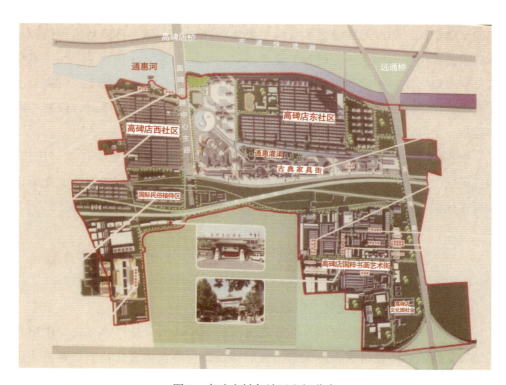

图1　高碑店村各社区空间分布

① 参见《高碑店村民俗文化志》相关内容。

（三）高碑店村委关于村落布局的规划

近些年来，高碑店村委在国家和北京市政规划之外，也积极对村落进行内部规划和建设。调查小组通过对高碑店村经联社副社长陈科访谈了解到，高碑店村的村落内部规划是从 2002 年开始的，真正进入系统性规划和建设是在 2006 年，其背景是 2006 年高碑店村入选北京市 80 个社会主义新农村，首规委（北京市规划委员会）、市农委、朝阳区对村落规划提出了指导性建议。高碑店村委、村总支和村委会开会决定，不仅要在北京市政规划建设基础上完善村落基础设施，还要依靠村里的力量彻底改善村民的居住环境，并进行村落产业定位。2006 年，高碑店村制定了村落规划图。在总体规划思路上，高碑店村依托其商业基础，以古典家具为龙头，着力打造民俗文化产业。在村落建筑风格方面，经过协商，确定了以明清建筑风格为主的村落建筑风格。

2009 年，高碑店村村落改造建设正式启动。村落改造建设的主要内容包括村落道路改造、古典家具一条街改造、文化园区建设、村民房屋重建、庙宇改造、广场建设等。目前，东区、西区、文化园区这三个区域的产业主要是民俗文化产业。其中古典家具一条街由于形成已久，目前在空间上保持原来的位置，在经营上仍以古典家具为主。文化园区的主街道叫国粹艺术街，油画院、清华美院、雕塑院、华声天桥等艺术机构主要集中在这个区域。村民基本保持原址居住，主要位于东西社区，但为了商业需要，居民楼房统一建设为三层，其中第三层可以居住，一层和二层可用作商铺。在广场和花园的选址上，村委会主要考虑村民活动的便利性，同时希望广场、花园把民居和道路隔开，以减少噪声污染，另外广场还可兼作古典家具一条街商铺的停车场使用。[1]

根据村落布局规划，目前高碑店村已经完成古典家具一条街、东区民居、西区民居、村中街道、广场、庙宇等空间的改造和建设，中医药产业文化园区和村民休闲小广场正在建设中。

四　高碑店村公共文化空间的分布与使用

（一）高碑店村公共文化空间概况

村落公共文化空间是村落人群日常生活的重要场所，是村落文化集中呈现的地方，既能够体现村落人际关系，也能够反映村落整体文化特点。调查小组通过对高碑店村多次参与观察、随机访谈和专门访谈了解到，高碑店村的公共

---

[1]　见 2016 年 6 月 27 日上午空间调查小组对高碑店村经联社副社长陈科的访谈记录。

文化空间主要有三大类。

1. 行政性公共文化空间

行政性公共文化空间是指依托村委的行政办公场所，在文化活动中受到村委和社区委员会指导，带有较明显行政色彩的公共文化空间。高碑店村的行政性公共文化空间主要指村委会活动室及东西社区委员会的文化活动室、村史博物馆、道德讲堂等。高碑店村委会及东、西社区委员会都有专门的活动室，不仅是村委会和社区委员会组织村民开会和处理日常行政事务的场所，也是组织村民进行文体活动的场所，尤其是西社区活动室，是使用最多的地方。高碑店村的村史博物馆和道德讲堂，也建在西社区办公楼内。这种行政性公共空间在活动期间会对部分村民和商户开放，因此它具有一定的公共性，但它毕竟是室内办公场所，也具有较强的封闭性，在这里举行的活动都具有行政组织性，都是在社区委员会的指导下进行的。

2. 生活性公共文化空间

生活性公共文化空间指的是和村民日常生活、岁时节日活动、人生仪礼活动等文化活动关系较为密切的公共空间。高碑店村生活性公共文化空间主要指村中广场、小花园、通惠河沿岸等，这些是高碑店村委规划修建的供人们休闲活动的室外场所。这些文化空间是完全公共性的对外开放场所，不论是本村人还是外来人口，都可以在这些场所进行健身活动。除此之外，村落中最大的公共文化空间是西社区广场。西社区广场位于通惠河边，北临惠河岸，西边隔着小花园，与龙王庙相邻，并与西社区委员会办公楼隔路相望。广场较为开阔，有高大的露天舞台、大型电子显示屏、亭台和座椅。这是村里最大的公共空间，不仅村里很多大型活动在这里举办，也是村民最常光顾的休闲之所。

3. 信仰性公共文化空间

信仰性公共文化空间指的是与宗教神灵信仰相关的公共空间，高碑店村目前的信仰性公共文化空间主要有龙王庙、将军庙和鲁班祠。其中，龙王庙和将军庙位于西区通惠河沿岸，紧邻西区广场，都是原址复建。鲁班祠位于古典家具一条街，是 2007 年新建的。龙王庙、将军庙的改造和鲁班祠的建设均由村委会出资，然后请道教协会派道士进行管理。此外，据文献记载，高碑店村还有娘娘庙，但访谈中得知，娘娘庙正在维修，暂不对外开放。

（二）高碑店村公共文化空间的使用概况

根据调查和研究目标，调查小组重点关注高碑店村的公共文化空间的活动情况，因此，我们会对这部分内容做更详细的描述和分析。

1. 以社区文化活动室为代表的行政性公共文化空间

在目前高碑店村公共文化活动中，村委和社区委员会的活动室具有举足轻重的地位。高碑店村委会位于村南部，紧邻国际民俗接待园区。村委会大门和大楼之间有一个照壁，上面写着"礼、义、廉、耻、忠、孝、信、悌"等传统文化经典文句。村委会大楼内，除了村委办公室、会议室等办公场所外，还有面积较大的活动室。该活动室用于村里较大规模的集体活动的组织、商讨和排练，以及需要各社区委员会一起协商的事务，大都在村委的会议室或活动室进行。除了村委活动室，高碑店村东社区和西社区都有相应的社区活动室，可供社区和居民组织各种文体活动。访谈中得知，社区活动室每天工作时间内对居民开放，居民可以到活动室自行活动或参加社区组织的各种文体活动。

在高碑店村，使用频率最高的行政性公共文化空间是西社区活动室。西社区活动室在西社区办公大楼二层，2009 年西社区大楼建成时开设此活动室，与东社区活动室相比，这个活动室面积较大，约 600 平方米，举办的活动也更为丰富。西社区文体队的排练大都在西社区活动室进行，所以这个活动室是西社区居民最主要的室内文化活动场所。

此外，在西社区办公楼内，还建有高碑店村村史博物馆和道德讲堂。村史博物馆位于西社区办公楼一层，主要以图片形式展现高碑店村历史发展概况。村史博物馆对外开放，可以免费参观。道德讲堂位于西社区办公大楼二层，是西社区举行文化讲座、进行村民道德教育的地方。据西社区刘新书记讲，道德讲堂时常举行讲故事活动，内容多与家庭孝道有关，并鼓励村民积极参与。

2. 以西社区广场为代表的生活性公共文化空间

调查小组调查中发现，高碑店村最大的室外公共文化空间是西社区广场。西社区文化广场也叫漕运文化广场，2004 年由村委规划建设，2008 年建成并对外开放，面积约 600 平方米。广场上坐北朝南建有高大的露天舞台，广场两侧建有休闲亭台。广场南侧紧邻花园，扩大了广场空间，又与通惠河相邻，形成了有水有花草、景色优美的活动场所。由于西社区广场空间开阔，环境宜人，高碑店村近几年组织的大型室外集体活动都在此举行。

调查中发现，除了村委会和社区组织的各种活动，村民在日常生活中最常去的消闲室外场所也是西社区广场。我们在多次参与观察中看到，西社区广场上人比较多，有的跳广场舞和健身操，有的在散步，有的带着孩子在玩耍，有的在休息。从人群来源上看，由于西社区广场是完全开放的，所以来休闲的人除了高碑店村村民，还有不少商户家属及外来人员。可以说，西社区广场是高碑店村最重要的居民室外活动场所和公共文化空间。

此外，靠山吃山，靠水吃水，高碑店村紧邻通惠河，在历史上高碑店村从通惠河受益良多，到今天，虽然通惠河在高碑店村发展中的经济地位逐渐下降，但却成为村落公共文化空间的重要组成部分，也是高碑店村水上文化活动的首选之处。在每年七月十五中元节，高碑店会组织居民和商户进行放河灯活动，放河灯之处就在通惠河上。一盏盏河灯放到河里，缅怀先烈、追思古人，祈祷风调雨顺、国泰民安。

3. 以鲁班祠等为代表的信仰性公共文化空间

目前高碑店村典型的信仰性公共文化空间有三处：龙王庙、将军庙和鲁班祠。其中龙王庙和将军庙是高碑店村历史上就有的庙宇，鲁班祠是新建的庙宇。作为村落信仰性公共文化空间，三座庙宇是今天高碑店村居民和商户表达和抒发信仰情感之处，也是休闲散步之所。

龙王庙和将军庙都在西社区北部，紧邻通惠河，2009年，高碑店村委出资和商户集资重修了庙宇。龙王庙是在通惠河岸边建立的庙宇，据村民讲，龙王庙初建在明代，历代不断重修。现在龙王庙是四合院式的建筑格局，主殿是龙王殿，两侧有配殿。在龙王庙院内有明嘉靖年间的《龙王庙记》和2009年重修龙王庙时的《重修高碑店龙王庙碑记》。将军庙坐落在距龙王庙大约200米通惠河中的一座小岛上，有小桥与河岸连接，没有院落，仅有主殿叫将军庙。龙王庙主奉龙王，将军庙主神是关公，这样的神灵信仰，与高碑店村的历史文化有深厚的渊源。由于这里是漕运码头，和水有密切关系，于是高碑店村在村落形成不久就修建龙王庙供人祭拜，以祈求顺风顺水，平安吉祥。而高碑店村同时也是由漕运码头发展而来的具有鲜明商业特点的村落，所以信奉财神关公，以保佑商业经营顺利和利润丰厚。从这里可以看到，高碑店村在长期历史发展中形成的村落经济特色以及在此影响下居民的文化选择。调查中听高碑店村民讲，过去高碑店往来商人很多，村民经商者也多，龙王庙和将军庙香火很旺，现代社会由于科技进步和人们思想观念的改变，龙王庙和将军庙香火较过去不那么旺了。村民说，在旧社会，龙王庙和将军庙很灵验，所以供奉香火者很多，不仅有高碑店村民，还有周围其他村落居民及往来商人。从访谈中得知，龙王庙和将军庙在长期历史发展中已经成为高碑店村精神信仰的集中之处，是村民最重要的信仰空间，这种文化传承到今天，即使人们在商业活动中不再那么依赖神灵，但龙王庙和将军庙依然是高碑店人重要的精神依托之所。调查中我们发现，出入龙王庙和将军庙的人络绎不绝，一炷清香寄托理想和愿望。和龙王庙道长访谈中知道，龙王庙在初一、十五时上香的人不少，也有前来参观游览的，所以龙王庙和将军庙在今天的高碑店村也是人们休闲的重要场所。此外，在一些重要的岁时节日和宗教节日，龙王庙还会举行活动，为人们祈福。

鲁班祠在古典家具一条街上，是2005年由高碑店村委投资建造的，面积大约150平方米。空间不是很大却是完整的四合院建筑，有主殿和东西配殿。主殿叫祖师殿，供奉鲁班及其弟子像；东西配殿为展览，以实物、文字和图片形式介绍高碑店村的历史、古典家具一条街的发展和家具制作的相关知识。鲁班祠院内有碑刻《重建鲁班祠碑记》，记录了重修鲁班祠的过程。鲁班祠作为新建庙宇，是高碑店村委根据村落产业发展特点和商户需要规划建设的。高碑店村从建村开始，家具行业就在村落经济中占据重要地位，到20世纪80年代以后随着村落城镇化进程加快，可耕地面积减少，家具产业逐渐成为高碑店村的支柱产业。以经营古典家具为主的古典家具一条街，成为高碑店村的重要商业街。而鲁班作为家具行业的祖师，是经营家具的商户所共同信奉的行业神。据访谈所知，早在民国以前，在今天鲁班祠所在地，就有一座鲁班祠，前来上香祈福的商户很多，后遭毁弃。目前重建的鲁班祠是原址复建，其目的就是为了适应近些年来高碑店村不断增多的古典家具商户的信仰需要。在调查中我们发现，鲁班祠主殿内，除了供奉有鲁班及其弟子神像外，还有很多商户送来的用以供奉的小神像。据鲁班祠旭阳道长所说，鲁班祠香火很盛，前来上香祈福的人大都是高碑店村的商户，也有村民，还有远道而来祈福的人。

结　论

调查小组通过多次访谈和实地观察，对村委关于村落公共文化空间布局的规划有了较为清楚的认识，对高碑店村目前的公共文化空间分布情况有了较为深入的了解和较为宏观的把握，对于村落公共文化空间的实际使用情况也有了较多的认识。公共文化空间的分布和使用情况反映村落人际关系及村民与商户之间的融合程度，调查主要目的是为了更好地了解高碑店村的公共文化现状和村民与商户之间的社会融入状况。

通过调查发现，高碑店村在公共文化空间建设和发展方面，村委会和社区工作委员会进行了良好的规划和建设，投入大量资金、时间和精力进行公共文化空间的建设。从2002年高碑店村进行村落规划建设之初，高碑店村委会就把公共文化空间的建设作为重要内容来做，着力新建可以举行村落集体大型文化活动的西社区广场和舞台；重修龙王庙和将军庙，延续村落的精神信仰；新建鲁班祠，满足商户经营和发展的心理和情感寄托；修建了多处花园和草坪，配置健身器材，充分考虑人们茶余饭后休闲健身的需要，尽力为居民和商户提供休闲之所。从多次访谈中我们看到，高碑店的村委领导具有宏大的村落发展和建设计划、有开阔的视野和眼光、有品牌建设的意识，也有促进高碑店商户和村民融合发展的宽阔胸怀。① 在村落建设和发展过程中，高碑店村委会除了不断改善居民的生活环境，在公共文化的建设和使用上也尽可能地考虑商户经营和发展的需要，主要表现在以下几个方面。

首先，让商户参与到村落建设和商业发展中来，共同商量发展对策。高碑店村很多企业组建了不同行业的行业协会，高碑店村委在每年春天召开的村落年度发展计划大会上，都会邀请各个行业协会和一些有代表性的商户参加，一方面共同探讨村落年度发展的相关问题，另一方面村委会也听取各行业协会和商户的意见和要求，为商户的发展经营提供更好的基础条件和政策环境等。

其次，在村落公共文化空间的建设和使用上，高碑店村委尽可能考虑商户的现实需求。比如鲁班祠的兴建就是为了满足商户的行业信仰需要，目的非常明确。又如在花园的规划建设上，高碑店村委会考虑到商户停车的需要，于是在花园草坪中建设停车场。在公共文化空间的日常维护上，高碑店村专门聘请人员进行管理，给商户提供干净整洁的经营环境。

再次，在村落公共文化活动上，村委鼓励商户参加并给予奖励。在村委组织的各种文化团体和每年举办的各种文化活动中，高碑店村委和各社区工作委员会都会邀请商户参加，尤其是每年10月份举行的金秋艺术节活动，村委会不仅鼓励村民和商户排练各种节目进行表演，还会评选出各类奖项，对居民和商户给予奖励。

调查中发现，由于高碑店村委在近些年发展中所做出的种种努力，从整体上看，高碑店村的商户和居民的融合情况较好，绝大部分商户对村委会和各社区的工作持肯定的态度，不少商户表示他们愿意长期在高碑店发展，并把高碑店当作自己家乡。一些在高碑店经营多年的老商户表示，他们自身已经融入高碑店村，认为自己已经是高碑店村人，而高碑店村就像自己家一样，他们愿意长期生活在这里。比如访谈中我们得知，在 2009 年重修龙王庙的时候，有商户捐资 30 万元，今天我们在龙王庙中还可以看到重修龙王庙时的捐资名单，其中商户占了很大比重，由此可以看出商户对于高碑店村建设信仰性公共文化空间的认同和支持。问卷调查结果也显示，商户中雇主平时居住在高碑店村的占调查总人数（326 人）的 51.8%（169 人），近三年参加过村里举办的节日活动的占调查总人数（306 人）的 53.3%（163 人）。② 可见高碑店村的商户和村民之间保持着较为融洽的关系。

同时在调查中也发现，在发展过程中，本地村民和商户之间的融入关系在

① 见 2016 年 7 月 27 日空间调查小组对高碑店村村西社区书记刘新的访谈记录。
② 见 2016 年高碑店村文化现状调查问卷商户组问卷报告。

高碑店不同区域存在不平衡的现象。在发展时间较长、产业发展较为成熟的古典家具行业，商户和高碑店本土居民的关系融洽，彼此之间的文化活动和日常交往较多，融合度较大。在村委会和社区组织的各种文化活动中，商户参与度较高；在日常生活中，商户及其家属也会经常到西社区广场等公共文化空间活动。西社区由于发展得较早，商业基础较好，环境也相对优越，商户和当地村民的融合程度也较好。但东社区和文化园区的商户由于发展较晚，对高碑店村落的发展规划和发展历程不是很熟悉，对高碑店村未来的发展规划也不甚了解，与高碑店村委及村民的交往相对较少，因而也很少参与高碑店村组织的文化活动。以东社区商户为例，不少商户对高碑店村的公共文化空间不熟悉，表示很少去。可以看出，他们与高碑店村委、社区工作委员会和村民之间还有一定隔阂。也就是说，高碑店村村民和商户的社会融入程度与两者之间的相处时间有密切的关系，相处时间越长，两者之间的关系越融洽，社会融入度越好；相处时间短的，两者之间的社会融入度相对较低。

即使在商户和村民融入度较好的古典家具一条街和西社区，其融入程度也是有限的。调查中发现，商户和村民的交往大多是由租房产生的经济往来或者在一些村落文化活动中的交往，村民和商户之间在工作上、日常生活中的接触并不是很多。问卷调查结果显示，高碑店村村民目前在外来商户单位中工作的仅占调查人数总数（599 人）的 4.5%（27 人），[1] 可见高碑店村村民和商户之间很少有深入的工作关系。问卷调查结果还显示，高碑店村村民参加的生辰、婚礼、丧礼等人生仪礼活动中 95.1% 是由本村村民举办的，而参加商户举办的人生仪礼活动仅占 8.2%。[2] 可见高碑店村民在日常生活中与商户的交往还比较少，并没有形成人生仪礼活动中礼尚往来的习惯。从调查问卷结果所反映的村民与商户节日活动参与度情况看，在高碑店村举办的元宵灯会、二月二民俗节、端午民俗节、中元河灯节等各种节日文化活动中，村民的参与度要远远高于商户。与此相关，高碑店村举办岁时节日活动所依赖的公共文化空间，其使用情况在村民和商户之间也存在很大的差别。问卷调查结果显示，高碑店村村民常去广场者占问卷调查总人数的 82.8%，每天都去公共活动场所的占调查人数的 26.6%，将近 1/3；而商户雇主常去广场者仅占问卷调查总人数的 17.3%，每天都去公共活动场所的仅占调查人数的 9.6%。[3] 在对高碑店街道布局的看法上，村民和商户也有较大的不一致，调查中发现，绝大多数村民对街道的布局是满

---

① 见 2016 年高碑店村文化现状调查问卷本地居民组问卷描述。
② 同上。
③ 见 2016 年高碑店村文化现状调查问卷商户组问卷分析报告。

意的。但问卷调查结果显示，占调查总人数61%的商户雇主认为高碑店村街道布局存在规划不当、标识不清、方位不好找或道路窄、交通拥堵，或公共场所少、公共设施不齐全的问题。①

作为高碑店村文化建设的领导者和组织者，村委会、社区委员会领导和工作人员处于一个非常重要而特殊的地位，他们对于获得村民和商户之间更好的融入度有很高的期待。因此在今后高碑店村的发展过程中，高碑店村委和社区委员会还要根据目前村民和商户之间的融合情况，着力加强与东社区、文化园区等处商户的联系，多进行交流和沟通，双方互相理解，互帮互助，逐渐加强融合，构建更加和谐的村落人际关系，促进高碑店村落文化长期的、均衡的、健康的发展。

对高碑店村落公共文化空间的调查虽然收获很大，形成了较为清楚的认知，但也存在一定的不足。比如调查中没有得到高碑店村委关于村落布局规划的相关文字材料以及村落重要公共文化空间如西区广场、龙王庙、将军庙、鲁班祠等规划建设有关的文字材料，报告中的相关内容均根据访谈记录和调查问卷，在细节上有模糊不清之处，仍需进一步调查。

参考文献
《高碑店村民俗文化志》，民族出版社 2007 年版。

附　　录

主要访谈人信息：

刘雪梅，高碑店村委会副主任。

陈科，高碑店村经联社副社长。

刘新，高碑店村西社区居民委员会书记。

旭阳道长，高碑店村鲁班祠道长。

胡来宏，高碑店村北京冠宏典藏古典家具有限公司总经理。

刘微，百思传媒行政主管。

刘振才，高碑店村东社区居民。

刘金环，高碑店村东社区居民。

① 见 2016 年高碑店村文化现状调查问卷商户组问卷分析报告。

对北京高碑店艺术文化村时间生活的调查*

一　概述

经过对高碑店村为期 3 个月左右的调查，高碑店调查组分别从问卷、时间、空间和组织方面得到大量问卷及访谈材料。在此基础上，综合访谈问卷材料、收集的文字图片材料和本组成员的观察材料，本报告主要分以下五部分：（1）概述；（2）高碑店村的人生仪礼时间；（3）高碑店村的节日时间；（4）高碑店村的日常时间；（5）总结与思考。

本文通过描述高碑店村不同人群时间生活安排，讨论不同人群时间生活结构，并在讨论时间生活结构时，引入工作时间和非工作时间这组概念，即将高碑店村的不同群体的时间生活，分为工作时间和非工作时间，通过节日时间和日常时间结构中非工作时间和工作时间分布，来讨论不同群体的时间生活是否存在结构性差异。此外，还通过对比不同人群的某一类时间生活的体系、构成内容，来讨论是否存在结构性差异。

二　高碑店村的人生仪礼时间

该部分主要依据问卷组的问卷材料，分析高碑店村本地人和外来人口参与

---

*　"时间组"调查组成员：何菲菲、关皓、李彩萍、林加。执笔人：何菲菲，北京民俗博物馆助理馆员。

人生仪礼的情况。

根据表1可知，近三年来，受访的高碑店村本地人参加各类人生礼仪活动的人数比例高于外来商户和外来雇员。本地人参加较多的人生仪礼分别是婚礼、丧礼、庆祝出生和生辰；外来商户分别是婚礼、生辰、庆祝出生和丧礼；外来雇员分别是婚礼、庆祝出生、生辰和丧礼。由此可见，虽然本地人、外来商户和外来雇员参加各类人生仪礼的人数比例有差别，但是婚礼都是他们参加得最多的人生仪礼。

表1　　　　近三年间，高碑店村本地人和外来人口参加人生仪礼情况一览表

	本地人（总人数606）		外来商户（总人数316）		外来雇员（总人数418）	
	频数	有效比	频数	有效比	频数	有效比
生辰	206	34.0%	81	25.6%	87	20.8%
庆祝出生	324	53.5%	74	23.4%	94	22.5%
庆祝成人	79	13.0%	23	7.3%	28	6.7%
婚礼	558	92.1%	156	49.4%	203	48.6%
丧礼	425	70.1%	40	12.7%	61	14.6%
祭祀	160	26.4%	27	8.5%	20	4.8%

资料来源：高碑店村本地居民问卷组和外来商户及雇员问卷组的统计数据。

根据表2和表3的数据来看，受访的高碑店村本地人参加的人生仪礼主要是本村人举办的，而外来商户和雇员主要是工作伙伴。从比例来看，高碑店村外来人口参加本地人举办的人生仪礼活动的比例，远高于本地人参加外来商户举办的人生仪礼活动。由此可以认为高碑店村本地人的人生仪礼活动是以亲缘或者地缘关系来决定是否邀请或者参与，而外来商户和雇员则体现为以业缘关系为主，辅之以地缘关系的标准来决定是否邀请或参与。

表2　　　　近三年间，高碑店村本地人参加上述人生仪礼的举办者情况一览表

	频数（总数600）	有效比
有高碑店户籍的本地人	571	95.2%
有高碑店户籍的外来商人	25	4.2%

	频数（总数600）	有效比
没有高碑店户籍的外来商人	24	4%
其他人	73	12.2%

资料来源：高碑店村本地居民问卷组和外来商户及雇员问卷组的统计数据。

表3　近三年间，高碑店村外来商户和外来雇员参加上述人生仪礼的举办者情况一览表

	外来商户（总数146）		外来雇员（总数：44）	
	频数	有效比	频数	有效比
高碑店村村民	42	28.8%	21	47.7%
同乡	25	17.1%	12	27.3%
工作伙伴	52	35.6%	23	52.3%
自己或家人	23	15.8%	12	27.3%
其他	4	2.7%	0	0%

资料来源：高碑店外来商户及雇员问卷组的统计数据。

综上所述，高碑店村本地人参与人生仪礼活动的可能性、积极性，总体来说远高于外来商户和外来雇员，人生仪礼活动是他们时间生活中的重要内容，且在他们的时间生活秩序中占有非常重要的地位。高碑店村外来人口参与人生仪礼活动的可能性、积极性，总体来说低于本地人，但是参加人生仪礼活动也是他们比较重要的时间生活内容，并在他们的时间秩序中占有较为重要的地位。

三　高碑店村的节日时间

高碑店村的节日时间主要是指传统节日时间和现当代节日时间。

（一）高碑店村的节日时间体系

该部分内容将依据问卷调查数据、个案访谈数据和高碑店村节日时间相关文字记录三部分信息，总结出2015年9月到2016年9月之间，符合研究目标和性质的节日时间体系和非节日时间体系的内容与特点。在此基础上，本部分从节日活动的举办时间、地点、主办方、可参与者等几个方面来描述高碑店村的节日时间体系，其具体情况如表4。

表 4　　　　　高碑店村 2015 年 9 月至 2016 年 9 月节日时间基本内容一览表

时间	节日名称	节日举办时间	节日地点	节日主办方	理想参与者
2015 年 9 月	金秋艺术节	2015 年 9 月 19 日	漕运广场	高碑店村和社区	所有居民
2015 年 10 月	重阳节	2015 年 10 月 10 日	石佛营西里广场	高碑店西社区	西社区老年健身操队员
		2015 年 10 月 17 日	高碑店社区卫生服务中心	高碑店东社区	辖区内 60 岁以上户籍老人
		2015 年 10 月 19 日	居民家中	高碑店西社区	西社区 85 岁以上老人
		2015 年 10 月 19 日	高碑店社区卫生服务中心	高碑店文化园社区	辖区内 60 岁以上户籍老人
		2015 年 10 月 20 日	居民家中	高碑店东社区妇联	空巢老人
2015 年 11 月	感恩节	2015 年 11 月 26 日	高碑店西社区服务中心	高碑店西社区共青团 高碑店中心幼儿园	高碑店中心幼儿园学生
2016 年 2 月	元宵节	正月十五到正月十六（2 月 22 日—2 月 23 日晚上）	漕运广场	高碑店村和社区	所有居民
2016 年 3 月	三八节	2016 年 3 月 4 日	西社区服务中心	西社区	辖区居民
		2016 年 3 月 5 日	文化园社区服务中心	文化园社区	辖区居民
		2016 年 3 月 6 日	东社区服务中心	东社区	辖区居民
	二月二	二月初二（3 月 10 日上午）	漕运广场	高碑店村和社区	所有居民
2016 年 5 月	母亲节	2016 年 5 月 6 日	西社区服务中心	西社区孝笑团	辖区内的妈妈们
		2016 年 5 月 7 日	东社区服务中心	东社区	辖区内孩子和孩子母亲
	儿童节	5 月 30 日上午	高碑店西社区服务中心	西社区光合团青年汇 辖区内幼儿园	辖区内儿童及家长

时间	节日名称	节日举办时间	节日地点	节日主办方	理想参与者
2016 年 6 月	五月节	五月初三（6 月 7 日上午）	漕运广场	高碑店村和社区	所有居民
2016 年 7 月	党的生日	6 月 26 日	党员家中	高碑店东社区和西社区	高龄和贫困党员
2016 年 8 月	七夕节	七月初八（8 月 10 日晚上）	西社区服务中心	西社区光合团青年汇	所有青年单身居民
	中元节	七月十五（8 月 17 日晚上）	灌渠沿岸	高碑店村和社区	所有居民
2016 年 9 月	中秋节	9 月 9 日（八月初九）	高龄老人家	高碑店西社区芳华家庭成长中心	辖区内高龄老人

资料来源：百度贴吧、高碑店村吧、北京高碑店网站、高碑店东社区网站、高碑店西社区微信公众号的有关高碑店村节日内容的通讯稿；时间组对高碑店村东社区副书记王娟和西社区张主任与居民宋淑清（和事佬协会会长）的访谈资料；访谈人：李彩萍、关皓、何菲菲、林加，受访人：王娟、张主任、宋淑清，地点分别是东社区社区服务中心和西社区社区服务中心。

从表 4 可知，高碑店村从 2015 年 9 月到 2016 年 8 月共举办了 13 个节日活动，且从活动的举办地点、理想参与人员和举办方可以看出这些活动都是公共性活动。其中 7 个是传统节日，6 个是现当代（西方）节日。所以从数量上来看，这一年高碑店村的节日时间体系中传统节日稍占优势。根据节日活动举办方、理想参与者、活动地点及活动的规模，可以看出元宵节、二月二、五月节、中元节和金秋艺术节是高碑店村节日时间体系的核心节日，这样的结论与本组访谈获得的材料是一致的。核心节日规模都较大，是整个社区范围内的庆典活动。核心节日中绝大部分是传统节日，可以推论高碑店村的节日时间体系以传统节日时间体系为主，现当代节日时间体系为辅。非核心节日的举办方往往是某一个社区或者某一个或多个社区民间组织，其理想的参与者针对性比较强，活动的教育、慰问等目的明确。

（二）高碑店村本地人的节日时间

高碑店村本地人的节日时间是指高碑店村本地人参与高碑店村节日活动的实际情况。根据访谈材料和文字材料的整理，本部分将本地人分为有工作的人

（主要是中青年人）、需要学习的人（主要是学生）和不需要工作学习的人（主要是老年人）。这部分将主要运用本组和其他组的访谈材料，结合收集的有关高碑店村节日报道的文字材料，来说明高碑店村本地人参与社区的共享性节日活动时间的情况。

1. 有工作的人（中青年人）参与高碑店村节日的情况

访谈人甲：您刚才说了二月二活动也好，金秋节活动也好，您觉得参加的人当中，是不是还是以中老年为主？

宋淑清：对。为什么我说是中老年为主呢，年轻人都上班，谁都不会上单位请假，我们村里二月二我们参加活动去，这个可能吗？这个不实际。

访谈人乙：有假日的节日这种时候年轻人出来多吗？端午啊？

张主任：端午节今年也是大屏幕那介绍端午的，我们这居民参与度高着呢。

宋淑清：包粽子比赛，地区办事处年年在我们这比赛。

访谈人乙：年轻人多吗？

宋淑清：包粽子比赛的年轻人多，在我们这包粽子，年轻人也好，老人也好，不说老人，五十来岁的人，跟社区一块。①

七夕节是由社区举办，青年汇参与组织的活动。根据高碑店西社区微信公众号推送的有关七夕节的报道来看，当天参与活动人主要是年轻人。②

从这两段材料来看，本地年轻人因为工作缘故和个人趣味的原因，会影响他们参与高碑店村的节日活动。如二月二不是法定节假日，活动时间一般在上午，其活动时间是大部分本地年轻人的工作时间，所以参与的年轻人很少。端午节是国家法定假日，属于本地年轻人的非工作时间，使得他们有可能参与节日，再加上节日有社区之间的比赛，这吸引一部分年轻人参与。七夕节本就是为年轻人设计的交友活动，年轻人的参与度较高。综合来看，高碑店村的传统节日时间活动中，本地青年人参与二月二的最少，端午节的最多，元宵节、中元节和七夕节都会在一定程度上吸引一些年轻人参与。

———————————

① 访谈人：李彩萍、关皓、何菲菲、林加，受访人：宋淑清，访谈时间：2016 年 7 月 27 日，访谈地点：西社区社区服务中心。
② 高碑店西社区微信公众号推文《七夕：乞巧相会，遇见命中的 TA》。

2. 学生参与高碑店村节日的情况

根据表5材料可以看出，高碑店村的学生参与高碑店村的节日活动的参与度很高，尽管不能分清是否为本地学生，但是总体而言本地学生参与节日的程度不会低于本地年轻人。学生参与节日的方式往往是作为节日活动内容的组成部分，不仅仅是观赏者。综合参与频率和参与方式可以看出，高碑店村学生参与节日活动的参与度远高于年轻人，且这些活动与学生的社会实践和学生教育有一定联系，重要的传统节日都会以一定的形式组织学生参加。

表5　　　根据收集到的文字材料整理出来的高碑店村学生参加节日的材料

节日	描述摘要
金秋艺术节	此次活动，高碑店东社区受表彰人员有80岁高龄老人、金婚夫妇、应届大学生、三好学生、优秀工作者等共计539人。
感恩节	高碑店中心幼儿园的两位老师带领6位可爱的小朋友来到了高碑店西社区，为西社区献上了几幅亲子创作的感恩字画以表对西社区一年来的帮助与照顾。社区共青团负责人赵阿姨热情接待几位小朋友。
元宵节	1. 2016年2月18—20日这三天，高碑店东社区的青少年们积极来到社区进行社区实践活动"自制灯笼"的课题，认真完成手工灯笼制作，同父母一起用稚嫩的小手扮靓北京高碑店村正月十五民俗节灯展活动。 2. 各企业、居民及青少年设计的各式各样的灯笼精致美观，各显风采。 3. 新闻配图中赏灯的有很多学生模样的孩子。
三八节	此次联谊会在社区居民、辖区幼儿园小朋友、高碑店书画班的学员们的精彩表演中落下了帷幕。
二月二	高碑店中心小学的一年级二班学生参加了学童开笔礼活动，进行了拜孔子、朱砂开智、经典诵读。
母亲节	东社区：20多位小朋友和他们的母亲在现场进行了真情交流，并表示愿意更多地参加这种寓教于乐的活动。
儿童节	2016年5月30日上午9点，高碑店西社区光合团·社区青年汇联合辖区内幼儿园共同举办了一场名为"小小巧手迎六一"的活动。
五月节	2016年6月7日上午，高碑店村的端午民俗节，以"粽叶飘香，品味端午"为主题，通过丰富多彩的威风锣鼓、腰鼓队、高碑店小学的诗朗诵、书法才艺展示、包粽子大赛、文艺演出等活动项目展示传统文化。

资料来源：百度贴吧高碑店村吧、北京高碑店网站、高碑店东社区网站、高碑店西社区微信公众号的有关高碑店村节日内容的通讯稿。

综合访谈材料和文字材料，高碑店村的学生参与节日活动的积极性高，节日时间是他们时间生活的重要组成部分。

3. 老年人参与高碑店村节日的情况

在各种访谈中，多名受访人都提到老年人或者说中老年人是参与高碑店村节日的主要力量。这类人的时间特点主要是不用工作，闲暇时间较多。

根据收集整理的材料，筛选出节日内容和参与情况与本地老人有关的信息，得出表6。

表6　　　　　　根据收集到的文字材料整理出来的高碑店村老人参加节日的材料

节日	节日相关内容	文字材料关于老人参与的描述
金秋艺术节	1. 表彰大会 2. 文艺表演：如和事佬协会、文体队等	高碑店东社区受表彰人员有80岁高龄老人、金婚夫妇、应届大学生、三好学生、优秀工作者等共计539人。
重阳节	1. 西社区老年健身操队参加了朝阳区"做健康快乐老年人——老年人健身操展演"活动 2. 走访慰问空巢老人 3. 免费为60岁以上的户籍老人接种流感疫苗	1. 2015年重阳节前夕，高碑店地区老龄领导董利军带领高碑店西社区老年健身操队参加了朝阳区"做健康快乐老年人——老年人健身操展演"活动。 2. 在2015年重阳节来临之际，高碑店西社区为了让老年朋友们过一个祥和、愉快的重阳节，于10月19日下午2点半，对辖区85岁以上高龄老人进行了慰问。 3. 高碑店东社区妇联在重阳节到来之际，组织社区工作人员对空巢老人进行了走访慰问。
元宵节	1. 村民制作花灯 2. 摇元宵 3. 腰鼓队、威风锣鼓表演	1. 摇元宵的大妈们。 2. 2016年1月26日上午8点，高碑店西社区组织社区居民20余人开始手工制作花灯，为春节后的元宵节做准备。这些花灯都是出自社区居民、商户之手。 3. 补充说明："2"中年轻人少：如果你要是调查年轻人的话，实话实说也不是想他参与，区域活动方面仅限于一个参与，比如说像我的同学之类的30多岁，举办灯会，他只能说我晚上去看看，他只能去看看，真正参与的很少。
三八节	1. 妇联汇报2016年的工作计划 2. 表彰突出贡献女性 3. 社区文体队表演	图片信息：合照中的人多为女性老人，也有部分前来观看的男性老人。

节日	节日相关内容	文字材料关于老人参与的描述
二月二	1. 书法比赛：大部分为老人 2. 最美和谐家庭颁发匾额 3. 花会走街：各档花会多为老人组成，如高跷花会中有很多老人 4. 剃龙头：被剃头的多为老人	高碑店村在漕运文化广场举办了第五届"二月二龙抬头节"。高碑店东社区的威风锣鼓、百人腰鼓及书画爱好者也参加了此次活动并现场进行了表演。
母亲节	邀请孝笑团的小组成员参加活动	图片信息：西社区的孝笑团小组成员，照片中多数为女性老人。
五月节	1. 包粽子大赛：很多队伍都是中老年人组成 2. 民间花会展演：文体队花会老人居多 3. 端午节期间组织居民包粽子，给社区部分家庭发放粽子：包粽子的志愿者和被发的对象多是老人	1. 图片信息：西社区包粽子志愿服务的照片中均为老人。 2. 文化园社区：社区党委书记邢桂芬、主任魏荣江组织社区工作人员对辖区的志愿者、老党员、社区大病人员、有残疾人的家庭等进行走访慰问，为他们送去粽子。图片信息：文化园社区包粽子大赛的队伍有五个人，仅有马浚伟为老年人。 3. 有威风锣鼓、百人老年腰鼓。
党的生日	走访慰问，发放抚恤金	1. 在党的生日即将来临之际，高碑店西社区党委对社区老党员和生活困难等方面的 25 位党员进行了慰问。 2. 图片信息：东社区给贫困老党员发放抚恤金。
中元节	1. 社区和村民制作河灯 2. 放灯祈福：参加的人很多，各年龄层次的都有	高碑店村四个社区及全体机关干部、辖区村民及流动人口数百人参加了此次活动。
中秋节	芳华中心的老师代领志愿者制作月饼走访慰问老人	中秋节来临之际，高碑店西社区联合北京高碑店村芳华家庭成长中心共同举办了主题为"月圆·情暖中秋，为社区高龄老人做月饼、献爱心"的志愿服务活动。本次活动由家庭成长中心招募的爱心志愿者 6 人及社区工作人员共同为高龄老人制作手工月饼。

资料来源：百度贴吧高碑店村吧、北京高碑店网站、高碑店东社区网站、高碑店西社区微信公众号的有关高碑店村节日内容的通讯稿。

依据材料可知，高碑店村的本地老人参加节日活动的人数比较多和积极性都比较高，且往往在节日活动中充当着内容表演者，甚至担任组织者。例如，几个核心节日中的文艺会演，如花会、威风锣鼓等，这些民俗活动的传承者、行动者往往以本地老人为主。所以相比于学生参与活动，老人群体的参与往往是丰富了核心节日的核心内容，对整个节日体系的特殊性、历史文化等有重要作用。综合来说，高碑店村的本地人中，老人的参与度高于学生也高于年轻人。此外，综合三类本地人的信息可以认为：高碑店村本地人的节日时间体系就是三部分人的总和，也就是说本地人参加了表4中所有的高碑店村的节日，本地人的节日时间体系（公共部分）与高碑店村的节日时间体系是重合的。

（三）高碑店村外来人口的节日时间

高碑店村外来人口的节日时间，主要是指高碑店村外来商户和外来雇员的节日时间。因为调查材料的原因，关于外来雇员的材料主要集中在问卷材料，外来商户主要分为问卷材料和访谈材料。

1. 外来商户和外来雇员参加高碑店村节日的问卷材料分析

在此次问卷中，主要调查了外来人口参加元宵灯会、二月二、五月节（端午）、中元节和金秋艺术节的情况，其统计情况如表7。

表7　　　高碑店村本地人和外来人口近三年来参加节日相关活动的参与度情况一览表

	本地人参加该活动的频数（有效比）	外来雇主参加该活动的频数（有效比）	外来雇员参加该活动的频数（有效比）
元宵节	532（86.4%）	94（30.7%）	80（19.9%）
二月二	405（65.7%）	49（16.0%）	37（9.2%）
五月节	462（75%）	65（21.2%）	66（16.4%）
中元节	384（62.3%）	35（11.4%）	26（6.5%）
金秋艺术节	385（62.5%）	29（9.5%）	24（6.0%）
参加活动人数的有效总数	616	306	402

资料来源：高碑店村本地居民问卷组和外来商户及雇员问卷组的统计数据。

从表7的材料可以看出外来人口参加各个节日的参与率均不超过1/3，远低于本地人。结合前文论证，表7中五个节日实际上是高碑店村节日时间体系中最核心的五个节日，规模也是最大的，参与度也是最高的。由此推断，高碑店村的外来人口参加高碑店村的节日时间活动的参与度远低于本地人。

2. 有关外来商户参与高碑店节日活动情况的访谈材料整理

在第二阶段的访谈中，整个调查组总共调查了20多户商户，本部分选取了部分商户参与高碑店村节日情况的材料进行整理。在这些材料的基础上，按照其来高碑店村的时间，作为描述先后的标准，来得越早越靠后；此外还结合商户经营的主要内容、参加过的高碑店村节日和参加/没参加的原因等方面的内容，对外来商户参与高碑店村节日活动的情况进行呈现（见表8）。

表8　　　　　　高碑店村受访商户参与高碑店村节日时间活动的情况一览表

商户企业名称	大致经营类别	来高碑店多久了	是否参加过高碑店的节日	是：参加过哪些节日/否：没有参加的原因
C3青年创业园区	传媒	1年	是	端午节灯会
墨意娟子服饰有限公司	服饰	1年	否	不知道有活动，都是事后从微信群和朋友圈看到照片，才知道
云峰画苑	书画	2年	否	不知道有活动，没有被通知
中博国诣	文创	3年	否	工作原因，没有时间
晓云装裱工作室	装裱	5年	是	元宵节
国生堂	书法刻字	6年	是	元宵灯会 金秋艺术节
中国油画院	书画	9年	是	一般我们不太愿意参与：他的策划，属于接地气这一块的，我们属于阳春白雪。这两放在一起会觉得不伦不类，这是我们最痛苦的，不是我们不愿意参与，所以我们通常要参与的时候，就是在院里搞一个活动，我们配合整个计划
科举匾额博物馆	博物馆	10年	是	参加的很多，还配合高碑店办一些活动（但是具体没说参加过什么节日活动）
华夏民俗园	文化	12年	是	中秋节慰问 春节送饺子 金秋艺术节评奖

资料来源：高碑店村调查组第二阶段的商户访谈调查报告材料，详情见附录三：16位受访商户参与高碑店活动的情况的相关整理。

　　根据表8可知，受访的高碑店村的外来商户是否参加过高碑店村的节日活动与他们来高碑店的时间长短有关系，且总体上呈正相关关系，也就是说来高碑店村的时间越长，参加过活动的可能性就越大。到高碑店村的时间在1—3年的商户，一般不参加节日活动，甚至是其他活动；5年及以上的会参加一些活动，但是总体而言他们参加的活动数量还是比较少的。根据访谈材料，商户不参加或较少参加节日活动主要是因为：（1）不知道有此活动，或者不清楚活动内容，不知道应该如何参加；（2）工作太忙，工作时间占据了大部分时间；（3）对活动不那么感兴趣。其中新来高碑店的商户可能主要是第一种和第二种原因；因为行业性质而造成参加比较少的多是第三种原因。

（四）高碑店的节日时间体系的特点

综上所述，高碑店的节日时间体系分两种：本地人的节日时间体系和外来人口的节日时间体系。理想情况下，他们应该是共享一套节日时间体系，但是实际情况却发现他们共享一套时间体系的程度很低，本地人的节日时间体系与外来人口的存在结构性差异。

高碑店村外来人口参加高碑店村节日时间活动的参与度远远低于本地人，其内容也不如本地人的丰富。这就造成了他们在节日时间里的两种状态：本地人以一种相对本土化的形式庆祝节日，丰富自己非工作时间的内容；大部分外地人要么不过节日，要么以自己认可的方式过节。由此可见，在节日时间高碑店本地人主要是参与节日，自然这一段时间就成了他们的非工作时间；而外来人口则普遍不参与节日，很大程度上这段时间就成了他们的工作时间。这造成了本地人和外来人口在节日时间部分存在差异。高碑店本地人一年中节庆活动丰富，节日体系完善，而外来人口大部分都不过节，节日体系相对残缺，这也是他们在节日时间上存在的差异。这两个差异总结起来可以体现出高碑店村本地人和外地人在节日时间上存在结构性差异。

四 高碑店村的日常时间

高碑店村日常时间的秩序和内容，主要分两方面：高碑店村本地人的日常时间、高碑店村外来人口的日常时间。

（一）高碑店村本地人的日常时间

在访谈过程中，受访的高碑店村本地人在自己的叙述中对高碑店村本地人的人口组成进行了分类，其分类的标准是年龄，分为年轻人和老年人。在此基础上结合访谈材料、收集的文字材料和观察，本部分沿用前面的分类结果，将本地人分为需工作的人、学生和不需要工作的人。

1. 需工作的人的日常时间

此类人的日常时间分为日常工作时间和日常非工作时间。在高碑店村，需要工作的主要是青年人、中年人，他们可以分为工作地点在高碑店村、工作地点不在高碑店村。

（1）日常工作时间

通过调查得知：高碑店村本地年轻人大多数都在工作，但很多高碑店的年轻人都不在本地上班。工作时间不在高碑店村的多为年轻人，他们平常不在高碑店村，周末才回来。

据高碑店村本地居民问卷组的问卷材料分析得出：超过 90% 的高碑店村受访本地人从来没有在外来商户的单位中工作过。但是整个高碑店的企业，基本全是外来商户。依此推测，那些在高碑店村工作的本村人，大部分进入了社区、村委会或村里的相关服务部门。那么这部分人的工作时间比较固定，工作地点在高碑店村，所以几乎所有时间都在高碑店村。

在此基础上可以认为高碑店村需工作的人，大部分为年轻人。工作地点不在高碑店村的人，当他处在高碑店村这个空间时，其主要时间是周末和节日，为非工作时间。工作在高碑店村的人，当他处在高碑店村这个空间时，其主要时间包含工作时间和非工作时间两部分。

（2）日常非工作时间

不在高碑店村工作的本地人，他们在周末和节假日都会回到高碑店村，所以在高碑店村的主要时间是日常非工作时间。根据访谈材料可知，一年中，高碑店村主要的社区活动（不含节日类活动）有不同的组织主办方，大多以高碑店村和社区的官方力量为主，部分官方力量和民间志愿者组织或商户等联合，外来商户和商会组织等主办的相对少一些。本文在这些文字材料基础上，选取 2016 年 4 月 23 日—9 月 14 日的 130 条左右的活动记录为主要案例数据①，根据活动的主要内容，将社区活动分为文体娱乐活动、教育学习活动、福利慰问活动、社区会议、接待活动、各类宣传活动等。

高碑店村有工作的人主要有两类代表：高碑店村年轻人和村、社区的干部、工作人员。这两类人在高碑店村主要参与情况是：年轻人主要参与文体娱乐活动；工作人员主要参与教育学习、社区会议、接待活动、宣传活动等。

2. 高碑店村的学生的日常时间

高碑店村的学生主要分为在村内学校读书和不在村内学校读书两类。在村内学校读书的学生，他们学习时间和非学习时间都在高碑店村；不在本村读书的学生，他们非学习时间主要在高碑店村。非学习时间包括学生的寒暑假、周

---

① 百度贴吧高碑店村吧。

末、节假日、放学后。总结可知，高碑店村的学生在高碑店的日常时间以非学习时间为主。

根据调查材料可知，2016 年 4—9 月，学生可以参加的活动非常多，仅 8 月份暑假期间各社区共举办了 13 场活动，其中 8 场都是为学生设计的，主要集中在文体娱乐和教育学习板块。且根据实际参与情况来看，确实有大量学生参与活动，尤其是暑假期间，可见社区对学生暑假时间生活的关注。

3. 老年人的日常时间

高碑店地区大部分老年人的日常时间主要是非工作时间。这些老人生活中存在大量空闲时间，所以社区想尽办法把本社区的老人调动起来。他们参加的活动，几乎涵盖了所有分类。高碑店村的本地老年人的休闲娱乐活动特别丰富，他们参与的积极性普遍比较高，同时他们中有许多人的家务活相对繁重，一定程度上影响其参与其他活动。

从访谈及材料整理可知，2016 年 4—9 月高碑店东社区共举行了 13 个教育学习类活动，其中以老年人为主要参与对象的活动有 6 个，接近一半；如果不算面向社区工作人员的"两学一做"教育学习活动，那么老人为主要参与者的教育学习活动几乎占了 2/3。由此可见，东社区在以教育学习类活动填补老人空闲时间这方面下了大力度。除了这些，老人每天还可以参加文体娱乐活动，加入各种活动队伍。

4. 小结

高碑店地区本地的这三类人群在高碑店的主要日常时间是非工作时间，关于如何安排这些非工作时间，催生了大量的社区活动。其中有工作的人在高碑店村的非工作时间少于学生也少于老年人，所以有工作的人在高碑店村参加活动的数量也就小于学生也小于老年人。

（二）高碑店村外来人口的日常时间

高碑店村的外来人口主要是指高碑店村的外来商户和外来雇员，侧重在外来商户中的雇员。根据外来商户和外来雇员问卷调查组的材料可知，在受访的 326 位外来商户和 423 位外来雇员中，有 51.8% 的外来商户和 38.1% 的外来雇员平时住在高碑店村，有 48.2% 的外来商户和 61.9% 的外来雇员不住在高碑店村。在此基础上，后文将高碑店村的外来人口分为住在高碑店村的、不住在高碑店村的两类，来讨论他们在高碑店村的日常时间秩序。

1. 住在高碑店村的外来人口在高碑店村的日常时间

住在高碑店村的外来人口在高碑店村的日常时间秩序分为工作时间和非工作时间。根据高碑店村外来商户和外来雇员问卷调查组的材料可知，近 90% 的受访外来人口每个月有 20 天以上的时间都在高碑店村。

根据访谈材料，住在高碑店村的外来商户或雇员多是因为工作需要，或为工作提供更多便利。例如，国生堂的李国生和他的学徒，他们没有上下班、周末和假日这种概念，几乎所有时间都在创作上。他们的创作室在高碑店村，为了工作便利，李国生和他的学徒需要住在高碑店村。

由此可见，虽然住在高碑店村的外来人口在高碑店村的日常时间是由工作时间和非工作时间共同组成，但是因为工作的特殊性，他们的日常时间体系中，往往以工作时间为主，非工作时间为次。

2. 不住在高碑店村的外来人口在高碑店村的日常时间

不住在高碑店村的外来人口主要是指住在北京城内或者与高碑店村有一定距离的地方。这部分人包括外来商户和外来雇员。

通过访谈得知，不住在高碑店村的外来人口的上下班时间点是较为固定的，可以推测他们的日常时间中非工作时间和工作时间的界限比较清晰，且他们在高碑店村的日常时间主要是工作时间，其非工作时间主要发生在别的空间中。

3. 小结

根据外来商户和外来雇员问卷调查组的材料可知，高碑店村的外来人口中，不住在高碑店村的人数远大于住在高碑店村的人数，其在高碑店村的日常时间主要是非工作时间，其在高碑店村的日常时间体系以非工作时间为主。住在高碑店村的外来人口因为工作的性质等原因，在高碑店村的日常时间呈现出非工作时间与工作时间界限模糊的特征，且大部分情况是非工作时间让位于工作时间，形成以工作时间为主、非工作时间为次的日常时间秩序。在此基础上，本文认为高碑店村的外来人口在高碑店村的日常时间秩序是以工作时间为主，非工作时间为次。

（三）高碑店村的日常时间的特点

高碑店村本地人在高碑店村以非工作时间为主，他们普遍会参与高碑店村的各项社区活动，丰富日常非工作时间，尤其以老人和学生较为积极。高碑店村外来人口，即使住在高碑店村，且非工作时间也在高碑店村，但是他们参加活动的积极性和次数仍然很低。大部分受访商户表示工作忙没有时间参与活动，或者不知道，或者不感兴趣。

很多受访商户都谈到他们在工作之余的一些活动，大多数都和自己的公司或者技术的发展有关系。所以他们希望参与的社区活动不是纯粹的生活休闲，而是带有一定专业性质的交流、切磋。

访谈中很多商户都谈到对公共空间和组织的需求。他们觉得适合他们审美趣味和作息时间的活动可能更多要由自己去创造，而不是单纯接受高碑店本土的活动、文化，这和他们有些脱节、隔离。他们需要一个能满足他们进行行业交流、切磋和雅集的公共空间。

综上所述，在高碑店村这个空间里，从日常生活时间中工作时间和非工作时间的主次关系和非工作时间的内容来看，高碑店村本地人和外来人口在高碑店村的日常时间存在结构性差异。

五　总结与思考

高碑店村的时间生活由人生仪礼、节日和日常生活三个部分构成，这三类时间生活中，高碑店村本地人和外来人口都存在结构性差异，从而推论高碑店村外来人口的时间生活秩序与本地人存在着结构性差异。此外，两类人在节日时间和日常非工作时间中的活动时间上交叉重合部分比较少。

节日时间和社区的活动时间属于社区的共享时间，理想状态下，共享时间里外来人口和本地人应当有良好的互动。但是就调查材料来看，外来人口的参与度远低于本地人，究其原因，有以下几点。

（1）外来人口的工作原因：工作太忙；主要注重工作，不关心其他事情。

（2）外来人口的审美趣味与本地人不同：外来人口多从事艺术文化类行业，其审美趣味偏向上层的雅文化，或者现代文化；本地人多为土生土长的本村居民，审美趣味倾向传统、通俗。

（3）本土化——面向本地人的节日体系：高碑店村节日体系的五大核心节日中，许多内容都是极具本土地方特色和历史文化内涵的。

（4）养老与教育——面向老人和学生的社区活动：高碑店村的社区活动的种类和内容都十分丰富，且面向不同对象：青年汇面向青少年和青年，妇联面向妇女，和事佬协会主要是老人参加……但是在实际效果和操作中，活动以面向老人和学生为主，这样主要以中青年人群为主的外来人口在参与社区活动时并不适合，所以参与度较低。

从村社组织的融合与冲突看
高碑店村社会治理现状
——对北京市高碑店艺术文化村社会组织的调查报告*

一　调查概况

（一）调查目的

通过与村组织和商户组织负责人的座谈、访谈，以及对普通村民的随机访谈，了解高碑店村的村组织和商户组织的基本架构、人员构成、日常活动情况，摸查村组织和商户组织在村落文化融入和融合方面的现状、起到的作用与不足，从组织视角检讨高碑店多个组织在村落文化建设上是否还有可为之处，探讨高碑店村组织与商户组织现状的深层结构原因。

（二）调查完成情况

组织小组共有一名指导老师（鞠熙）和 5 名成员（王宇琛、彭晓宁、田莉莉、杨英、朱羿）。预计进行 3 次调查，实际完成 3 次。共计访谈 12 人，其中有社区干部 3 名，商户 3 名，居民 6 名；共搜集访谈录音约 10 小时，照片 10 张。详情如下：

6 月 27 日进行第一次调查，当天举办了小型座谈会并实地访问商户，从官方与民间两个层面获知了高碑店组织方面的基本情况。7 月 29 日进行第二次调

　　*"社会组织组"调查组成员：王宇琛、彭晓宁、杨英、田莉莉、朱羿。执笔人：王宇琛，北京师范大学社会学院民俗学 2016 级博士生。彭晓宁，北京师范大学社会学院民俗学 2016 级民俗学硕士生。

查，当天对社区工作人员和村民进行了访谈，从官方和民间的不同层面了解高碑店的社会组织对村落生活的影响。8 月 3 日进行第三次调查，当天对社区和商户进行了访谈，进一步明确了商户群体内部的社会组织情况，并了解商户以组织身份在高碑店的融合与沟通、矛盾与妥协。

（三）人物小传

王建元：

50 岁左右，南方人，经营范围包括红木古典家具、木雕，任有多项家具相关行业协会职务。

周培：

60 岁左右，北方人，在高碑店村拥有自己的家具事业。

高运明：

50 岁左右，南方人，在高碑店村拥有自己的家具事业，是家具行业协会成员。

（四）村民和商户组织概况

高碑店村地处北京城乡结合部，在东长安街的延长线上，距天安门仅 8 公里。辖区面积 2.7 平方公里，户籍人口 6200 人，其中农民 809 人，流动人口8830 人。根据针对当地村民发放问卷后回收的 597 份有效数据，30—50 岁的中年人 235 人，占问卷总人数的 39.4%；50—70 岁的老年人 258 人，占问卷总人数的 43.2%。可以得出结论，高碑店村民的人口结构以 30—70 岁的中老年为主。

高碑店村分为东社区、西社区、古街、文化园四个社区。古街是"古典家具街"的简称，也是高碑店古典家具商户的聚集地。高碑店本村村民较为集中居住在东社区和西社区，将住房的一层出租给商户，自己居住二层、三层。因此，商户和居民在空间上的分布虽然各有侧重，但并非泾渭分明，而是呈现杂居散居的状态。有古典家具街在商业上的成功案例，东西社区也在逐步规划各自的产业发展侧重点。西社区从 2006 年开始筹办，2009 年建设完成。经过最近6 年不断完善成熟，被评选为全国模范社区，在社区组织和管理上较为完备。东社区 2011 年 4 月正式批准成立，由于成立较晚，社区组织与商户组织还在成型过程中，社区与商户之间的组织互动也在试探和摸索过程中，浮现出一定的矛盾和摩擦。

总体上来说，东西社区集中居住了大量高碑店村村民，村组织力量较强，也较为典型地体现出高碑店村组织的一系列特性；古街社区是商户集中的场所，尤其是古典家具商户组织的力量较强，古典家具商户组织依托该社区以及家具行业得到了长足发展。通过古家具行业的支柱作用，截至 2015 年底，高碑店商住一体居民楼达到 1800 栋，年出租底商使居民户均自主收入达到 10 万元，总收入 1.8 亿元。

二　高碑店村组织情况

（一）本地村组织概况

高碑店村的村"两委"班子是村落发展规划和决策的核心组织。高碑店村的社区与物业由一套班子管理，人员组成也以高碑店村本地人为主。社区具有比较强的人员组织和动员能力，这尤其体现在对本地村民各项活动的组织上。除了社区组织，各类官方、半官方或者纯民间的组织都与社区组织的日常管理结成密切的联系，在活动的目标与宗旨上与村委的总体目标保持一致；在安排具体活动时也能够紧密配合高碑店村的整体计划。社区等村组织在某种程度上，是村委会这一行政管理机关在组织上和意志上的延伸。社区以及相关组织在村民中相对较强的动员与组织能力，和与商户群体的隔阂相对应。目前高碑店村组织尚未针对文化融合建立起有力的沟通机制与渠道。

1. 决策组织

高碑店村等决策组织由"五委"的人员组成。一是村"两委"班子联席会。由村"两委"班子成员组成，共计 14 人。二是老干部监督协调委员会。由在村内任过三年以上正职的退休干部组成，共计 48 人。三是党员议事委员会。由各党支部书记和党员代表组成，党员代表由各支部推荐，现有 20 人。四是干部群众民主评议委员会。由各工作部门推选的干部代表和村民组长代表组成，现有 18 人。五是村民质询委员会。由部分村民代表组成，现有 30 人。

"五委"的主要职责。村"两委"班子联席会，拟定村内相关工作思路、管理规定、决策方案等重要事项；老干部监督协调委员会是在"两委"班子拟定相关工作的同时，进行监督，并对草案进行审议，及时提出意见和建议；协调组织党员议事委员会、干部群众民主评议委员会和村民质询委员会进行充分讨论和审议，提出修改意见和建议，并监督方案制订和具体实施的整个过程。由"五委"制订的实施方案最后再经过村民代表大会或全体村民大会表决通过后方可实施。

2. 社区组织

目前，高碑店村四个社区各自具备专门的工作地点。例如，西社区就有三站两室，二层是议事大厅。社区的工作范围包括针对村民、商户、学生组织各类文体和节日活动；保持街道和建筑物的整洁，维护村容村貌，整治清理社区环境；调解邻里纠纷；审核、接收、发放居民租户申请办理各类证照许可的材料。

高碑店村社区组织的特点可以归结为"社物一体化"，亦即社区与物业合一，社区主任同时兼任物业经理。由于高碑店社区延续了原先村委会的工作模式，因此社区和物业一体化的一个影响就是社区管理和组织活动功能较强、为居民服务的功能较弱。[①] 尤其在商户组织较为强势的社区，这种要求社区转变思维，增强服务性的呼声更为强烈地冲击了社区管理者原有的工作思路。这也反映了在高碑店村作为一个大的村落组织向城市化转型的过程中，以村委会为代表的村落集中权力逐步消解，向城市服务机构转化的现代化过程。

3. 青年汇等学生活动组织

社区青年汇是团组织在青年聚集的基层社区建立的地域性青年活动平台和基层青年组织，旨在实现理性积极、奋斗进取、和谐包容的城市青年社会关系的重构。

高碑店村的青年汇组织是由社区申请、利用政府经费定期组织青少年活动。高碑店全村只有西社区争取到了青年汇的项目，高碑店村所属区还会派一位专职社工协助社区组织活动。在西社区，青年汇的活动主要体现在学生假期活动、学生社区活动、生日会、看电影等。青年汇同学校之间有联动，在高碑店附近学校读书的孩子，包括租户、商户的孩子都有机会参加青年汇组织的活动，外来参与者与本地参与者的人口比例大约是 2∶1。除了青年汇，其他社区也有与学校合作组织的暑假活动。

总体来说，社区青年汇组织与本地学校之间的合作形成了一个程序上的闭环，保证了无论流动人口还是本地学生，都能够在青年汇活动中获得联络、交流和沟通的机会，这也促进了外来人口与本地人口的融合。

4. 老干部协会、和事佬协会、老年志愿者等和社区密切配合的管理性组织

老干部协会属于高碑店村下属的共商共议性质的民间党员干部组织，由高碑店村支芬书记发起，在 2006 年 6 月 7 日成立。这也是她到任后成立的第一个民间组织。老干部协会在成立之初组织高碑店村退休的干部、书记共计 30 余人发挥余热，主要负责摸查基层情况，为高碑店村的发展规划提供基础信息，被支芬书记定位为"高碑店智囊团"。目前老干部协会会员计 50 人左右，主要起到对村里大政方针监督以及基层管理的作用，每月 20 日召开例会，汇总当月村

① 2016 年 7 月 29 日对高碑店村东社区负责人李晓春的访谈。访谈人鞠熙、杨英、田莉莉。

里情况，并安排下一阶段工作。如果发现问题，统一向所属社区反映，再由社区派人协调解决。

和事佬协会是近几年成立的调解性质的民间群众组织，由高碑店村本地60岁以上的老年离退休人员组成，主要职责是遇到需处理的矛盾纠纷和社区其他事务时互通信息，并做好信息反馈工作，在日常生活中切实发挥好"三员"，即"信息员""调解员"和"宣传员"的作用。这些老年村民往往身兼数职，除了和事佬协会会员身份外，也兼任了老年志愿者巡逻队、老干部协会等组织的会员。目前和事佬协会成员约计30人，每月25日举行例会。协会会员对社区的日常情况了解比较深入，遇到邻里摩擦、家庭矛盾等尽量予以调解，或者主动与社区沟通，通过社区派人协调解决。

志愿者巡逻队成立于2009年6月，西社区一共162人，东社区约计76人，以60岁以上的党员、积极分子、老党员、老干部为首。志愿者等工作包括日常巡逻和特殊时期大站岗两方面。西社区的巡逻一直持续到今，主要关注社区的治安问题。东社区巡逻队人员较为复杂，在新农村改造期间，巡逻暂停。

老年志愿者协会也是和社区联系较为紧密的志愿者组织。高碑店村社区定期邀请专业讲师为全村志愿者举办培训班，支持志愿者为高碑店村提供更好的服务。

西社区孝悌园还设有党员先锋岗，共有党员志愿者35人。

老干部协会与和事佬协会、志愿者巡逻队的负责人和成员均是高碑店村本地人，服务对象基本针对高碑店村本地居民。流动人口的邻里摩擦很少反映到老干部协会与和事佬协会。在问卷调查"是否向村委会等社区组织求助过？"这个问题项下，319个有效填答的商户雇主中，仅有22人选择了"经常求助"。选择"从来没有"和"很少求助"的有204人，占了64%。

5. 巧娘协会/巧媳妇、广场舞、太极扇等兴趣文体活动组织

巧娘协会在西社区被称为巧媳妇协会。西社区的巧媳妇协会是年纪比较大的妇女之间联合而成的民间组织，制作十字绣等工艺品赠送给参观者作为礼物留念。东社区的巧娘协会也是热爱手工女性的兴趣爱好小组，日常维持在10个人左右，会员每月自发在某个会员家中碰面，共同制作一些手工艺品。社区有时也利用一些项目，比如某个公益基金项目，购买材料以及聘请专门老师，组织巧娘协会活动。

除了巧娘协会，社区针对本地中老年人组织丰富多彩的文体活动，比如说太极扇、书画比赛、合唱、广场舞、交谊舞、秧歌、锣鼓等。广场舞一般在每早7点到8点，以及晚上7点半之后进行，参加者二三十人。根据西区村民的感

受，晚上参加广场舞的人员中，外来商户占了一半的比重。东社区日常活动三四十人，以50—70岁的老年人为主。

东区和西区各有一个百人腰鼓队，在一些高碑店村展演性的重大场合，腰鼓队也会代表村子登台演出。

总体来说，高碑店村本地中老年人在各类文体活动中都扮演了活跃的角色，是各种活动的组织者和积极参与者。

6. 村民书画培训班

书画培训班是高碑店村为了提高村民文化素养，丰富村民精神生活，同时结合高碑店村建设历史文化名村的整体规划目标在2015年9月组建的群众兴趣组织。通过向村中的中国书画院聘请专门教师对村民进行书画培训，书画培训班先后动员组织了100多名村民前来学习，并且在2016年9月正式成立村民书画艺术协会，同时展出村民书画作品数百幅。书画艺术协会的会长以及主要成员都是本村村民，它的成立与高碑店打造书画文化品牌，继续加强文化产业集聚作用的总目标保持了一致的步伐。

7. 岁时民俗节庆活动

高碑店村在一些重要的岁时节日，都会组织各类面向全体居民的民俗活动。比如说二月二民俗文化节高跷舞龙舞狮和小车会走街等各种民俗花会、端午民俗文化节比赛包粽子、元宵节花灯会、十五灯会、河灯节等。这些大型的民俗活动，社区会通过物业群通知所有人，一般也可以得到商户的响应与参与。调查问卷显示，高碑店本地村民对各类民俗节庆的参与度相对较高。节日活动中，参与人数最多的前三项依次是元宵灯会、端午民俗节、漕运庙会，参与人数有效比例达到了70%以上。二月二民俗文化节、金秋艺术节、中元河灯节吸引人数次之，达到60%以上。针对商户雇主的问卷也显示，有超过一半的商户雇主参加过高碑店的节日活动。可见，岁时民俗节庆活动由于不设置任何身份门槛，反而可以同时吸引本村和商户的积极参与。

从2003年秋天开始，高碑店村每年都会举办金秋艺术节暨表彰大会。大会表彰包括金婚银婚、长寿老人、应届大学生、三好学生、优秀企业、优秀协会、优秀书法学员等多个奖项。表彰的对象虽然主要针对高碑店村村民，但是也将企业、协会等商户组织囊括了进来，是高碑店村组织层面对商户融入、汇聚全村人心的一种有益尝试。

至于外地商户提出的节日，在访谈中社区表示也会积极配合提供场地。

8. 宗教组织

高碑店目前有各类宗教建筑如龙王庙、鲁班祠、财神庙。这几座信仰建筑是村民以及企业集资修建的，访谈到的村民也表示自己曾经捐款。普通村民生活与宗教组织的各项活动之间有一定的交叉。比如老年人在一些民俗节令会到庙里烧香；普通人初一、十五也会有一些活动。在一些特定民俗节日，鲁班祠的道士也举办相应的宗教活动。比如在中元节举行祈福法会。

村民中的42.2%在问卷中选择去过村里的庙宇，12.6%的人选择常去村里的庙宇。根据发放给村民的调查问卷显示，90%以上的调查对象选择了"无宗教信仰"，另外有少量选择信仰佛教、道教以及民间宗教的村民，人数不多，共占比7%。

对在春节和鲁班诞辰日组织商户前往拜祭烧香，商户认为，这种拜祭同一般意义上烧香拜佛的宗教活动是不一样的，是出于精神意义，而非宗教信仰。通过调查问卷我们也了解到，在商户雇主群体中，选择"无宗教信仰"的占了72%，是绝大多数；选择佛教17.6%，民间信仰5.5%，道教3.3%。

高碑店村有一个天主教会，但是并没有设立专门的教堂，而是在高碑店村西社区租用民房作为活动场所。这个天主教会的主要活动是宗教学习、向非信众发放宣传卡、召集捐赠等。在问卷中，选择"天主教"信仰的村民人数为零；而选择去过村里教堂的比例仅占2.5%；选择常去村里教堂的比例也仅为1.5%。

（二）高碑店村组织特点

1. 以社区组织为核心，与各类村民组织联手开展工作

高碑店村的社区组织与各类上级或者下游的村民组织都有密切的联系。总体来说，高碑店村的村民组织以社区组织为核心，在职责上是社区组织的延伸，在功能上是社区组织的补充，与社区结成密不可分的联动关系。

在544份针对村民的回收问卷中，选择参加了村委、妇联或党支部的占比相当高，达到47.6%；参加了老干部协会、和事佬协会、志愿者巡逻队的占比57.3%，可以说超过一半的人都有过社区管理的相关经历。1/3的高碑店村民经常参加社区举办的会议和活动。

2. 村组织活动的积极分子大多是中老年人

由于高碑店村特殊的人口构成，村民中的年轻人大多外出上班，造成了村中生活的居民以老年人为多的局面。根据回收上来的644份调查问卷，高碑店户籍人员中30—70岁的中老年人占比82.6%；总人数的96.5%都在村里居住。就参与各类组织活动而言，老年人在时间上更有保证；高碑店村也有意动员老年人中的积极分子参与社区的建设与管理。

3. 文体活动丰富

高碑店村的各类文体活动十分丰富，包括女性制作手工的巧媳妇协会、合

唱队、广场舞队、腰鼓队、秧歌队等。这些文体组织大多有常规性的活动安排，参与人员也都比较稳定。总体来说，高碑店文体活动团体数量多，活动多，参加人以高碑店本村村民为主体。商户对休闲活动的参与度远无法与村民相比。在问卷中，仅有19.5%的商户雇主选择参加过高碑店当地休闲活动；相对而言，广场舞是其中融合度比较强的一项活动。

4. 管理职能强，服务意识稍弱

高碑店的村民组织是原村委会的延伸，因此对村落管理的职能较强。F社区负责人李晓春也正面肯定了社区工作中管理的重要性。[①] 本地村民对社区以及相关组织的管理规则已经内化，并且认同当下的治理现状。

外来商户对于村民组织的管理存在一定的不适应和抵触。在问卷中，这表现在超过一半的商户雇主直接提出对当下规划的各种不尽如人意之处，另外，商户雇主当中，51%的人表示从未参加过任何社区会议或活动。

高碑店村组织和商户之间缺乏柔性的沟通渠道，消息的传达主要是通过一个微信物业群。这个沟通渠道除了物业工作等硬性通知，并没有在增强村民和商户的有机团结方面发挥充分作用。

三　高碑店外地商户组织

关于外地商户组织，调查小组共有针对性地访谈了三名商户，分别是：王建元、周培、高运明。商户的雇主中，北京人最多，有48人，占总人数的14.9%；江西人第二，有40人；河北人第三，有38人。安徽雇主18人，占调查总人数的5.5%。326个样本中，本科85人，占比最多，为26.1%，其次是初中，有74人，高中有62人。可以说，高碑店商户的雇主在人数上以北京人为主，而且总体受教育程度比较高。安徽人虽然不多，但是凝聚力很强，有属于自己的行业协会。

目前了解到的商户组织主要有两个，分别是高碑店古典家具行业协会和安徽东至古典家具协会。在69名回答自己在高碑店参加了社会组织的雇主中，28人选择参加了行业协会，占40.6%，在所有选择中排首位。

（一）高碑店古典家具协会

高碑店古典家具协会是高碑店村最有代表性的行业组织，针对这一组织，小组访谈了两名协会负责人。

---

① 2016年7月29日对高碑店村东社区负责人李晓春的访谈。访谈人鞠熙、杨英、田莉莉。

1. 协会的成立及发展现状

根据协会负责人之一周培的回忆，高碑店在 2008 年成立了古典家具行业协会。成立协会的原因是为了与村里互通意见，以及解决国际交易纠纷。协会最早的会员有 70 多人，现在二三百人，有 20 多个理事或理事单位。整个高碑店村里干家具行的，基本都会加入这个协会。行业协会每半年开一次会，互相交流、反映问题。最后由理事单位出面帮忙解决问题，如售后的维修服务不到位、交易双方发生纠纷等，以维护古典家具街的声誉。

而在王建元的描述中，高碑店古典家具行业协会成立于 2005 年。协会目前会员有 400 多家，理事约 20 人，每年有相关庆典活动，日期机动。若会员有需要解决的问题，会先反映给行业协会，再由行业协会反映给村委帮助解决；村委每年的行业理事会也会邀请理事参加，以听取商户的意见。

协会对会员也有一定要求：一方面，年限有要求，必须做手艺 20 年，开工厂 10 年以上；另一方面，思想层面必须一致，有明确的匠人精神，认真做手艺传承最精致的工艺，绝不能坑蒙拐骗、偷工减料。加入的商户来自全国各地，包括广东、四川、上海等，只要达到硬性指标即可。但高碑店村本地人在古典家具行业协会的很少，只有一两个。协会有严格的管理制度，发现有商户违反规定或是工艺不达标就会摘牌。

行业协会多在高碑店组织活动，如捐赠会、书画交流会、纪念庆典、产品展会等，会员都会积极响应，同时，会员参与村里的年节、文体等活动的热情则相对较低。

说起行业协会的预期效果，周培认为现在行业"自律"了，"大家还是按照行会的宗旨，把自己的门面做好，而且服务做好，还有质量方面，在这方面确实提高了"[1]。而王建元则更关注行业协会的带路作用。他认为商户与村落应当是一起"发展"的关系。各个行业协会引导并带动村落发展，村委也应当给予行业协会更大的权力空间，村委对待商户的观点应当是"服务"而不是"管理"。

2. 协会在高碑店的互动与沟通

行业协会与高碑店的互动体现在如下几个方面。

第一，行业协会通过会议将自己的看法或建议提供给村委。比如环境治理、制作有效合同、修建鲁班祠等。村委对行业也有一些管理上的规定，相互沟通以发现和解决问题。

---

① 2016 年 8 月 3 日上午，对周培的访谈。访谈人：鞠熙、彭晓宁、朱羿。

第二，行业协会以高碑店为平台举办活动，同时也发挥专长、帮助高碑店设计策划一些标志性建筑物等。

第三，商户也会参与一些高碑店村里举行的放河灯、挂灯笼、高跷会、秧歌会等民俗活动。

（二）安徽东至古典家具协会

关于这一组织，小组访谈了其负责人之一高运明先生。安徽东至古典家具协会可以说是高碑店古典家具行业协会的前身，二者之间有着密不可分的联系。

1. 协会的成立缘起及发展现状

安徽东至古典家具协会在成立之初，很大程度上是同乡会的性质。早期东至县有很多手艺人来到北京，都是通过"连、帮、带"的形式，多数是给当了老板的同乡打工，创业成功者寥寥。2001 年之后，商业模式逐渐成熟，几十个老乡都建立了自己的商铺。为了提高竞争力，增强凝聚力，在家乡安徽东至县领导的提议和帮助下（县里、市里都提供资金支持）成立了古典家具协会。后来，协会里面还成立了一个党支部——安徽东至古典家具协会党支部。党员最多的时候有 19 位，每年也会发展新的党员，人员有一定流动性。

早期高碑店的商户一共不到 100 户，安徽人占了将近一半，这也从人员和规模上为协会的成立提供了一定保障。后来，安徽的商户加入了高碑店的协会组织；另外，党支部也加入了高碑店的党组织，加入开会、参加评比和党组织生活等。

实际上，现在安徽东至古典家具协会和高碑店古典家具协会还是两个组织，前者属于东至县地方以内的，后者则主要针对高碑店的市场，并不能完全包含前者。现在东至县行业协会有 200 多家会员，组织架构在原先基础上没有调整，理事都是资格老、威望高的商户。

2. 协会在高碑店的互动与融入

在访谈中，小组了解到东至县行业协会在活动频次、交往深度、联系紧密性等方面明显高于高碑店行业协会，原因大概有两点：一是县行业协会规模较小，易组织且时效性强；二是同乡在一起也更便于交流。2016 年东至县张溪镇发生水灾，协会组织为家乡捐款 8 万多元赈灾，其中党支部的党员也起到了不小的带头作用。除了人员带动（现在东至县的老乡从事这一行的有 2000 多人），协会在区域行业引领上也起到一定的作用。

东至县古典家具协会一定程度上也带动了整个高碑店行业协会的发展。按照高运明的构想，希望高碑店能够提供固定的场地，定期供协会举办集中展示活动，增大行业的宣传力度。但是这个建议没有得到高碑店的充分回应。退而求其次，古典家具行业协会主办高碑店古典家具文化节的传统延续了下来。2016年9月29日，第十一届古典家具文化节暨国粹书画艺术展在古街社区的牌楼下正式开幕。商户代表赵小贝和古典家具行业协会会长赵瑞生在开幕式上发表了讲话。

关于商户与村民的关系，商户代表认为"很融洽"。"咱们书记平常开会第一句话就说了，咱们外来的这些商户是高碑店村民的恩人，咱们书记还有很多村民更多的是抱着一个感恩的心在说这个事情。"①

（三）高碑店商户组织特点

1. 与村组织是两种强势文化的碰撞

很明显，商户和村民之间，或者说商户组织和村民组织之间是两种强势文化的相互碰撞与妥协。

村里活动的组织模式较为单一，多属于民俗活动或文体类、休闲类组织，以日常生活为导向。这种活动模式反映出高碑店村村民在交往层面上还属于传统村落的熟人社会，不需要有一个强有力的"组织"在其间起到联结或调控的作用。村民对这类活动的参与度高；但在问到外地商户是否也参与过这些活动时，则表现出比较低的参与度。

对于商户来说，村民的互动模式并不适合他们。一方面，商户的思维和行为是商业导向的。另一方面，商户或行业协会组织的活动多是交流会、展示会一类，可以提升自己的品牌，也促进高碑店家具行业的整体发展。这也是商户与村民的隔阂之一。

2. 商户组织负责人与社区之间沟通渠道不畅

商户虽然对于社区的工作有不少意见和建议，但由于缺乏有效的沟通渠道，这些意见建议没有能够在正式场合进行充分表达。这一定程度上说明现在高碑店在商户的管理方面确实存在一定问题，也与近期高碑店发展的整体规划与行业结构调整策略中对古典家具行业的侧重有所减轻有关。

3. 商户中的北京人与外地人看法不同

在访谈对象中北京人和外地人对高碑店的认知和看法有一定差异。

北京人选择在高碑店开商铺的原因侧重于这里的文化底蕴；外地人则出于更为理性的计算与衡量。虽然都提到高碑店在经济发展到一定程度后要发展文化，但北京商户更多从文化传承、古典家具在现代如何维系与发展等宏观层面描述；外地商户更关注高碑店文化层次与整体形象的提升，打造更"高级"的

---

① 2016年8月3日下午，对高运明的访谈。访谈人：鞠熙、彭晓宁、朱羿。

古典家具产业园。当然，除了地域因素，这些方面的差异也可能与年龄、产业规模、发展规划等相关。

四　结论

总体来说，高碑店的村组织和商户组织在本地人和外来人口融合方面并没有发挥其应有的作用，反而是各自侧重服务特定群体，客观上增强而不是削弱了群体之间的区隔。两个群体的两种组织之间的不融合，所代表文化的碰撞只是问题的一方面，更多的原因来自结构上的矛盾。

在村落生产和生活功能剥离，同时相应的人群彼此认同度不高的情况下，村组织和商户组织并没有起到促进融合的作用，也并未出现跨群体的弥合性质的组织。在城市化进程中，高碑店的未来很可能将要由商业发展主导。高碑店村组织如何转变思想，从农耕文化和熟人社区文化向商业伦理学习、靠拢，同时保存和延续自身的文化传统，将是一条必然的发展路径。将社区、物业、商铺所有者和商铺租赁者之间的利益关系进一步厘清，按照契约关系办事，是帮助村组织和商户组织之间良性互助发展、建立高效良好沟通渠道的应有之义。

北京市高碑店艺术文化村商户现状调查报告[*]

十年前，北京市高碑店村还只是一座遍地平房的普通乡村，而现在的高碑店村是一个以艺术文化为主导的新型村，有诸多高端的艺术文化机构进驻于此，形成了北京独一无二的艺术空间。仅仅十年间，高碑店村历经了三次产业结构调整，所有平房一律推平进行重新统一的规划，运用该村独有的历史文化吸引了大批文化机构进驻。这样一个变化是翻天覆地的，也是令人惊叹的，同时也令人深思。到底是什么吸引了大量高端的艺术文化机构进驻高碑店村？高碑店村如此浓郁的文化氛围是如何形成的？进驻村里的艺术文化机构或企业对高碑店村的文化空间有什么样的影响？如今的高碑店村又该如何调整才能走得更远？如此等等一系列的问题，都需要通过实地的调查访谈才能回答。

一 问卷调查缘起与过程

本次问卷调查是北京高碑店村委会、北京民俗博物馆与北京师范大学联合组织的"高碑店艺术文化村现状调查"课题的第一阶段，意在通过问卷了解北京高碑店艺术文化村的大致现状，为第二阶段口述史访谈和后期的调查分析报告提供数据支持。问卷调查分为两大组，即商户组和居民组。本文为商户组问

---

[*] "商户组"调查组成员：廖珮帆、曹彦生、王路平、张莅、徐浩森。执笔人：廖珮帆，北京师范大学社会学院2015级民俗学硕士生。

卷调查报告，而商户组的问卷又分为雇主版和员工版。

调查组先到北京高碑店村进行了一次预调查，主要目的是了解村落的大致现状，通过村委会的介绍，我们访谈了两位进驻于高碑店西社区的比较有名气的商户，一户是"唐人祥"，一户是"不凡家居"。除了访谈当地商户，还与高碑店村委会的各社区干部开了座谈会，进一步了解高碑店目前的状况。在这次预调查之后，北师大项目调查组进行了讨论，决定把艺术文化村的调查与社会融入问题结合起来，同时在调查艺术文化村时，还要注意时间、空间、社会组织等方面的情况，这有助于之后对问题的深入思考。

在拟定问卷之前，调查组先搜集了关于社会融入的相关理论，以及相关研究论文中用到过的调查问卷或量表，抽取出与高碑店村情况相似的问题，做了相应的改变以适用于高碑店村的调查。本次问卷调查分了两个阶段，第一阶段为预调查阶段，将拟好的商户问卷投入 20 份进行试调查。2016 年 6 月 27 日，北京民俗博物馆与北京师范大学的调查员共向高碑店西社区、东社区、文化园区和古家具街社区四个社区的商户发放预调查问卷 20 份，每个社区 5 份。收回后对问卷存在的问题进行了整理，并修改问卷。问卷修改出来后，又经多方讨论审核，才正式定稿。虽然经过了反复的修改，问卷在正式投放后依然遇到了一些问题，但可把其作为可控范围内的缺失值进行问卷分析。第二阶段为正式问卷发放调查阶段，拟根据四大社区的商户分布数量，按大致的比例分发问卷，但在实际发放问卷时有所调整。此次共收回 762 份有效问卷，东社区收回 168 份，西社区 249 份，古家具街社区 178 份，文化园社区 167 份，超出了预期的问卷数量。收回有效雇主版问卷共计 329 份，分别为东社区 76 份，西社区 78 份，古家具街社区 99 份，文化园社区 76 份；收回有效雇员版问卷共计 433 份，分别为东社区 92 份，西社区 171 份，古家具街社区 79 份，文化园社区 91 份。

二　商户情况描述

（一）商户基本经营情况

高碑店村的四大社区都有其特色。西社区为商户入驻较早的社区，主要经营家具、茶文化、设计等文化产业，经营项目较为繁多；东社区于近年来重新建设规划，还未建设完善，入驻了不少新商户，也有老商户从其他社区迁过来，经营项目多种多样；古家具街社区则主要经营家具产业；文化园区则入驻了许多影视文化产业以及高端艺术文化机构。

商户基本都是外来人口。在调查的 762 位商户人员中，北京人口约占 15%，也就是说外来人口占 85%，而明确说明自己是北京高碑店本地人的仅 1 人。商户雇主中有 51.8% 的人住在高碑店，雇员有 38.1% 的人住在高碑店，说明高碑店本地村民除了与商户有店铺租赁关系以外，还与近一半的商户人员有住房租赁关系。

在经营类型上，高碑店商户主要经营家具、影视制作与传播、餐饮等，除此之外大多为艺术文化相关领域的行业，也有科技、医疗、金融、超市等行业，可以说高碑店的产业特色较为鲜明，且具有包容性。其特色产业是高碑店不断吸引高端文化艺术产业入驻的重要因素，多样性的产业则可以满足社区生活需要。

在经营规模上，有 298 位雇主填答，其中员工在 10 人以下的公司最多，有 233 家，占总数的 78.2%；员工人数在 10—20 人之间的有 36 家；20—30 人的有 18 家；30 人以上的有 11 家（见图 1），可见高碑店的每户商业门店的规模较小。

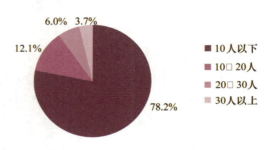

图 1　雇主在高碑店拥有的员工规模

从高碑店的经营时长来看，共 309 位雇主填写了"何时来到高碑店"，其中最早来到高碑店的时间是 1990 年，最近来高碑店的时间是 2016 年。这里将把从 1990 年起，每年来到高碑店的雇主人数用折线图表示，如图 2。可以看出雇主来到高碑店的数量是逐年递增的，虽然中间有些小的起伏，总的来说是增长趋势的，其中 2003 年是突增的一年，由前几年的缓步增长，突增至 16 人；2003—2007 年的人数则逐年有所下降，但变化不大；但是从 2008 年开始至今，来到高碑店的雇主的人数较之 2007 年以前的人数，增长更快，其中 2013 年到 2015 年之间，来到高碑店的雇主人数更是急剧增长，由 2013 年的 14 人突增至 2015 年的 69 人。而在 2016 年的半年时间内，来到高碑店的雇主人数就已经有 38 人了。

共 358 位雇员填写了来到高碑店的年份。目前雇员最早来到高碑店的时间为 1999 年，有 3 人填写；最近来高碑店的时间是 2016 年，有 121 人填写，如图 3 所示。可以看出在 1999—2010 这 11 年间，雇员来到高碑店的人数比较稳定，而从 2010 年开始，突然增加到 21 人，而此后总体增长速度加快，特别是 2016 年半年的时间内，有 121 人来到了高碑店。

北京高碑店村在 2000 年后，进行了一次大的产业结构调整，其中一项就是缩减耕地，建造房屋用于招商引资，"现在（2005 年）辖区内 1107 亩地中，绿地面积 300 亩，企业用地 440 亩，耕地仅占 33%"①。据了解情况的人说，大致从 2005 年至 2016 年，共经历了三次大的产业结构调整。从每年进入高碑店的雇主和雇员人数折线图来看，产业调整带来了商户人口的流动与波动，尽管如此，其中依然有一部分老牌企业十余年来都驻扎在高碑店村。

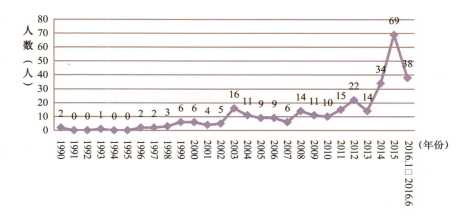

图 2　雇主来到高碑店的年份

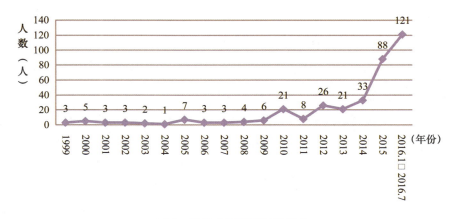

图 3　雇员来到高碑店的年份

（二）商户社会融入情况

问卷从时间维度、空间维度与社会联系维度来了解商户雇主和雇员在高碑

---

① 北京民俗博物馆编：《高碑店村民俗文化志》，民族出版社 2007 年版，第 15 页。

"高碑店艺术文化村"调研专题

店的社会融入情况。

1. 时间维度

岁时节日往往是人们情感认同的反映。我们在高碑店社区了解到，在过去三年中，高碑店社区逢年过节都组织过许多丰富的年节活动，如元宵灯会、端午民俗节、二月二、元宵灯会、漕运庙会、中元河灯节、金秋艺术节等。据调查，有306位雇主回答了"过去三年，在村里参加过的节日活动"这一多选题，其中有143位回答说没有参加过高碑店的任何节日活动，人数将近一半；有402位雇员也回答了该题，其中有超过一半的雇员回答说没有参加过任何活动。可见有半数商户虽然几乎每天都在高碑店工作，但却未曾参与过当地的节日活动。

问及"过去三年春节在哪里过时"，有超过七成的雇主表示不在高碑店过春节，他们或是回家乡或是在北京其他地方过；而大部分的雇员则是回家过春节，仅不到一成的雇员表示会在高碑店过春节。可见在高碑店过春节的商户并不多。

因此从时间维度来看，商户缺乏对高碑店的生活体验和情感认同。

2. 空间维度

空间是人们赖以生存和发展的所在，对高碑店空间与环境的考察可以反映外来商户对高碑店的熟悉度，从而反映出商户的融入程度，对当地的空间与环境越熟悉，则融入程度越高。

有324位雇主和423位雇员回答了"去过高碑店哪些公共活动场所"这一多选题，其中雇主的情况如图4，去过最多的公共活动场所为广场和集市，分别为166人和164人；然后是庙宇，有63人；其次是博物馆，有49人去过；再次是村史馆，有23人去过；棋牌室有8人去过；还有1人选择了"其他"，其后填写的内容为"公园"；有101人，即约1/3的人表示没去过上述高碑店村的任何公共活动场所。雇员的情况与雇主相似（见图5），可见商户在高碑店公共空间的活跃度并不是很高。而从上一题的关联题"常去高碑店哪些公共场所"一问中则可以看出广场和集市是商户活跃度较高的地方。

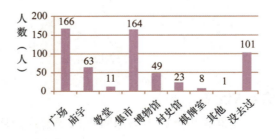

图4　雇主去过高碑店哪些公共活动场所

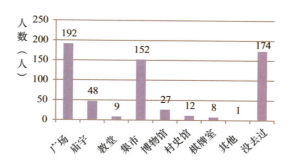

图5　雇员去过高碑店哪些公共活动场所

　　与公共空间相对应的是私人空间，有 322 位雇主和 427 为雇员回答了"去店面房东或其他村民家里吗?"一题。这一题考察的是商户与高碑店村村民的熟悉度，如果去村民家次数越多，则与村民的熟悉度越高。雇主的情况如图 6，没有去过的人数较多，有 128 人，占 39.8%；表示自己很少去村民家的人数次之，有 86 人，占 26.7%；与之差不多的是"偶尔去"的人数，81 人，占 25.2%；而经常去村民家的商户雇主仅有 27 人，占 8.4%。说明雇主与当地村民的熟悉度不太高，相互往来较少。雇员的情况如图 7，表示没有去过的人数较多，有 246 人，占 57.6%；表示很少去村民家的人数次之，有 101 人，占 23.7%；偶尔去的人数为 67 人，占 15.7%；而经常去村民家的商户雇员仅有 13 人，占 3.0%。可见商户与当地村民之间相互往来较少，熟悉度不高。

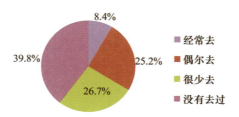

图6　雇主去村民家里吗?

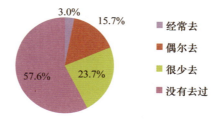

图7　雇员去村民家里吗?

虽在实际生活中商户与村民的来往不多，但大多数商户有意愿与当地村民有更多来往。而在问到与村民来往的意愿时，有约一半的商户表示希望与村民有更多来往，有约四成的商户表示无所谓，仅有不到一成的商户表示不希望与村民有更多的来往。

关于高碑店商铺和住宅的划分，商户也表达了自己的看法。高碑店的规划是否合理，对其商业的发展起着重要作用，同时社区规划也是社区形象对外的宣传，在商户眼中的高碑店规划是否合理，可以看出商户对高碑店的期许和满意度。该题有323位雇主和420位雇员回答，有近一半的雇主表示高碑店的住宅和商铺的划分一般；有超过一半的雇主表示高碑店的住宅和商铺的划分合理，其中有101人表示比较合理，有47人表示很合理；同时，也有33位雇主表示其划分并不合理。雇员有51人认为住宅和商铺的划分很合理；有129人认为比较合理；有209人，即将近一半的人认为规划得一般；还有31人认为规划不合理。可见雇主与雇员的看法相似。有20人填写了不合理的原因，不合理的原因一般是规划乱，标识不清不好找；楼间距窄，街道窄，交通拥堵；住宅少，店租贵且不稳定；公共设施不完备（如绿化少、停车位不够等）；没有特色，千篇一律等。

事实上，商户很看重空间布局以及对周围环境的体验。具体对高碑店街道布局的看法，我们设置了主观题专门统计商户的意见和建议。此题是开放性问题，将近一半的商户都认真填写了该题。经过浏览并提炼关键词，统计出如下几条提到频率较高的说法，参见图8。提到最多的一点是"公共场所少，公共设施不齐全"，其次就是"道路窄，交通不便"，接着依次为"比较满意""没意见，无所谓""规划不当，标识不清，方位不好找"。当然不只是这些意见，还有诸如"租金贵""建筑千篇一律没特色""文化宣传还不够""治安不太好，希望有监控"等看法被商户提及。

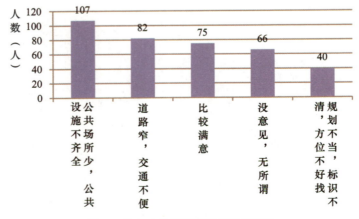

图8　商户对高碑店街道布局的看法

3. 社会联系维度

社会联系指的是商户与高碑店村民之间已经发生或有意愿发生的人际互动，这可以很大程度地反映出商户与当地村民之间社会融入的情况。

社区方面，商户大多都没有加入过当地任何社区团体，有51.6%的雇主和71.3%雇员从没参加过社区举办的会议或活动。当问及"是否参与社区中的休闲活动"时，有80.5%的雇主和91.9%的雇员都表示没有参与过。有111位雇主和154位雇员回答了主观题"没有参加休闲活动的原因"，统计得知有72.1%的雇主和73.6%的雇员表示"工作忙，时间少"，有18%的雇主和雇员表示"不了解，没通知，没受邀"，可见商户并未真正参与到高碑店社区生活中来，因为他们在高碑店主要以工作为主，而非以生活为主。但前文数据表明有近一半的商户人员是住在高碑店的，因此有必要加强商户与社区生活之间的联系，使其能够自然而然地融入高碑店文化中来。

与当地村民的关系方面，目前有超过96%的商户从未与当地村民发生过纠纷，这表面上看起来是商户与村民之间的关系比较和谐，但实际上是因为相互并没有过多的往来。在"与高碑店村民是否有过以下交往"一题中，有9个小题，考察的是雇主与当地村民的交往方式，交往的行为越多，则越亲近，那么雇主在高碑店的社会联系度就更紧密。雇主和雇员的情况分别为图9和图10所示。可见雇主唯一一项"是"比"否"多的交往行为是"在工作、生意上相互帮助"，可见商户雇主更看重当地村民给他们的事业带来帮助，而其他情感上的交流与帮助则放在其次。从平均值来看，选择"是"的雇主仅占36.7%，选择"否"的雇主占63.3%。说明雇主与村民的交往行为并不多，亲密度还不够，从这个指标上说，雇主在高碑店的社会联系还不够紧密。而雇员与村民的交往比雇主与村民的交往更少，从平均值这一指标来看，仅25.3%的雇员选择了"是"，74.7%的雇员选择了"否"。可能相比于雇主，雇员与当地村民的租赁关系并不是那么紧密，因此他们仅做好自己的本职工作就可以了，与当地村民的交往对他们来说实际意义不大。

在实际生活中，商户与村民的交往互动较少，但其实他们在心里是比较愿意与村民交往的。有超过60%的商户都认为，高碑店村村民会在自己需要帮助时主动施以援手，超过两成的商户认为村民可能会偶尔帮一下，仅有不到一成的商户认为不会帮；而如果当地村民遇到了困难，有超过75%的商户认为自己会主动施以援手，不到两成的商户选择偶尔帮一下，仅不到一成的商户选择了"不会帮"。这两方面考察的是商户心中对村民的预期。商户对村民的预期较好，则说明商户在高碑店村的工作或生活会更愉悦，因为他们认为自己在遇到困难

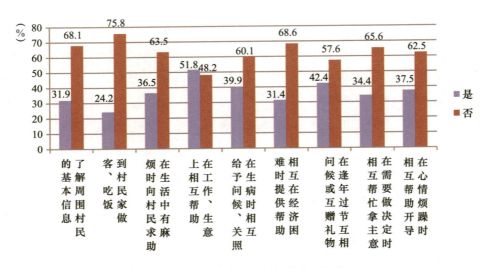

图 9　雇主与高碑店村村民的交往行为

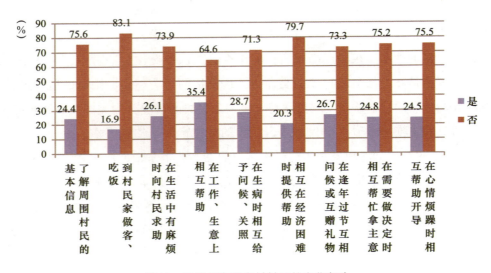

图 10　雇员与高碑店村村民的交往行为

时，村民会帮助他们，因此顾虑也就少一些。

　　此外还有一题也是关于预期的，即"高碑店村村民给您的印象"，反映的是商户对高碑店村村民的评价，列出了 14 个选项以供问卷填写者多选。统计显示，频数从大到小依次排列的话，排在前 7 位的都是正面的评价，其后的 6 个负面评价虽有人选择，但只占少数，"其他"选项中有补充答案的，如"不了解，接触少""闲人多""热情""漂亮，温柔，大气，自强不息，为人和善"等。总的来说，商户对高碑店村村民的印象较好。

三　阻碍商户社会融入的原因

根据以上问卷中的数据，可看出商户与本地村民虽然在心理上有了一定的认同基础，但是融入程度依然有待提高。商户与本地村民之间存在着诸多差异，这使得商户与村民在社会融入的过程中会遇到诸多困难与阻碍。以下几个方面是从数据中得到的一些差异性，从这些数据中我们可以看到一些可能性。

从年龄上来看，商户雇主年龄大多在30—50岁之间，占雇主被试总人数的67.5%；而雇员则大多为18—30岁，占雇员被试总人数的51.9%，此外30—50岁的雇员人数仅次于18—30岁的雇员，占比42.7%。可以说高碑店30—50岁的外来劳动力是高碑店商户主体人群，与之相对的则是高碑店本地居民人口结构的老龄化。① 可见商户与住户之间的年龄差异较大，因此双方在思想上、交流上可能会有一定的阻碍，毕竟年代有别。

从地域上看，商户是外来人口的比重大。商户中15%的人出生地在北京，余下85%的人皆为外地人②。中国幅员辽阔，地域文化差异较大，因此难免在交流和互动中形成一定的阻碍，影响着社会融入。而据本次问卷统计，商户对自己家乡文化的认同度较高，在回答"我的家乡有丰富的历史文化"这一表述时，有大约70%的商户选择了比较同意或同意；回答"我对我家乡的历史文化感到自豪"这一表述时，有超过74%的商户选择了比较同意或同意。当对自己家乡文化认同度较高时，面对异乡文化，虽然有超过一半的商户表示尊重并希望融入（见图7），但大多数商户并未把这种意愿付诸现实生活。

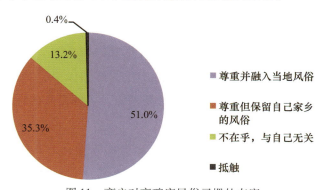

图11　商户对高碑店风俗习惯的态度

① 从后期的调查访谈中，我们了解到高碑店本土住户人口结构基本上以老人为主，而年轻人大多外出工作或居住。

② 这里仅为"出生地"的统计，而不是户籍所在地的统计，因此这里所说的"外地人"为出生地不在北京的人。这里之所以统计出生地，是因为我们认为，家乡文化对一个人的发展影响较大；当然也不排除不在北京出生但在北京成长，或出生于北京但不在北京成长的例外，姑且算作一个小误差。

从受教育程度看，雇主中多数为本科学历，其次为初中、高中学历；雇员中多数为大专学历，其次为本科学历。可见商户的整体受教育水平较高。此外商户大多从事的是文化艺术类的行业，可见他们的艺术文化修养较高，对生活品质或许有更高的追求，这种价值观的差异容易使商户与当地村民在社会融入的过程中形成一定的阻碍。

四　结语

本次问卷调查报告以社会融入为核心，考察了高碑店商户的社会融入现状，并从年龄、地域和受教育程度分析了阻碍商户社会融入的因素。此外还有诸多因素，如商户来到高碑店本身就是为了工作且没有时间去关注其他事情，这是前文就已经提过的；又如高碑店本身就有着丰富的历史文化，而当它与另一种强文化群体①相遇时，到底谁融入谁还未可知；等等。这些阻碍社会融入的因素错综复杂，并不是一个问卷调查就能解决的，本问卷报告也仅是提供多种思路的可能性，最终的结论还需要大量的入户访谈以及抽丝剥茧的分析才能得出。

在从时间、空间和社会联系等方面了解了高碑店商户的现状后，根据商户对高碑店街道布局的意见和建议，这里拟对高碑店的未来发展提几点建议。

一是加强公共设施的建设与管理。在做社区规划时要重点考虑街道的宽度、停车场的建设与管理、标识的顺序与位置等；加大绿化面积，及时处理生活垃圾与工业垃圾；增加公交车，在高碑店村内增设公交站点。建议设置一些商业专用的公共场所，如商务会所、展览厅等。

二是传承和发扬高碑店传统文化，挖掘当地文化特色，形成特色产业。产业结构需要进一步优化，要有针对性地引进优质的外来商户，适当淘汰不符合条件的商户，但要注意的是，配套的生活产业要适当保留。加强高碑店文化的宣传力度，使更多入驻高碑店的商户熟悉高碑店，了解高碑店深厚的文化底蕴，从而带动其他优质商户入驻。

三是不断吸取经验听取意见，形成一套更加标准化、有效率的管理模式。如加强治安管理；又如制定房屋租赁细则，在有统一价格标准的情况下，再与商户酌情议价。

四是加强社区与商户之间的良性互动。社区可以与商户之间形成亲密友好

---

① 这里的"强文化群体"指的是在高碑店从事艺术文化事业的商户，或者对自己家乡文化有着极度认同感的商户。

关系，可以让商户也参与到社区治理中来，以此加强商户对高碑店的归属感和认同感。社区不仅要有管理理念，更要有服务意识，这样才能协调合作，互惠共赢。

北京高碑店艺术文化村本地居民现状的问卷调查[*]

近年来，北京高碑店村有诸多高端艺术文化机构进驻，形成了以艺术文化为主导的新型村。是什么吸引了大量高端艺术文化机构进驻高碑店村？进驻村的艺术文化机构或企业对高碑店村的文化空间有什么影响？如今的高碑店村又该如何调整才能走得更远？一系列问题，都需要通过实地的调查访谈才能回答。

本次问卷调查是北京高碑店村委会、北京民俗博物馆与北京师范大学联合组织的"高碑店艺术文化村现状调查"课题第一阶段内容，意在通过问卷了解北京高碑店艺术文化村本地居民的现状，为第二阶段口述史访谈和后期调查分析报告提供数据支持。

一 问卷的发放与回收

2016 年 6 月 27 日以 15 份问卷为样本，在高碑店村东社区、西社区、文化园社区进行试发，回收有效问卷 15 份。根据《北京市高碑店村本地居民问卷组预调查总结》中所列问卷存在题目数量大、个别问题设问模糊等问题重新修改调查版问卷。

---

* "本地居民"调查组成员：王媛、贾娟、贾琛、文爱群。执笔人：王媛，北京民俗博物馆助理馆员。

2016 年 7 月 3 日至 15 日，北京民俗博物馆与北师大共 6 人对居民组问卷进行发放。由自主发放到与社区合作发放，由一对一当面填写到一对多填写，由入户填写到召集到社区填写，问卷发放过程根据实际情况不断做出调整，提高了效率但也出现部分问题。

2016 年 8 月份为数据描述分析阶段。本报告将根据录入数据逐题以表格、图示的方式反映题目作答情况，并做文字描述。

二　问卷描述

本节将根据录入数据逐题以表格、图示的方式反映题目作答情况，并做文字描述。其中，百分比保留一位小数，且以有效数据的百分比为准。

（一）基本情况

1. 姓名

无法描述

2. 性别

［描述］共收回有效问卷 644 份，包含有效数据 625 份，缺失数据 19 份。

A. 男，选择数量为 270 份，有效百分比为 43.2%

B. 女，选择数量为 355 份，有效百分比为 56.8%

3. 出生年份（换算为年龄）

［描述］共收回有效问卷 644 份，包含有效数据 597 份，缺失数据 47 份。受访人中最大年龄 91 岁，最小年龄 10 岁。未成年人 6 人，占问卷总人数的 1.0%；18—30 岁 37 人，占问卷总人数的 6.2%；30—50 岁 235 人，占问卷总人数的 39.4%；50—70 岁 258 人，占问卷总人数的 43.2%；70 岁以上 61 人，占问卷总人数的 10.2%。问卷访谈对象以 30 岁到 70 岁人群为主（见表 1、图 1）。

表 1　　　　　　　　　　　　受访人年龄区间

年龄	人数（人）	有效百分比（%）
［10，18）	6	1.0
［18，30）	37	6.2
［30，50）	235	39.4
［50，70）	258	43.2
［70，91]	61	10.2

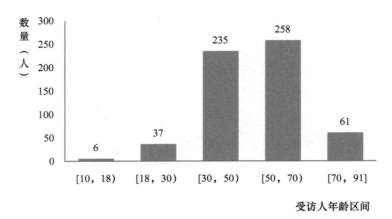

图1　受访人年龄区间

4. 手机号

不可描述

5. 户口_____在高碑店村

A. 一直都在

B. 曾经在，现在不在

C. 曾经不在，现在在（选择此选项，请回答第5a—5b题）

D. 一直不在

［描述］本题中有效数据646份，缺失数据15份。本次调研对象为曾经持有或一直持有高碑店户口的村民，因此有效问卷数量为644份。调研对象中户口在高碑店者占据绝大多数，为84%。9.3%的人，因各种原因后迁户口进入高碑店（见表2）。

表2　　　　　　　　户口是否在高碑店的比例

选项	数量（人）	有效百分比（%）
A. 一直都在	555	84.0
B. 曾经在，现在不在	13	2.0
C. 曾经不在，现在在（选择此选项，请回答第5a—5b题）	61	9.3
D. 一直不在	17	2.6
合计	646	97.9
缺失值	15	2.3

5a. 您离开原户籍的主要原因是（可多选）：

A. 务工经商　　B. 工作调动　　C. 分配录用　　D. 拆迁搬家

E. 婚姻嫁娶　　F. 随迁家属　　G. 投亲靠友　　H. 其他：_____

［描述］在将户口后迁入高碑店的人群中，迁移户口的主要原因为婚姻嫁娶，占到70.5%。随迁家属、工作调动、务工经商、拆迁搬家、投亲靠友而迁移户口的很少，但相比而言，前两者占据较大比例（见表3、图2）。

表3　　　　　　　　　　　　户口迁往高碑店的原因

选项	数量（人）	占迁往高碑店户口人数的百分比（%）	说明
A. 务工经商	1	1.6	
B. 工作调动	3	4.9	
C. 分配录用	0	0	
D. 拆迁搬家	1	1.6	
E. 婚姻嫁娶	43	70.5	
F. 随迁家属	5	8.2	
G. 投亲靠友	1	1.6	
H. 其他	1	1.6	户口划归到高碑店

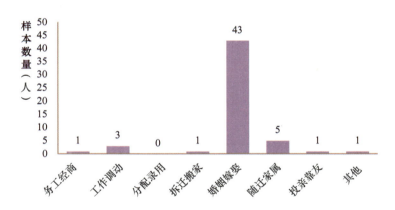

图2　户口迁往高碑店的原因

5b. 您是哪一年来到高碑店村的：_____年

［描述］第5题选择了C项，且本题填写有效的人数为56人，也就是本题有效数据为56份。

其中2005年以前将户口迁往高碑店的有46人，有效百分比为82.1%；

2005年到2010年间（含2005年）户口迁往高碑店的人数有6人，有效百分比为 10.7%；

2010 年到 2016 年间（含 2010 年），户口迁往高碑店的人数有 4 人，有效百分比为 7.1%。

6. 目前居住地：_____市_____区_____村_____（东、西）社区____号

无法描述

7. 您的受教育水平是：

A. 未受正式教育　　　B. 小学　　C. 初中　　　D. 高中

E. 技校/职高/中专　　F. 大专　　G. 本科　　　H. 研究生

I. 其他：_____

［描述］共收回有效问卷 644 份，包含有效数据 635 份，缺失数据 9 份。调查对象中，高中及以下学历所占比例近 80%，其中初中学历占到接近一半的比例。研究生及以上学历极少（见表 4、图 3）。

表 4　　　　　　　　　　　　调查对象受教育水平

选项	数量（人）	有效百分比（%）
A. 未受正式教育	7	1.1
B. 小学	83	13.1
C. 初中	258	40.6
D. 高中	115	18.1
E. 技校/职高/中专	45	7.1
F. 大专	93	14.6
G. 本科	33	5.2
H. 研究生	1	0.2
I. 其他	0	0
合计	635	100

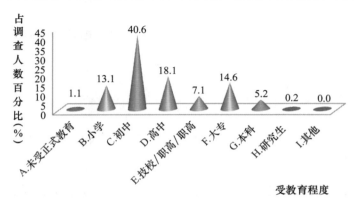

图 3　调查对象受教育水平

8. 您的宗教信仰是（可多选）：

A. 基督教　　　　B. 天主教　　　　C. 伊斯兰教　　　　D. 道教

E. 佛教　　　　F. 民间信仰　　　　G. 无宗教信仰

H. 其他：_____

［描述］共收回有效问卷644份，包含有效数据526份，缺失数据118份。90%以上的调查对象无宗教信仰。在有宗教信仰的群众中，信仰民间宗教、佛教、道教的人较多（见表5）。

表5　　　　　　　　　　　　调查对象宗教信仰

选项	数量（人）	有效百分比（%）
A. 基督教	2	0.4
B. 天主教	0	0
C. 伊斯兰教	4	0.8
D. 道教	8	1.5
E. 佛教	11	2.1
F. 民间信仰	18	3.4
G. 无宗教信仰	483	91.8
H. 其他	0	0
合计	526	100

9. 您全家一年的收入约为_____元

A. 5万以下　　　　B. 6万—10万　　　　C. 11万—15万

D. 16万—25万　　　　E. 26万—50万　　　　F. 51万以上

［描述］共收回有效问卷644份，包含有效数据547份，缺失数据97份。高碑店村民全家年收入以10万元以下居多，绝大多数未达到北京平均工资水平，总体呈下降梯度分布，而以10万元为界，有显著下降状态（见表6、图4）。

表6　　　　　　　　　　　　家庭年收入

选项	数量（人）	有效百分比（%）
A. 5万及以下	206	37.7
B. 6万—10万	215	39.3
C. 11万—15万	73	13.3
D. 16万—25万	35	6.4

选项	数量（人）	有效百分比（%）
E. 26 万—50 万	16	2.9
F. 51 万以上	2	0.4
合计	547	100

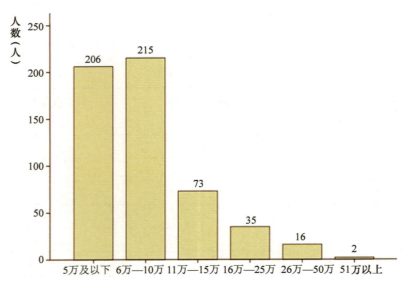

图 4　家庭年收入

10. 您是否有在高碑店外来商户的单位中工作的经历？

　　A. 现在就在　　　B. 曾经在，现在不在　　　C. 一直没有过

　　［描述］共收回有效问卷 644 份，包含有效数据 599 份，缺失数据 45 份。90% 以上的村民未在外来商户的单位中工作过，9.3% 村民现在或者曾在外来商户的店铺中工作（见表 7、图 5）。

表 7　　　　　　　　　　　是否在高碑店外来商户单位工作

选项	数量（人）	有效百分比（%）
A. 现在就在	27	4.5
B. 曾经在，现在不在	29	4.8
C. 一直没有过	543	90.7
合计	599	100

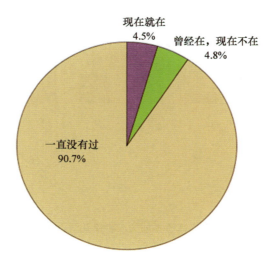

现在就在
4.5%

曾经在，现在不在
4.8%

一直没有过
90.7%

图 5　您是否有在高碑店外来商户的单位中工作的经历

（二）个人时间安排

1. 过去三年，您在高碑店村参加过以下哪些活动（可多选）：

A. 庆祝出生　　　　　B. 庆祝成人　　　　　C. 婚礼

D. 生辰　　　　　　　E. 丧礼　　　　　　　F. 祭祀（祖先或者神明）

［描述］共收回有效问卷 644 份，有效数据 606 份，缺失数据 38 份。其中三年内参与婚礼的样本最多为 558 人，丧礼次之为 425 人，参与庆祝出生的样本也占到了一半的比例。参与成人礼、生日、祭祀的样本较少（见表 8、图 6、图 7）。

表 8　　　　　　　　　在高碑店参加的人生仪礼活动

选项	数量（人）	有效比例（%）
A. 庆祝出生	324	53.5
B. 庆祝成人	79	13.0
C. 婚礼	558	92.1
D. 生辰	206	34.0
E. 丧礼	425	70.1
F. 祭祀（祖先或者神明）	160	26.4

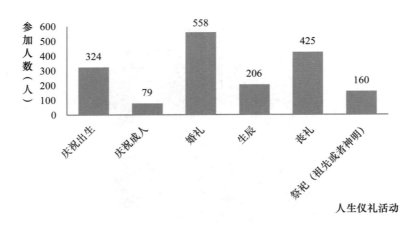

图 6 在高碑店参加的人生仪礼活动人数

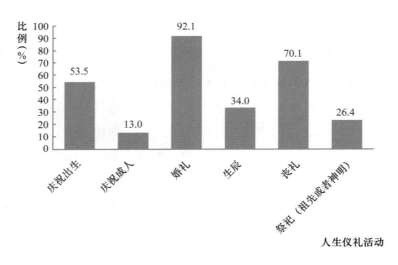

图 7 在高碑店参加的人生仪礼活动比例

2. 您参加的以上活动是谁举办的（可多选）：

A. 有高碑店户口的本地人

B. 有高碑店户口的外来商户

C. 没有高碑店户口的外来商户

D. 其他人

［描述］共收回有效问卷 644 份，有效数据 600 份，缺失数据 44 份。样本参与人生仪礼的主办方以高碑店本地人为主，曾参加过外来商户举办活动的只有 4% 的有效比例（见表 9、图 8）。

表9   人生仪礼活动的举办方

选项	数量（人）	有效比例（%）
A. 有高碑店户口的本地人	571	95.2
B. 有高碑店户口的外来商户	25	4.2
C. 没有高碑店户口的外来商户	24	4
D. 其他人	73	12.2

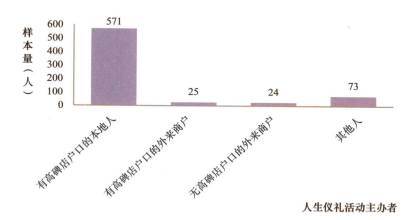

图8　人生仪礼活动的举办方

3. 过去三年，您参加过哪些在高碑店村举办的节日活动？（可多选）

A. 元宵灯会　　　　B. 二月二民俗文化节　　　　C. 端午民俗节

D. 漕运庙会　　　　E. 中元河灯节　　　　　　　F. 金秋艺术节

G. 农民书画班　　　H. 亲子彩绘　　　　　　　　I. 社区广场舞比赛

J. 北京高碑店古典家具文化节　　　　　　　　　　K. 其他

［描述］共收回有效问卷644份，有效数据616份，缺失数据28份。节日活动中，参与人数最多的前三项依次是元宵灯会、端午民俗节、漕运庙会，参与人数有效比例达到了70%以上。二月二民俗文化节、金秋艺术节、中元河灯节吸引人数次之，达到60%以上（见表10、图9）。其余项关注的人数较少。在其他选项中，198份样本表示没有参与过以上任何活动，有效比例为32%，另外各有1人表示除所列项目外，参与过合唱团、高跷会、腰鼓队、英语培训等活动。

表10 　　　　　　　　　　　参加节日活动

选项	数量（人）	有效比例（%）
A. 元宵灯会	532	86.4
B. 二月二民俗文化节	405	65.7
C. 端午民俗节	462	75
D. 漕运庙会	444	72.1
E. 中元河灯节	384	62.3
F. 金秋艺术节	385	62.5
G. 农民书画班	135	21.9
H. 亲子彩绘	33	5.4
I. 社区广场舞比赛	168	27.3
J. 北京高碑店古典家具文化节	179	29.1
K. 其他	204	33.1

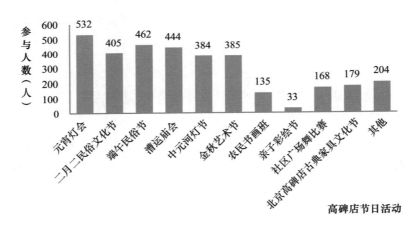

图9　参加节日活动

（三）空间与环境

1. 您主要居住在高碑店村里还是村外？

A. 村里　　　　B. 村外

［描述］共收回有效问卷644份，包含有效数据629份，缺失数据15份。

A. 村里，选择数量为607份，有效百分比为96.5%。

B. 村外，选择数量为22份，有效百分比为3.5%（见图10）。

村外，3.5%

村里，96.5%

图 10　主要居住在高碑店村里还是村外

2. 您知道高碑店村里有哪些公共活动场所？（可多选）

A. 广场　　　　　　　B. 庙宇　　　　　　　C. 教堂

D. 集市（如农贸市场）　E. 博物馆　　　　　　F. 村史馆

G. 棋牌室　　　　　　H. 其他

［描述］共回收问卷 644 份，其中每道题目的有效样本量如图 11 所示。总体而言，知道广场、集市的样本量较大，占 90% 以上；对庙宇、博物馆、村史馆的知晓率次之，有效百分比约为 65%；棋牌室、教堂的知晓率很低（见表 11）。

表 11　　　　您知道高碑店村里有哪些公共活动场所

选项	数量（人）	有效比例（%）	缺失量（人）	有效量（人）
A. 广场	604	95.7	13	631
B. 庙宇	410	65.0	13	631
C. 教堂	31	4.9	12	632
D. 集市（如农贸市场）	581	92.1	13	631
E. 博物馆	415	65.7	12	632
F. 村史馆	465	73.6	12	632
G. 棋牌室	111	17.6	12	632
H. 其他	12	1.9	12	632

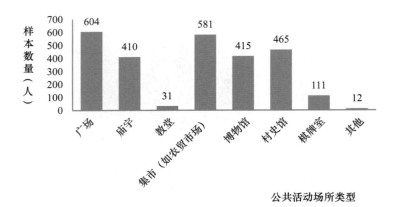

图11　您知道高碑店村里有哪些公共活动场所

3. 您去过村里哪些公共活动场所？（可多选）

A. 广场　　　　B. 庙宇　　　　C. 教堂　　　　D. 集市（如农贸市场）

E. 博物馆　　　F. 村史馆　　　G. 棋牌室　　　H. 其他

［描述］共回收问卷644份，其中每道题目的有效样本量如图12所示。总体而言，去过广场、集市的样本量较大，有效比例为90%左右；去过庙宇、博物馆、村史馆的次之，有效百分比约为45%左右；去过棋牌室、教堂的人很少（见表12）。

表12　　　　　　　　　　您去过村里哪些公共活动场所

选项	数量（人）	有效比例（%）	缺失量（人）	有效量（人）
A. 广场	578	91.6	13	631
B. 庙宇	267	42.3	13	631
C. 教堂	16	2.5	12	632
D. 集市（如农贸市场）	573	90.7	12	632
E. 博物馆	291	46.0	12	632
F. 村史馆	316	50.2	14	630
G. 棋牌室	35	5.5	12	632
H. 其他	18	2.8	12	632

第五辑　北京民俗论丛

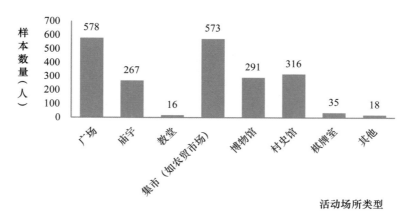

图 12　您知道高碑店村里有哪些公共活动场所

4. 您常去的是村里哪些公共活动场所？（可多选）
A. 广场　　　　　B. 庙宇　　　　　C. 教堂　　　　　D. 集市（如农贸市场）
E. 博物馆　　　　F. 村史馆　　　　G. 棋牌室　　　　H. 其他

［描述］共回收问卷 644 份，其中每道题目的有效样本量如图 13 所示。总体而言，常去广场、集市的样本量较大，有效比例为 82% 左右；常去庙宇、博物馆、村史馆的样本量次之，有效百分比约为 20%；常去棋牌室、教堂的样本量很小，只有 1.5% 左右（见表 13）。

表 13　　　　　　　　　　　您常去村里哪些公共活动场所

选项	数量（人）	有效比例（%）	缺失量（人）	有效量（人）
A. 广场	507	82.8	32	612
B. 庙宇	77	12.6	32	612
C. 教堂	9	1.5	32	612
D. 集市（如农贸市场）	506	82.7	32	612
E. 博物馆	108	17.7	33	611
F. 村史馆	137	22.4	32	612
G. 棋牌室	10	1.6	33	611
H. 其他	11	1.8	36	608

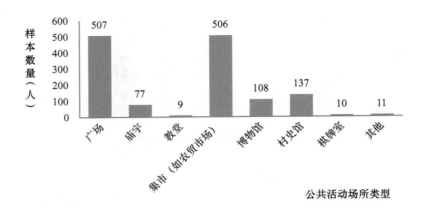

图 13　您常去的是村里哪些公共活动场所

[描述]共回收问卷 644 份，因不同题目数据缺失量不同，因此采用有效百分比的方式比较。知道、去过、常去广场、集市的人数最多，且三者数量相差较小。但对于庙宇、博物馆、村史馆来说，三者相差比例较大，尤其是常去人数有显著下降。对于教堂来说，知道教堂与去过教堂之间人数下降很大，但是去过教堂的人中有较大比例的人会常去。对于棋牌室来说，知道、去过和常去人数之间的差距都很大（见表 14、图 14）。

表 14　　　　　知道、去过、常去高碑店村公共活动场所数据的比较

选项	数量（人）			有效百分比（%）		
	知道	去过	常去	知道	去过	常去
A. 广场	604	578	507	95.6	91.6	82.8
B. 庙宇	410	267	77	64.9	42.2	12.6
C. 教堂	31	16	9	4.9	2.5	1.5
D. 集市	581	573	506	92.1	90.7	82.7
E. 博物馆	415	291	108	65.7	46	17.7
F. 村史馆	465	316	137	73.6	50.1	22.4
G. 棋牌室	111	35	10	17.6	5.5	1.6
H. 其他	12	18	11	1.9	2.8	1.8

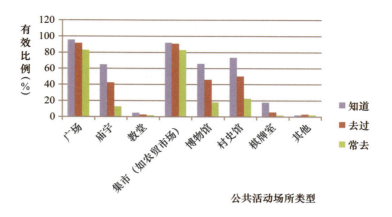

图 14　知道、去过、常去高碑店村公共活动场所数据的比较

5. 您一周有几天会去村里的公共活动场所？

A. 每天都去　　　　B. 4—6 天　　　　C. 1—3 天　　　　D. 几乎不去

［描述］共收回有效问卷 644 份，包含有效数据 628 份，缺失数据 16 份。

40.1% 的样本一周之内有 1—3 天会去高碑店村公共活动场所，12.9% 的人几乎不去。每周有 4—6 天会去以及每天都去的样本占到 20% 多。四者按照从高到低的比例依次是每周去 1—3 天、每天都去、每周去 4—6 天、几乎不去（见表 15、图 15）。

表 15　　　　　　　　　　　　去公共场所频率

选项	数量（人）	有效百分比（%）
A. 每天都去	167	26.6
B. 4—6 天	128	20.4
C. 1—3 天	252	40.1
D. 几乎不去	81	12.9
合计	628	100

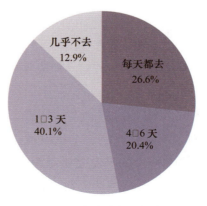

图 15　去公共场所频率

6. 您觉得村里的住宅和商铺的划分合理吗？

A. 很合理　　　B. 比较合理　　　C. 一般　　　D. 不合理

［描述］共收回有效问卷 644 份，包含有效数据 631 份，缺失数据 13 份。

将近一半的人认为高碑店住宅与商铺的划分比较合理，仍有需改进之处。21.4% 的人认为高碑店住宅与商铺划分一般，有较大进步空间。也有 29.2% 的人认为划分很合理，而 2.7% 的人认为划分不合理。

表 16　　　　　　　　　　对村中住宅与商铺划分的评价

选项	数量（人）	有效百分比（%）
A. 很合理	184	29.2
B. 比较合理	295	46.8
C. 一般	135	21.4
D. 不合理	17	2.7
合计	631	100

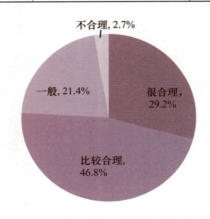

图 16　对村中住宅与商铺划分的评价

（四）社会联系

1. 您在高碑店村参加了以下哪些协会/群体/社团？（可多选）

A. 村委会　　　　　B. 妇联　　　　　C. 党支部　　　　　D. 行业协会

E. 老干部协会　　　F. 社区青年汇　　G. 幸福合作社　　　H. 和事佬协会

I. 志愿者巡逻队　　J. 巧媳妇儿　　　K. 邻里之家　　　　L. 志愿者协会

M. 文体组织（太极扇、广场舞等）　　N. 其他：＿＿＿＿＿＿

［描述］共回收问卷 644 份。在高碑店各类组织中参加志愿者巡逻队的人数最多，有 225 人，但此情况与实际巡逻队人数出入较大，可信度较低。参加文体组织，如广场舞、太极扇等群文活动的人数次之，占到调查人数的 33.1%。

参加过村委会工作的人数达到 114 人，占到 21.8%，可能与村委会工作人员及社区相关工作群众比较支持调查有关。参加行业协会的有效比例很少，仅3.1%。在选择其他的样本中，参加其他类的组织类型有大鼓队、合唱团、社区绘画等，但这些举例属于文体组织范畴，该选项缺乏有效性（见表17、图17）。另外，本题题目设置中少设置了"无"的选项，不利于全面反映情况。

表 17　　　　您在高碑店村参加了哪些协会/群体/社团

选项	数量（人）	有效百分比（%）	缺失值（人）	有效数据（人）
A. 村委会	114	21.8	122	522
B. 妇联	79	15.1	121	523
C. 党支部	56	10.7	121	523
D. 行业协会	16	3.1	121	523
E. 老干部协会	44	8.4	121	523
F. 社区青年汇	67	12.8	121	523
G. 幸福合作社	80	15.3	121	523
H. 和事佬协会	31	5.9	121	523
I. 志愿者巡逻队	225	43.0	121	523
J. 巧媳妇儿	55	10.5	121	523
K. 邻里之家	77	14.7	121	523
L. 志愿者协会	82	15.7	121	523
M. 文体组织（太极扇、广场舞等）	173	33.1	121	523
N. 其他	6	问卷设计问题，无法统计		
合计	1105			

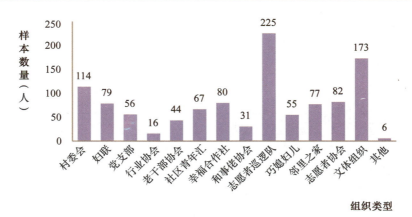

图 17　您在高碑店村参加了哪些协会/群体/社团

2. 您认为高碑店还需要增加哪些协会/群体/社团吗?

A. 不需要

B. 无所谓

C. 需要，请注明：_____

[描述] 共收回有效问卷 644 份，包含有效数据 528 份，缺失数据 116 份。

大部分人对是否需要增设其他组织持不需要或无所谓的态度，两者分别占 45% 左右（见表 18、图 18）。有 8.7% 的样本认为需要增设其他组织，如老年人服务、体育健身、军人协会等，其中建议老年人协会的人数较多，其他各类基本只有 1 人建议（见表 19）。

表 18   是否还需要增加其他组织

选项	数量（人）	有效百分比（%）
A. 不需要	238	45.1
B. 无所谓	244	46.2
C. 需要	46	8.7
合计	528	100

表 19   认为需要增加的组织

类型	样本数量	说明
助老养老	15	建设老年秧歌队、老年协会、老人活动室等，提供养老服务、关爱老人健康
保健按摩	1	
体育健身	1	
残疾人协会	1	
书法协会	1	
道德讲堂	1	
传统文化教育	1	
儿童乐园	1	
军人协会	2	帮助退伍军人
户外拓展	1	
活动场地	1	
群众座谈会	6	
书画协会	1	
消防抢险	1	
合计	34	

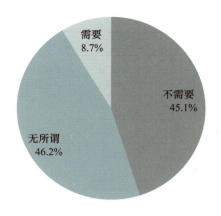

图18　是否还需要增加其他组织

3. 您是否与高碑店外来商户有过以下交往？（请在相应的位置画 "√"）

A. 了解周围商户的基本信息　　　　B. 到商户家做客、吃饭

C. 生活中有麻烦时向商户求助　　　　D. 在工作、生意上相互帮助

E. 生病时相互给予问候、关照　　　　F. 相互在经济困难时提供帮助

G. 逢年过节时互相问候或互赠礼物　　H. 需要做决定时相互帮忙拿主意

I. 心情烦躁时相互帮助开导　　　　J. 相互帮忙解决家庭和婚恋问题

［描述］共回收问卷 644 份，因不同题目数据缺失量不同，因此采用有效百分比的方式比较。根据获得数据来看，高碑店村民与外来商户之间的交往主要集中在了解周围商户的基本信息，逢年过节相互问候或互赠礼物，生病时相互给予问候、关照这三个方面，占到 30% 左右的比例。但是涉及一些更加私人化、小空间范围的信息，例如工作支持、经济帮助、心情疏导时，两者之间的关联较弱，尤其是在做客吃饭、解决婚恋问题两个数据上表现明显（见表 20、图 19）。

表20　　　　　　　　您是否与高碑店外来商户有过以下交往

	是		缺失数据（人）	有效数据（人）
	数量（人）	有效百分比（%）		
A. 了解周围商户的基本信息	218	37.4	61	583
B. 到商户家做客、吃饭	57	10.3	91	553
C. 生活中有麻烦时向商户求助	74	13.5	94	550
D. 在工作、生意上相互帮助	116	20.6	80	564
E. 生病时相互给予问候、关照	167	29.2	73	571
F. 相互在经济困难时提供帮助	101	18.4	94	550

	是		缺失数据（人）	有效数据（人）
	数量（人）	有效百分比（%）		
G. 逢年过节时互相问候或互赠礼物	199	34.4	65	579
H. 需要做决定时相互帮忙拿主意	85	15.8	105	539
I. 心情烦躁时相互帮助开导	125	22.6	91	553
J. 相互帮忙解决家庭和婚恋问题	60	11.5	123	521

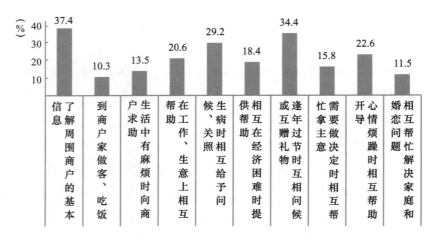

图 19　您是否与高碑店外来商户有过以下交往

4. 您是否参与社区举办的会议或活动？（单选）

　　A. 从不参加　　　B. 很少参加　　　C. 有时参加　　　D. 经常参加

［描述］共收回有效问卷 644 份，包含有效数据 589 份，缺失数据 55 份。

1/3 的高碑店村民经常参加社区举办的会议和活动。同时也有 26% 左右的人"很少参加"或者"有时参加"会议或活动。13.2% 的人从不参加（见表 21、图 20）。

表 21　　　　　　您是否参与社区举办的会议或活动

选项	数量（人）	有效比例（%）
A. 从不参加	78	13.2
B. 很少参加	156	26.5
C. 有时参加	158	26.8
D. 经常参加	197	33.4
合计	589	100

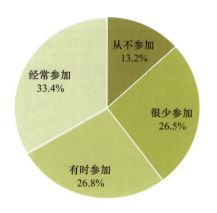

图 20　您是否参与社区举办的会议或活动

5. 在遇到困难时，您认为下列组织或个人能为您提供多大帮助？

　　[描述] 共收回有效问卷 644 份，各问题缺失值不一，且相差较大，因此以有效百分比为准计算。根据图 21 来看，对于家庭成员、亲戚、同事、朋友同学来说，绝大多数人认为其对自己的帮助很大或帮助较多。对于地方政府、党组织、社区组织来说，约有 32% 的人认为其对自己帮助较多，25% 的认为没有帮助，22% 的认为帮助很少，18% 的人认为帮助很大。而对于工会妇联共青团、工作单位、司法执法机构、新闻媒体、宗教组织等几项来说，更多的人倾向于其对自己没有帮助或帮助很小，认为其对自己帮助很大或帮助较多的人相对很少（见表 22）。

表 22　　　　　　　　　　　遇困难时，组织或个人提供多大帮助

	没有帮助		帮助很少		帮助较多		帮助很大		缺失数据（人）	有效数据（人）
	数据（人）	百分比（%）	数据（人）	百分比（%）	数据（人）	百分比（%）	数据（人）	百分比（%）		
家庭成员	6	1.0	23	3.8	131	21.5	449	73.7	35	609
亲戚	13	2.2	47	7.8	169	28.1	373	62.0	42	602
同事	44	7.7	120	21.1	169	29.6	237	41.6	74	570
朋友同学	53	9.4	117	20.9	189	33.7	202	36.0	83	561
地方政府	128	23.9	130	24.3	171	32.0	106	19.8	109	535
党组织	152	28.8	108	20.5	173	32.8	95	18.0	116	528
公益组织社区组织	141	26.8	127	24.1	166	31.5	93	17.6	117	527

	没有帮助		帮助很少		帮助较多		帮助很大		缺失数据（人）	有效数据（人）
	数据（人）	百分比（%）	数据（人）	百分比（%）	数据（人）	百分比（%）	数据（人）	百分比（%）		
工会妇联共青团	179	34.8	143	27.8	121	23.5	71	13.8	130	514
工作单位老板	198	39.5	145	28.9	105	21.0	53	10.6	143	501
司法执法机构	219	44.4	163	33.1	74	15.0	37	7.5	151	493
新闻媒体	251	50.7	150	30.3	59	11.9	35	7.1	149	495
宗教组织	321	67.3	105	22.0	37	7.8	14	2.9	167	477

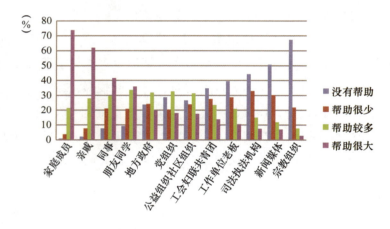

图 21　遇困难时，组织或个人提供多大帮助

6. 当自己遇到困难时，您认为外地商户会提供帮助吗？

A. 肯定会帮　　　B. 一般会帮　　　C. 偶尔帮一下　　　D. 不会帮

7. 当外来商户遇到困难，您会提供帮助吗？

A. 肯定会帮　　　B. 一般会帮　　　C. 偶尔帮一下　　　D. 不会帮

［描述］共收回问卷 644 份。对于第 6 小题，当自己遇到困难时，认为外地商户一定会帮自己的占 16.2%，一般会帮的占 40.9%，偶尔帮一下的是 16.7%，不会帮自己的占到 26.2%，总体来看认为"肯定会帮"和"一般会帮"占到 57%（见表 23、图 22、图 23）。对于第 7 小题，当外地商户遇到困难时，认为自己一定会帮的占到 35.5%，比第 6 小题高出 19.3%；一般会帮的占到 39.5%，与第 6 小题基本持平；偶尔帮一下的是 15.1%，与第 6 小题基本持平；不会帮的占到 9.8%，比第 6 小题低 16.4%，总体来看，认为"肯定会帮"

和"一般会帮"占到75%（见表23、图22、图23、图24）。

表23　　　　　　　遇到困难时，居民与外来商户互相提供帮助情况

选项	肯定会帮		一般会帮		偶尔帮一下		不会帮		缺失数据（人）	有效数据（人）
	人数（人）	百分比（%）	人数（人）	百分比（%）	人数（人）	百分比（%）	人数（人）	百分比（%）		
自己遇到困难时，您认为外来商户会提供帮助吗	98	16.2	248	40.9	101	16.7	159	26.2	38	606
当外来商户遇到困难，您会提供帮助吗	221	35.5	246	39.5	94	15.1	61	9.8	22	622

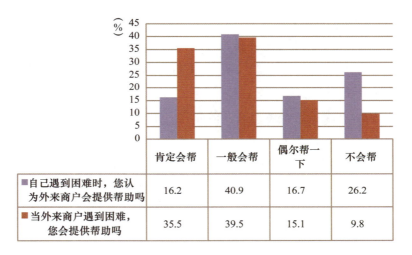

图22　遇到困难时，居民与外来商户互相提供帮助情况

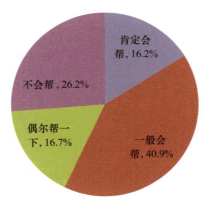

图23　自己遇到困难时，您认为外来商户会提供帮助吗

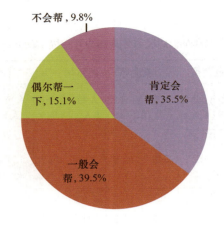

图24　当外来商户遇到困难时，您会提供帮助吗

8. 下面有18个表述，请选择您对这些表述的态度。

［描述］共收回有效问卷644份，各问题缺失值不一，且相差较大，因此以有效百分比为准计算。根据图25、图26来看，高碑店本地村民对高碑店文化、身份、发展前景的认可占据绝对优势，"同意"的保持在80%以上。高碑店村民对外来商户的认可度虽然整体偏高，但亦有一定规律。随着亲密程度的不断提升，"同意"的比例以及"有些不同意"的比例基本呈下降趋势，而"中立""不同意""有些不同意"的比例则呈基本上升趋势（见表24）。值得注意的是，对于"共同参与社区治理"来说，60%以上的本地人都愿意与外来商户共同参与社区治理，说明本地人对社区治理中多元素的参与，以及对外来商户在社区治理中可能发挥的作用是比较认可的。

表24　　　　　　　　　　　　对18个表述的态度

	不同意		有些不同意		中立		比较同意		同意		缺失数据（人）	有效数据（人）
	人数（人）	百分比（%）	人数（人）	百分比（%）	人数（人）	百分比（%）	人数（人）	百分比（%）	人数（人）	百分比（%）		
A. 高碑店有非常丰富的历史文化	2	0.3	6	0.9	23	3.6	68	10.7	537	84.4	8	636
B. 我热爱高碑店的本土文化	2	0.3	5	0.8	14	2.2	66	10.4	549	86.3	8	636

	不同意		有些不同意		中立		比较同意		同意		缺失数据（人）	有效数据（人）
	人数（人）	百分比（%）	人数（人）	百分比（%）	人数（人）	百分比（%）	人数（人）	百分比（%）	人数（人）	百分比（%）		
C. 我对自己作为高碑店人很自豪	1	0.2	4	0.6	15	2.4	57	8.9	560	87.9	7	637
D. 社区的事就是自己的事	3	0.5	3	0.5	26	4.1	67	10.6	535	84.4	10	634
E. 在情感上，我觉得自己离不开高碑店	6	0.9	9	1.4	34	5.4	65	10.2	521	82.0	6	635
F. 在高碑店生活，我的心情舒畅	2	0.3	9	1.4	25	3.9	80	12.6	519	81.7	9	635
G. 我会主动向其他人介绍高碑店	4	0.6	4	0.6	32	5.0	70	11.0	525	82.7	9	635
H. 交谈时，我习惯用"我们那里"来表达高碑店	6	0.9	6	0.9	27	4.3	62	9.8	534	84.1	9	635
I. 我非常关心高碑店的发展前景	2	0.3	1	0.2	25	4.0	63	10.0	540	85.6	13	631
J. 我会介绍我的朋友来高碑店找工作	11	1.8	7	1.1	57	9.2	66	10.5	486	77.5	17	627
K. 我愿意长期生活在高碑店	4	0.6	3	0.5	21	3.3	61	9.6	546	86.0	9	635
L. 我相信高碑店有很好的发展前景	4	0.6	1	0.2	21	3.3	63	9.9	545	86.0	10	634
M. 我愿意与外来人员聊天	15	2.5	10	1.7	96	15.9	154	25.5	330	54.5	39	605
N. 我愿意与外来人员一起工作	32	5.4	18	3.0	114	19.3	144	24.4	283	47.9	53	591

	不同意		有些不同意		中立		比较同意		同意		缺失数据（人）	有效数据（人）
	人数（人）	百分比（%）	人数（人）	百分比（%）	人数（人）	百分比（%）	人数（人）	百分比（%）	人数（人）	百分比（%）		
O. 我愿意与外来人员做邻居	22	3.7	17	2.8	123	20.5	151	25.1	288	47.9	43	601
P. 我在外来人员中有亲密朋友	57	9.7	34	5.8	118	20.1	128	21.8	249	42.5	58	586
Q. 我愿意与外来人员做亲戚或结婚	92	16.3	30	5.3	137	24.2	97	17.1	210	37.1	78	566
R. 我愿意与外来人员共同参与社区治理	24	3.9	10	1.6	87	14.0	108	17.4	391	63.1	24	620

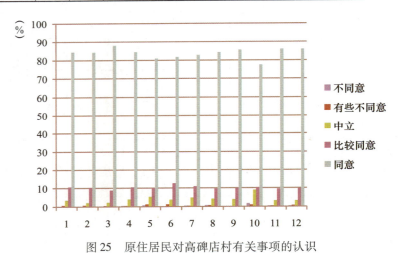

图 25　原住居民对高碑店村有关事项的认识

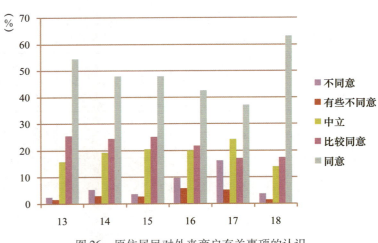

图 26　原住居民对外来商户有关事项的认识

第五辑
北京民俗论丛

9. 下列哪些描述符合外来商户？（可多选）

A. 勤劳、能吃苦　　　　B. 只知道赚钱　　　　C. 助人为乐、讲义气

D. 精明能干　　　　　　E. 喜欢打小算盘　　　F. 不守信用

G. 讲诚信　　　　　　　H. 有志向　　　　　　I. 傲慢

［描述］共收回有效问卷644份，各问题缺失值不一，且相差较大，因此以有效百分比为准计算。比例最高的前五位都属于对外来商户的正面评价或中性评价，比如"勤劳、能吃苦"的描述占82.0%，"精明能干"占61.8%，讲诚信占38.9%，"助人为乐、讲义气"占26.1%，"有志向"占19.4%。但同时，也有17.4%的人认为外地商户"只知道赚钱"，5.6%的人认为外来商户"不守信用"，3.9%的人认为其"傲慢"，19.2%的人认为其"喜欢打小算盘"（见表25、图27）。

表25　　　　　　　　　　　　　　外来商户品质描述

选项	数量（人）	有效百分比（%）	缺失数据（人）	有效数据（人）
A. 勤劳、能吃苦	509	82.0	23	621
B. 只知道赚钱	108	17.4	25	619
C. 助人为乐、讲义气	162	26.1	24	620
D. 精明能干	383	61.8	24	620
E. 喜欢打小算盘	119	19.2	24	620
F. 不守信用	35	5.6	24	620
G. 讲诚信	231	38.9	50	594
H. 有志向	120	19.4	24	620
I. 傲慢	24	3.9	24	620

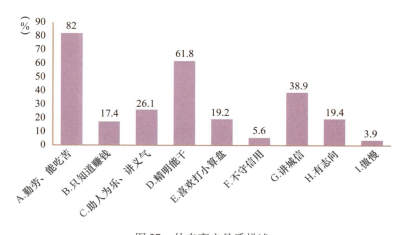

图27　外来商户品质描述

10. 外来人员不尊重当地风俗习惯时，您的态度是：

A. 劝告　　　　　　B. 制止　　　　　　C. 动用武力

D. 默认　　　　　　E. 无所谓　　　　　F. 向对方解释

［描述］共收回有效问卷 644 份，其中有效数据 332 份，缺失数据 312 份。多数人将此题作为多选题回答，而录入数据时又作为单选题处理，因此，本题的有效数据量受到影响。当外地人员不尊重当地风俗习惯时，75.9% 的人选择劝告或向对方解释，11.4% 的人会制止，11.1% 的人表示无所谓，1.2% 的人默认其行为，极少数人选择动用武力（见表 26、图 28）。

表 26　　　　　　　　　对待外来人员不尊重当地风俗习惯行为

选项	数量（人）	有效百分比（%）
A. 劝告	198	59.6
B. 制止	38	11.4
C. 动用武力	1	0.3
D. 默认	4	1.2
E. 无所谓	37	11.1
F. 向对方解释	54	16.3
合计	332	100

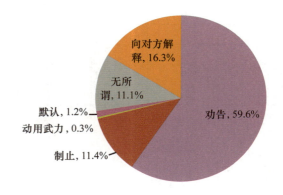

图 28　对待外来人员不尊重当地风俗习惯行为

11. 您有没有与外来人员发生过纠纷？

A. 没有

B. 有，原因为：＿＿＿＿＿＿＿＿＿＿＿＿＿

［描述］共收回有效问卷 644 份，其中有效数据 620 份，缺失数据 24 份。其中 96.9% 的样本都没有与外来人员发生过纠纷（见表 27、图 29）。但也有 3.1%

的人发生过纠纷，纠纷原因总结来看包括：不按合同办事、不守信用、乱扔垃圾、声音大、乱穿马路、半夜大声说话唱歌扰民、胡同内停车不减速、乱停车、随地大小便、收快递时间太早、占用楼梯通道等。

表27　　　　　　　　　　　　　是否与外来人员发生过纠纷

选项	数量（人）	有效百分比（%）
A. 没有	601	96.9
B. 有	19	3.1
合计	620	100

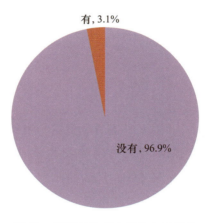

图29　是否与外来人员发生过纠纷

12. 今年内，家里有没有租房给外来人员？（选择 A 项请回答 12a—12e 小题）
　　A. 有　　　　　　B. 没有

［描述］共收回有效问卷644份，其中有效数据591份，缺失数据53份。有54.8%的样本有租房给外来人员，而45.2%的样本没有租房给外来人员（见表28、图30）。

表28　　　　　　　　　　　　　是否租房给外来人员

选项	数量（人）	有效百分比（%）
A. 有	324	54.8
B. 没有	267	45.2
合计	591	100

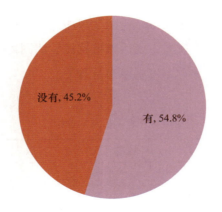

没有,45.2%

有,54.8%

图 30　是否租房给外来人员

12a. 房租的年收入约为_____元

无法描述。本题因最初设计问题，填写内容文字、数字兼有，无法统计描述。

12b. 租户性质为：

A. 个人租住

B. 经商，种类为：_____（如家具、瓷器、书画、饭店等）

［描述］共收回有效问卷 644 份，其中有效数据 342 份，缺失数据 302 份。租户性质为个人租住的比例为 51.5%，经商的比例为 48.5%，基本各占一半的比例（见表 29、图 31）。商户主要经营种类如表 30 所示，以家具、木器、书画等居多。

表 29　　　　　　　　　　　　　租户性质

选项	数量（人）	有效百分比（%）
A. 个人租住	176	51.5
B. 经商	166	48.5
合计	342	100

表 30　　　　　　　　　　　商户主要经营种类

经营种类	数量	经营种类	数量
家具、木器	28	布艺	1
书画	25	打字复印	1
办公室	17	蛋糕制作	1

经营种类	数量	经营种类	数量
传媒	13	地暖设备	1
饭店	7	辅导班	1
服装	7	广告公司	1
瓷器	6	餐饮培训	1
茶道、茶叶	3	煤烟炉	1
国学班	2	石油配件	1
超市	2	地毯	1
电商	2	评估公司	1
通讯	2	快递	1
空调公司	2	室内高尔夫	1
诊所	2	水族馆用品	1
设计公司	2	投资公司	1
电商	2	图书库房	1
药店	1	玩具	1
野外救生培训	1	文玩	1
眼镜店	1	装饰设计	1
照相馆	1	合计	145

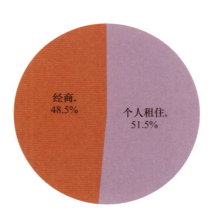

图 31　租户性质

12c. 您与租户之间相处怎么样？

A. 非常愉快　　　　　　　B. 比较融洽

C. 发生过摩擦　　　　　　D. 非常不愉快，经常发生矛盾

［描述］共收回有效问卷 644 份，其中有效数据 401 份，缺失数据 243 份。
46.1% 的样本和自己的租户相处非常愉快，一半以上的样本相处比较融洽，极

个别样本和租户之间发生过摩擦，相处非常不愉快（见表31、图32）。

表 31   您与租户之间相处如何

选项	数量（人）	有效百分比（%）
A. 非常愉快	185	46.1
B. 比较融洽	210	52.4
C. 发生过摩擦	5	1.2
D. 非常不愉快，经常发生矛盾	1	0.2
合计	401	100

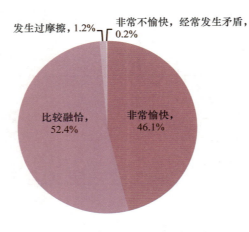

图 32 您与租户之间相处如何

12d. 您去租用自己房屋的租户家吗？

A. 经常去   B. 不经常去   C. 很少去   D. 没有去过

［描述］共收回有效问卷 644 份，其中有效数据 398 份，缺失数据 246 份。经常去自己租户家的本地人占到 29.6%，不经常去的有 20.1%，很少去的有 32.2%，没有去过的占到 18.1%（见表 32、图 33）。

表 32   您去租用自己房屋的租户家吗

选项	数量（人）	有效百分比（%）
A. 经常去	118	29.6
B. 不经常去	80	20.1
C. 很少去	128	32.2
D. 没有去过	72	18.1
合计	398	100

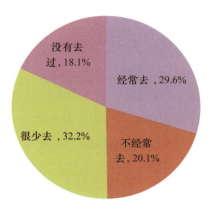

图 33　您去租用自己房屋的租户家吗

12e. 您希望和租户有更多来往吗?

A. 非常希望　　B. 比较希望　　　C. 无所谓　　　D. 不希望

［描述］共收回有效问卷 644 份, 其中有效数据 394 份, 缺失数据 250 份。关于"是否希望和租户之间有更多来往"这一问题, 35.5% 的样本表示无所谓, 27.2% 的样本表示非常希望, 26.1% 的样本表示比较希望, 11.2% 的样本表示不希望有更多来往 (见表 33、图 34)。

表 33　　　　　　　　　　是否希望和租户有更多往来

选项	数量（人）	有效百分比（%）
A. 非常希望	107	27. 2
B. 比较希望	103	26. 1
C. 无所谓	140	35. 5
D. 不希望	44	11. 2
合计	394	100

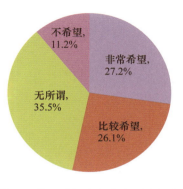

图 34　是否希望和租户有更多往来

三 结论

本地居民组调查问卷结果可信度较高，共收回问卷 675 份，以"高碑店户口""答题率"等为条件排除，共收回有效问卷 644 份。首先，部分问卷由社区工作人员发放，可能对涉及社区情况的答题可信度造成一定影响。其次，答题者为了少填写题目，会选择"无"选项。最后，录入标准不一，对问卷结果会产生一定影响。

总体来看，本地居民组问卷某些题目的有效性可能偏低，但整体问卷质量、发放回收情况、数据录入都完整有效，较为真实地反映了高碑店艺术文化村本地居民的当前心理和文化诉求，为后期的深入分析和调查提供了可靠依据。

公共文化服务体系视阈下的乡村博物馆建设问题研究

——以湖北当阳市清溪民俗博物馆为例

庹　华[*]

　　构建现代公共文化服务体系是党中央、国务院关于全面建设小康社会，实现文化惠民的战略部署，国家级、省级公共文化服务体系示范区正在逐级、分批创建，按照公益性、均等性、基本性、便利性的要求，公共文化服务的场馆设施不再是大城市民众的专享，满足人民精神文化需求的文化馆、图书馆、博物馆、非遗传习馆甚至美术馆在人口分散的广大农村正悄然兴起，改变着城乡基层文化建设的面貌。乡村博物馆建设在公共文化发展大潮中得到大力推动，成为博物馆行业的新生力量，研究乡村博物馆建设的现状，分析其所处的困境和存在的问题，并寻求解决的途径，是当今中国博物馆学面临的新课题。

　　当阳市是湖北省第一批公共文化服务体系创建的示范区，位于该市清溪镇的清溪民俗博物馆是在示范区创建过程中建成并对公众开放的乡村博物馆，始建于 2011 年 4 月，建成于 2013 年 3 月，总投资 650 万元。建设目标是与已经建成的文化中心、清溪图书馆、美术馆和正在建设中的电影院、非遗展示馆形成清溪镇综合文化站"四馆一中心"的公共文化服务体系，在清溪镇未来的公共文化产品供给、丰富乡村民众文化生活、宣传展示乡村特色资源、带动乡村旅游经济发展等方面发挥重要作用。作为国家加快构建公共文化服务体系建设进程中率先由乡镇综合文化站创办的首批乡村博物馆，清溪民俗博物馆建成之后的社会效益并不理想，向公众免费开放两年多的时间内，绝大部分时间大门紧

＊ 庹华，中南民族大学民族学与社会学学院教授。

闭，门可罗雀，接待游客人次十分有限。博物馆背后的仿古街道亦是空空荡荡，并没有出现规划预期的兴隆景象。笔者在街道走访时曾闻听当地居民对当初兴建博物馆、改造古街道表示强烈不满，认为镇综合文化站的举措并没有给他们带来游客和商机，没有他们预期的实惠。何以出现如此局面？淯溪民俗博物馆在建设过程中遭遇何种困境？公共文化服务体系建设中的乡村博物馆出现了怎样的问题？笔者经过多次实地调查和访谈，认为淯溪民俗博物馆的建设和经营存在以下几个方面的问题。

一　博物馆建筑功能先天不足

淯溪民俗博物馆的馆舍建筑是四合院式的仿古建筑群，坐西朝东，与淯溪图书馆、电影院、美术馆比邻而建，共享一个文化广场，背依一条经过改建的仿古民居街道。博物馆占地 1300 平方米，建筑面积 1100 平方米，内设回廊，外围相对封闭。该博物馆建筑功能先天不足，公共文化服务的专业性、便利性、均等性等都大打折扣，主要体现在以下三点。

（一）博物馆核心功能区域缺失

博物馆建筑的规划和设计必须以满足博物馆自身特有的功能需求为前提，博物馆是以教育、收藏、研究和展示为核心功能的，为社会和社会发展服务的非营利性永久机构，是区别于学校的非正式教育场所。特殊的业务工作需求对博物馆的建筑提出了区别于其他类别公共文化场所的特殊要求，现代意义的博物馆建筑必须具备藏品库房、陈列展厅、研究中心、互动体验室、信息中心、文物保护修复中心、接待厅、衣帽存储间、餐饮休息间、文创商品店等功能区域。淯溪民俗博物馆现有建筑空间几乎全部用作基本陈列展厅，没有具备温湿度控制条件的专业文物库房，没有用于开展教育活动的多功能教室或互动体验室，没有用以文物保护修复的区域，也没有数字信息存储、传播的网络信息中心，没有这些功能区域，博物馆的基础性业务工作就无法正常开展，这些核心功能区域的规划仅仅是满足博物馆专业性的基本要求。

（二）博物馆休闲娱乐的功能区域缺失

观众数量是博物馆发挥社会教育功能的前提性保障。随着影视业、游乐场等娱乐场所和设施的增多，观众的空闲时间更加分散和碎片化。迫于越来越激烈的观众数量竞争，博物馆纷纷放低身段，改变其原有的高冷风格，增加休闲娱乐服务设施，将休闲娱乐功能整合成博物馆的重要功能，从而提升博物馆的竞争力和亲和力，这是近些年来国际博物馆发展的潮流和趋势，也是我国博物馆正在努力的方向。新建的清溪民俗博物馆没有观众接待大厅、衣帽存储间、餐饮店、休息间、文创商品店等接待服务的区域和设施，甚至各个展厅内几乎都没有让观众歇脚休息的座椅，没有提供咨询的问询台和免费取用的博物馆展览讯息资料，总之，博物馆所应该持有的人文关怀态度没有在清溪民俗博物馆的内部设计中体现出来。缺失休闲娱乐功能空间的博物馆不仅无法追随当代博物馆建设的潮流，还让民众难以享有便利的公共文化产品和服务，与公共文化服务体系便利性的创建标准相背离。

（三）缺少关照弱势群体所必须的残障通道及配套设施

清溪民俗博物馆的入口和出口分别设在建筑群的东西两端，观众由文化广场沿青石台阶拾级而上进入博物馆，往西穿过院落走出博物馆即来到古镇小街。入口、出口均有青石台阶，馆内各个展厅的门口均为中国式庭院的高门槛，位于庭院正中的二层小楼亦没有升降电梯，全馆没有一条残障人士的无障碍通道和轮椅升降设备，也没有配备轮椅等相关设备。对于残障等弱势群体的关照正是公共文化服务体系创建的要求，均等化是创建标准之一，即公民有均等享有公共文化产品供给和服务的权利。清溪民俗博物馆建筑设计客观上将残障人士排除在外，不符合公共文化服务体系建设的均等性要求。

二 博物馆基本陈列的品质有待提升

博物馆的展览由基本陈列和临时展览共同构成，是博物馆最为重要的公共文化产品，是博物馆教育民众、发挥社会效益的根本手段，是博物馆向公众开放的必备条件。清溪民俗博物馆经过清溪镇综合文化站全体人员的努力，目前已经粗具规模，对公众开放之后，现有基本陈列在宣传展示清溪自然、历史、文化、风土人情和社会经济发展的面貌，丰富乡村民众文化生活，带动乡镇区域旅游经济等方面发挥了积极作用。但是，我们应该看到清溪民俗博物馆的陈列展示尚处于起步阶段，与国际博物馆界的展示理念，与国内博物馆行业规范和标准都还存在很大差距，主要表现在展览主题、展示内容、展示手段以及互动体验设施等方面。

（一）展览主题分散，缺乏内在逻辑关联

作为具有民众教育功能的文化产品，博物馆展览的结构必须严谨而科学，各个展览主题之间须有较强的内在逻辑关联，展览主题的顺序安排须有自身规律可循，或者按照递进式，或者按照总分式，不能杂乱无章。清溪民俗博物馆现有展览分为七个主题：人生礼仪、工商百业、漳河流韵、农耕习俗、人文清溪、乡村电影、饮食起居，七个相对独立的展览主题随意地安排在七个相对独立的展示区域内，没有按照同一标准划分展览的章节，即使同一章节的内容也分散无序，缺乏系统性。譬如，人生礼仪作为第一个主题呈现在第一个展厅，给人感觉十分突兀，既没有交代地域范围，也没有交代时间范围，且仅仅告诉人们清溪的人生礼仪是什么，并没有告诉人们该地域的人生礼仪是如何形成的、受什么文化因素的影响、具有怎样的特色，因为没有交代该地的历史文化发展脉络，所以无法说清楚，很难让人感受到历史的积淀和文化的丰厚。又如，"漳河流韵"部分既包括漳河流域的民居建筑，也包括该地水库等自然环境的介绍，因此该主题的词义表达不明确，观众不清楚这一单元传达的是人文信息，还是自然环境信息，信息错杂混乱。清溪民俗博物馆展览主题分散且缺乏内在逻辑关联的根本原因是展览策划时没有系统梳理该地域的自然、历史和文化，没有形成博物馆展览所要求的三级标题目录，因而缺乏完整统一、体系科学且内容饱满的展陈大纲；展示资源的研究和梳理、展陈大纲的编撰是做好该博物馆基本陈列升级改造的必要前提。

（二）清溪民俗博物馆藏品匮乏

藏品是博物馆与观众沟通交流的桥梁，是博物馆的灵魂所在，是不可再生的珍贵资源，是博物馆可持续发展最根本的保障。近 20 年的快速发展使中国博物馆的数量急剧增加，由于文物资源的稀缺性和不可再生等特性，博物馆藏品征集工作的困难始终存在，藏品增加的速度并没有与博物馆建设速度成正比，导致很多投资巨大的博物馆成为缺乏藏品的空壳博物馆，这个问题也反映在清溪民俗博物馆的展陈上。该馆创建时间不长，藏品数量不足，基本陈列中的某些单元缺乏有说服力的藏品，以图片、模型或复制品等辅助展品来替代，导致展示效果不佳，展览缺乏感染力，很难打动人。譬如，"人生礼仪"厅的内容很单薄，除了在农村拍的为数不多的几幅照片之外，几乎没有一件藏品，展线上的文字也平淡无趣，图文编排缺乏美感，整个展厅给人空洞无物之感。

（三）地域特色不突出

公共文化服务体系创建过程中强调充分利用地方文化资源，打造具有地域文化特色且为当地民众喜闻乐见的公共文化产品，避免公共文化产品供给的盲目性，从而相对精准地满足文化需求市场。清溪民俗博物馆是一个乡镇博物馆，其藏品所涵盖的地理范围受到局限，无论从藏品等级、数量、类别，还是从博物馆规模比较，清溪民俗博物馆都无法和国家级、省市级的博物馆相提并论，清溪民俗博物馆安身立命的根本所在就是其特色，即地域所彰显的自然环境特色和人文民俗特色。现有展览在地域特色的展示上并不突出，很多单元所表现的内容都似曾相识，甚至几乎和其他汉族地区没有什么区别，清溪本土的自然资源、文化遗产和风土民俗反而没有得到充分的展示，譬如本地民居建筑遗存、考古遗迹、遗物等都是当地的物质文化遗产，"杀故事""漳河大鼓"等都是本地的非物质文化遗产，都没有在展览中得到应有的体现。

（四）展陈设计理念滞后，展示手段单一

博物馆的展陈设计是运用视觉表现手法，将展览主题和展览内容转化为视觉形象的创造过程，展示效果的好坏取决于设计者的理念和审美。清溪民俗博物馆的基本陈列虽是新近之作，但其设计理念相对滞后，存在诸多问题，譬如没有提炼概括出适合整个展馆的主题纹样或符号；各展厅设计风格不统一，色彩运用相对混乱；缺乏对参观路线的规划，展线过于平直，一览无余，影响观众的探索求知欲；展柜设计整齐划一，没有考虑到展品的材质、大小等个性化特征；整个展览缺乏对灯光的设计和合理运用，一律使用相同的色调和亮度，没有冷暖和明暗之分；沉浸式还原场景和人物雕塑在前些年博物馆展陈中十分常见，在一定程度上具有增强直观体验的效果，但其缺点也十分明显，既占用较大的室内空间，也相对死板，缺乏互动性，随着数字技术的运用和互动体验项目的研发，这种展陈方式的运用逐渐被淘汰，而清溪民俗博物馆还在大量使用；缺乏互动体验展项，展示地方传统手工艺的展厅内既缺乏实物设备，也缺乏虚拟的动漫互动展示，观众在参观过程中没有动手的机会，譬如磨豆腐、纺线、织布、打铁等各种手工艺的展示都存在这个问题；展览仅有文字、图片和模型等，缺乏影像和声音效果的运用，展览与观众之间没有情境感和亲近感，譬如"乡村电影记忆"厅展示了本地乡村电影人收藏的各种放映机、电影拷贝等，带领观众穿越到那个特殊的年代，回味乡村电影给我们留下的美好记忆，是该博物馆中非常有价值的部分，但是整个展厅除了大量实物之外，既没有可视的影像片，也没有与电影相匹配的音乐元素。

三　缺乏新技术的运用

科技与文化融合是当今的时代潮流，也是当代博物馆快速发展的强劲动力。数字技术在信息获取、存储和传播中的特殊优势使博物馆的发展如虎添翼，进入了快车道。信息时代的博物馆就是各种信息汇聚、发散传播的中心和发源地，在国际博物馆纷纷建设智慧型博物馆的今天，清溪民俗博物馆从藏品管理到活动信息发布，科技手段的运用基本还是空白。就展示而言，展览中没有藏品的虚拟展示，没有触摸屏、幻影成像设备、投影仪、数字导览仪等常用数字展示

设备，也没有增强 APP；就管理而言，没有自主研发的博物馆信息管理系统，如藏品管理系统、验票系统、办公系统等；就宣传拓展而言，没有网络数字宣传平台，如官网、微信和微博等自媒体。由于新技术的缺乏，博物馆的管理、展示、宣传和服务都处于相对滞后的状态，使博物馆自建成之日就落后于时代，其公众吸引力和社会影响力因此大受影响，与博物馆界的馆际交流和互动也受到平台制约。

四　博物馆公共文化产品单一

教育是博物馆持续为社会和社会发展服务的制胜法宝，21 世纪的博物馆行业充分认识到教育是博物馆的生命线，已经把教育调整为其首要功能，通过征集丰富馆藏，围绕馆藏进行深入研究，并利用馆藏或馆外资源举办展览，利用展览开展丰富多彩、形式多样的教育活动，所有这些工作的终极目的是发挥博物馆的教育功能。从资金投入的角度来看，博物馆的展览是耗资巨大的公共文化产品，无论是其基本陈列，还是临时展览，都需要动用大笔资金，耗费大量人力和物力，才能得到预期的展览效果，基于资源的有效利用和博物馆的财政政策考虑，博物馆的展览，尤其是其基本陈列，都不适合过于频繁地更换，规模小的博物馆更是难以做到常换常新，而长期固定的陈列展览不能吸引观众反复到馆里参观体验，势必降低博物馆的观众数量。因此，围绕展览开展各种社会教育活动将是博物馆为观众提供更多体验式教育的有效途径，是充分利用现有资源、供给更多文化产品的博物馆经营模式。从实地考察的结果发现，由于人员紧缺，淯溪民俗博物馆正常开放时间不能保证，馆内基本没有固定岗位的讲解员。淯溪民俗博物馆所提供的公共文化产品十分单一，除了七个展厅的基本陈列之外，没有其他的可供观众消费的公共文化产品，依托现有基本陈列开展的教育活动处于空白状态，亟待开发和丰富。

五　缺乏博物馆 VI 系统与文创产品

VI（Visual identity）视觉形象系统是 CIS（Corporate Identity System）即企业形象识别系统中重要一部分。它将 CIS 的非可视内容转换为静态的视觉识别符号，以丰富多样的应用形式，在最为广泛的层面上，进行最直接的传播。VI 一般包括基础和应用两大部分。其中，基础部分一般包括企业的名称、标志、标准字体、标准色、辅助图形、标准印刷字体、禁用规则等；而应用部分则一般包括标牌旗帜、办公用品、公关用品、环境设计、办公服装、专用车辆等。博物馆的 VI 系统即博物馆的视觉形象系统，一个良好的博物馆形象，不仅能折射出区域的魅力和吸引力，同时能形成一种强大的凝聚力、辐射力，成为扩大对外交往、吸引投资与游人的重要资源，是博物馆巨大的无形财富。文创产品作为 VI 系统的应用部分，也是展示传播博物馆文化的重要内容和手段，起到了传播博物馆文化的作用。同时，它们也与展览一起成为博物馆文化的一部分。通过深入研究、解析博物馆的文化价值和特色内涵，将具有代表性、民族性的图纹符号融入博物馆 VI 系统设计中，将博物馆的内涵融入日常使用的文创产品中，使博物馆久远的文化内涵和亲切的视觉感染力引起受众的情感共鸣，以区别于其他品牌形象，并加深受众对博物馆的记忆。淯溪镇民俗博物馆目前尚无 VI 系统与文创产品概念性设计。

综上所述，淯溪民俗博物馆在创建过程中尽管克服了种种困难，从无到有，取得了有目共睹的成绩，成为乡村公共文化服务体系建设的典范，但其存在的诸多问题也显而易见，不容忽视。分析问题产生的根本原因，主要在于专业队伍的缺失。淯溪镇综合文化站现有在编工作人员七人，他们除了负责管理全镇文化工作，开展全年文化活动之外，还要分管下属三馆一中心（民俗博物馆、图书馆、美术馆和文化中心），还要兼顾新建的电影院和正在规划建设的非遗展示馆，能够分散到博物馆的精力十分有限，只有两个人分管博物馆的日常运营管理，且没有科班出身的文博专业人才（一位是乡村文学青年出身，另一位是地方非物质文化遗产"漳河大鼓"的传承人）无论是人员数量，还是人员的专业背景，都无法满足一个博物馆正常运营的客观需求。博物馆内部的核心业务工作没有细致划分，存在"一锅烩"的现象，也就是藏品征集、藏品保管、藏品研究、展览策划、陈列布展、接待服务以及宣传推广等不同的专业工作都由这两人来完成。这种现象在乡村博物馆，乃至县级博物馆普遍存在，如笔者所考察过的宜昌市夷陵区的官庄村史博物馆和柑橘博物馆，新疆昌吉州下属的木垒、奇台、江布拉克、吉木萨尔、玛纳斯、阜康等县级博物馆和昌吉市博物馆都存在专业人才奇缺的问题，偌大的昌吉市博物馆在编人员只有四人。更为严重的是县文物局局长或博物馆馆长等文博单位主要负责人都是非文博专业出身，不懂博物馆学的理论，上任之前也没有博物馆工作的实践积累。以此类推，在中国的县级博物馆、乡村博物馆，人才问题普遍存在。由于缺乏博物馆专业人员，博物馆从前期规划到后期运营都不专业，一些博物馆建设项目仓促上马，没有进行合理论证，仅仅满足于馆舍建成，其内部的人员组织和运营效果并不被当地政府重视，也没有纳入工作考核指标体系之中，导致博物馆建成之后的社会效益不能有效保证，新建博物馆难以精准供给具有一定品质的公共文化产品，这是当前公共文化服务体系建设中存在的严重问题，有必要引起高度重视和及时纠正。

民俗博物馆的儿童教育现状与思考

田莉莉*

"若典藏品是博物馆的心脏，教育则是博物馆的灵魂。"① 1984 年，美国博物馆协会（American Association of Museum）出版的《新世纪的博物馆》（*Museums for a New Century*）就将教育设定为博物馆的首要目标。2007 年奥地利维也纳召开的第 21 届国际博物馆协会代表大会首次将"教育"放在博物馆业务的首要位置。近年来国内学界也对博物馆的教育职能的重要性有了新的认识，2015 年我国新颁布的《博物馆条例》也将教育功能列于首位，博物馆的教育功能已经成为博物馆的首要目的和功能。从收藏为主到教育为主，从"藏品中心"转化为"公众中心"，博物馆是重要的教育机构越来越成为社会的普遍共识并得到广泛的重视和认可。而作为博物馆公众教育重要组成部分的博物馆儿童教育却发展缓慢甚至长期被忽视。民俗博物馆作为专题类博物馆，除具有一般博物馆生动、直观、自主性强等特点外，其自身的专业特点和资源优势与儿童发展特点天然契合，更利于开展和开发适切的博物馆儿童教育活动。

一 博物馆儿童教育的发展概况

（一）对儿童的界定

博物馆儿童教育，是根据教育对象来划分，相对于成人教育而言。对儿童

博物馆理论与实践

---

* 田莉莉，北京民俗博物馆馆员。
① 郑奕、陆建松：《博物馆要"重展"更要"重教"》，《东南文化》2012 年第 5 期，第 101 页。

的界定，国际上通行的是按照联合国 1989 年通过的《儿童权利公约》中所规定"儿童指 18 岁以下的任何人"，我国虽然在 1992 年接受并批准了这一公约，但对"儿童"的定义较为模糊，"儿童"的概念在实际使用中经常是界限模糊，模棱两可。① 在一般的语境下，儿童是与父母、妇女、老年人相对的一个概念，通常被认为是比青少年②年龄更小的一个年龄层次的群体，但并没有明确的规定。

按照国际对儿童的定义，针对 18 岁以下群体开展的博物馆教育活动统称为博物馆儿童教育。我国的博物馆单独提出儿童教育的不多，多是将儿童教育等同于未成年人教育，或由未成年人教育或青少年教育所涵盖。

（二）国内外博物馆儿童教育的发展概况

博物馆的儿童教育随着博物馆教育职能的不断完善而逐渐被重视、发展成熟。经历了 18 世纪至 20 世纪 20 年代的探索阶段、20 世纪 30 年代至 50 年代的初步发展期、20 世纪 60 年代的变革期、20 世纪 70—80 年代的兴盛期。直到今天，在很多国家，博物馆儿童教育功能被国家和社会普遍重视，从经费、机制、管理，到教育理念的更新变革、教育内容的丰富、教育方式的探索、新设备材料的研发和运用、专业人才的培养等，都已积累了丰富的经验，形成了稳定而成熟的模式，且功能不断拓展和延伸。尤其近年来蓬勃发展的儿童博物馆是博物馆儿童教育全面发展的直接体现。

相对于博物馆发达国家，我国的博物馆历史至今仅有百年，博物馆的儿童教育更是起步晚，发展缓慢。从 1905 年，张謇创办南通博物苑赋予其"开启民智"的教育意义至 20 世纪 50 年代，博物馆儿童教育开始初步探索，博物馆教育被认为是实现美育教育的重要手段，长期停留在培养爱国主义情怀、增强民族自信心与自豪感的德育范畴。20 世纪后半期开始直至 90 年代初，儿童虽被纳入博物馆教育的服务对象，但很大程度上重点仍是开展爱国主义教育。自 20 世纪 90 年代初起，博物馆的儿童教育理论探索和教育实践都有了很大进步。随着一批现代化大型博物馆的陆续兴建，儿童教育开始被重视并与成人群体相区分。尤其是 2000 年以来陆续颁布的《关于进一步加强和改进未成年人思想道德建设的若干意见》（中发〔2004〕8 号）、《关于公共文化设施向未成年人等社会群体

---

① 《现代汉语词典》（商务印书馆 2006 年第 5 版）载：儿童，名，较幼小的未成年人（年纪比"少年"小）。《现代汉语词典》另载：少年，名：①人 10 岁左右到十五六岁的阶段。②指上述年龄的人。③（书）指青年男子。依此解释，儿童应指 10 岁左右以下的未成年人。妇联系统则认为儿童是指 6 周岁以下的孩子；《刑法》中猥亵儿童罪中的"儿童"是指 14 周岁以下的人。

② "青少年"是一个社会学概念，不同的语境下界定范围也不同，直至目前，众多专家对青少年的界限范围仍存在诸多分歧，25 周岁、30 周岁、35 周岁等被认为是青少年的观点都存在，没有明确规定。

免费开放的通知》等政策法规不仅从国家层面对儿童教育的开展给予了支持，也促使一批博物馆开始有意识地将儿童单独作为一类服务群体，开辟儿童专区、策划组织针对儿童的教育活动和项目、开发相关的博物馆课程等，博物馆不只是儿童接受爱国主义教育和补充学校教育的"第二课堂"，也成为集知识性和趣味性于一体的休闲场所。

二　当前我国博物馆儿童教育存在的主要问题

我国的博物馆儿童教育经历了从无到有、从被动到主动、从单一向多元的发展阶段①，尤其是近年来随着社会对儿童教育的关注，博物馆的各类实践活动也是开展得热火朝天。不论是参与人数和服务水平，还是公众反馈和社会影响力，这些实践和尝试都取得了一定的效果，但较之博物馆的整体发展和实际的社会需求，也呈现出一些普遍问题，主要表现在如下方面。

（一）教育未分众分龄

"在相当长的时间，儿童是被忽略的群体，博物馆大多不重视儿童观众的存在，更谈不上对儿童的教育功能。"② 近年来博物馆的儿童教育虽被逐渐认知和重视，但从全国范围来看，对儿童群体的忽略仍是普遍现象。诸如博物馆展柜太高、说明牌语言晦涩、展室光线太暗等抱怨之声频见于报端，而开辟专门儿童区域、开发儿童项目、提供人性化服务等要求也时有提出，且呼声越来越高。

儿童群体有着自身显著的特点，且在每一个阶段都呈现出心理和认知能力的不同特征。分众分龄的儿童教育是世界上普遍成熟的做法。③ 而在我国，有些博物馆虽然将儿童教育独立出来进行了分众，但如前文所述，本来"儿童"一词就定义模糊，体现在博物馆教育中，也只是简单笼统地将儿童教育等同于"未成年人教育"和"青少年教育"，在实施过程中未进行细化的分龄策划和指导，比如对0—18岁的儿童，参观中使用同样的语言进行讲解，在设计一些体验活动中，不考虑低龄幼童和大龄儿童的差异，采用完全相同的素材、流程、难度等，导致受众或不感兴趣，或难以理解，儿童在参与过程中既没有参与的乐趣和成就感，也没有接收到该有的知识信息，实际教育效果和设计初衷相去甚远或大打折扣。

———————

①　周婧景：《博物馆儿童教育与儿童博物馆的发展》，《学前教育研究》2015年第1期，第14页。

②　王芳：《博物馆儿童教育理念与"南越玩国"互动区域的设计》，《东南文化》2011年第6期，第98页。

③　有的国家仅仅是0—12岁的儿童，又根据其年龄段的特点分为感知运动、前运算、具体运算、形式运算等不同阶段来开展适宜的教育活动。

（二）重展不重教，教育形式单一。

毋庸置疑，展览是博物馆教育的主要载体，但并不是唯一途径。在博物馆儿童教育开展卓有成效的国家，除了对展览的精心设计和精益求精外，配合展览之外的内容丰富、形式灵活有趣的教育项目才是教育的重头戏，将教育和服务拓展和延伸，最大限度地实现教育效能。

而我国的很多博物馆所谓的儿童教育，实则是一"展"代之。儿童教育与展览简单地画等号，展览往往也只是让儿童停留在浅层的参观浏览。展览的形式和内容多流于表面，既没有考虑到儿童的生理、心理、认知能力等特点，也没有挖掘出博物馆展品的应有的文化内涵。尤其在沟通方式上，大多仍停留在单一的讲解说教上，被动又枯燥。有些博物馆虽然也开展了些教育活动，比如"小小讲解员"培训、"博物馆一日游"、知识讲座、夏令营等，一方面同质化严重，另一方面在活动设计上较为粗糙，质量不高，重知识灌输，轻能力培养。参与者基本除了被动的听外，没有实践和动手的机会。对儿童而言，博物馆无外乎是学校之外的另一处接受"填鸭式"教育的场所，或是假期里的又一个"少年宫"而已，难以激发出主动探索的好奇心和学习兴趣，更达不到从观察到思考的目的。

（三）博物馆的资源缺乏深度开发整合和有效利用

当前儿童教育开展较好的博物馆通常都是实现了资源的统筹和深度开发，比如一件代表性展品，除了在展架上的直观展示外，这件展品可能是游戏线索，可能是文创团队的灵感和素材来源，可能是专家学者研讨的主题，可能是孩子们故事分享或手工制作体验的对象等，还可能是博物馆对外展示的一个标志性符号。这样一种"物尽其用"的"流动"和呈现的过程，既是对博物馆深度研究"功力"的检验，更是对博物馆全方位资源统筹能力的考量，一次成功的活动往往也实现了多方共赢。

而较之国外成熟的"展教合一"模式，国内博物馆除了展教地位的严重失衡、展教分离外，更缺乏对馆内资源的深度挖掘和全面统筹，造成一方面博物馆资源利用形式单调，比如对核心资源的利用多局限于展陈和图片的展示，活动设计上缺乏新意，难以调动儿童的参与兴趣；另一方面对藏品之外的其他资源，比如可以公开的资料、档案、图书等资源，包括业界专家学者、研究设计团队、相关社会机构人脉资源等不重视，导致资源的闲置浪费和深层文化信息无法有效传达，教育过程碎片化，活动难以形成持续的而深入人心的影响力。

（四）专业力量不足

专业人才团队是博物馆儿童教育开展成功与否的决定性力量。与国外相比，我国的博物馆首先是教育人员人力不足，教育专业出身的人才凤毛麟角，复合型专业人才或多学科背景的综合团队更是寥寥无几。同时，教育人员的自身专业素养不足，学术水平和研究能力参差不齐，对教育本身的理解深浅不一。专业力量的薄弱表现出来的问题是，教育活动创意不足，组织仓促，从形式、内容到细节往往缺乏精心的设计和缜密的安排筹划，有些活动既没有前期的策划，也没有后期的评估，对突发问题预见性和应对措施不足，经常出现活动初衷与实际效果大相径庭，主办方大费周章，受众却体验差，不买账。

"内功"欠佳，对"外力"也没有合理利用。博物馆在自身研究教育力量不足的情况下，也不善于借助科研院所、学校、研究机构、文化中心等相关社会资源的专业力量来拓展完善馆内专业人员的知识结构，启发创意。馆内培训多囿于对馆藏文物和博物馆领域的学习，少有系统长远的培训规划。因此博物馆的教育活动经常局限在就文物讲文物、就展览说展览，难有拓展和创新，更鲜有原创项目。这与教育人员自身知识结构单一、思维和视野不开阔有直接关系。

再者，对已经建立馆校之间的合作缺乏深层次的有效关联。以占博物馆教育比重最大的博物馆课程为例，常见问题是教师既不了解博物馆现状和资源、不参与活动的策划，博物馆也不了解学校的教学计划和要求而单方设计，结果是老师缺乏合作的主动性和热情被动"参与"，博物馆课程也多流于浅层参观和讲解，自说自话。

三　民俗博物馆儿童教育的资源特点及现状

国内博物馆儿童教育中种种问题在民俗博物馆中都不同程度地存在，但作为展示民俗和民间文化为主要内容的主题博物馆①，民俗博物馆的自有优势与儿童认知特点"天然"契合，也使其儿童教育呈现出自己的特点。

（一）民俗博物馆儿童教育的资源特点

1. 生活化的藏品

美国教育学家杜威曾提出"教育即生活"，即教育要回归生活的本质。传统主流博物馆的价值往往用物的价值来衡量，核心资源文物因其高度的历史价值或艺术价值而不可替代，而这种不可替代性的价值在于"因为其象征意义勾勒出不可替代的历史进程，具有某种意识形态性"②。而对儿童而言，这种"不可替代"的高价值和其所必备而又艰深抽象的象征意义却往往是阻碍他们走进博物馆的重要因素。而民俗博物馆并不重点着眼于物的形质美和科学价值，而是

①　徐艺乙：《民俗博物馆的建设及其意义》，《神州民俗》2011 年第 160 期。
②　吴芙蓉：《民俗博物馆发展刍议》，《东南文化》2013 年第 3 期总第 233 期，第 107 页。

重视对文化记忆的传承，强调其在生活文化中的情境意义，因此藏品范围广泛。广博的藏品来源增强了博物馆对文物利用的可能性和灵活性，让博物馆在策划活动时能够多样选择，另辟蹊径，甚至让被视为"禁令"文物展品的"可触摸"也可有条件地实现。

更重要的是，博物馆的实质是教育价值的实现，而教育要回归生活是必然趋势，因此儿童在博物馆里的实践课根本属性在于"凸显生活世界价值"。这就要求对文物的利用上需切合儿童的发展需求，即激发儿童的好奇心和探知欲，从而实现博物馆教育的终极目的。民俗博物馆的这些"不那么精美""不那么独一无二""似曾相识"的藏品因强调对生活的直接体验和感受，容易让儿童作为主体以一种放松的心态参与其中，在熟悉中凭着有限的生活经验和常识就开始认知和探索，成为主动的学习者。

2. "手—脑—心"的教育方式

如前文所述，民俗博物馆的最大特点在于其对民俗事象的专注，因此其儿童教育活动方式较之主流博物馆显得更加丰富和灵活。有别于主流博物馆的现代建筑群，我国的民俗博物馆因历史渊源，大多在寺观、民居等古建筑遗址上选址建成或以"民俗村"的主题公园形式存在，无论是古建筑群，还是民居院落，都能首先给参观者很强的历史代入感和直观的视觉感受，留下想要继续参观的第一感受。

其次，民俗文物的最大价值体现在物品的使用情境中，因此民俗文物博物馆的展览往往不同于主流博物馆"脉络式"的单项线性的文物陈列，而是通过情景化的陈设、场域的营造、与其他文物的关联呼应等进行多线设计，创设文化场景，使文物回到它的"原生"环境中，让参观者能够身临其境领悟其在生活文化中的价值。这种情景式复原陈列不仅能够满足和丰富参观者对民俗事象历史化、生活化的想象和体验，也让博物馆在策展时突破仅仅对"物"的关注，而是从生活情境的角度去思索"物—人"的关系，使文物利用和阐释的角度更加多元。比如在传统商俗的展示中，参观者经过文物，能听到相应的吆喝声，能看到老影像播放的昔日情景；有陈列在展柜中的实物，旁边还会有技师或制作人的现场演示等。民俗文物通过动态、多维的手段得到情景化、过程化的展示，满足观众对"往日时光"的景观想象，让"景观符号经由'物的语言'实现向参观者'人的语言'的转换"①。这种展示和阐释方式尤其符合儿童喜欢具象、直观、故事化讲述等认知特点，更容易理解文物的价值和意义并培养出对

---

① 吴芙蓉：《民俗博物馆发展刍议》，《东南文化》2013 年第 3 期总第 233 期，第 108 页。

博物馆的兴趣。

最后，如果说古色古香的建筑院落、丰富的民俗器物、情景式的多元陈列和阐释手段搭建的生活化情景体验空间首先在情感上对儿童形成了吸引力，那么对他们而言，民俗博物馆的最大吸引力更在于其互动性和体验性。也就是说，除了看，儿童在这里有更多的参与和动手机会。比如工艺制作的现场体验，传统节日节俗、仪式等展示和体验活动等，儿童通过看、听、说、触、摸、闻、模拟和想象等手段亲身体验，能够极大满足对这些似曾相识又遥远陌生的事物的方方面面的知识和想象。对孩子来说，看千遍展品、听千遍讲解，都不及一次上手体验的印象深刻。儿童在愉悦和乐趣中完成"手—脑—心"的思考过程，并生成主动探索的意愿，同时建立起对博物馆的新认知。

（二）民俗博物馆儿童教育现状

如前文所述，目前国内大多数民俗博物馆并未开展专门的儿童教育活动，儿童教育多包含在博物馆的整体社会教育中。笔者以北京民俗博物馆为例，对其实际涉及的儿童教育活动内容进行简单的归纳。

北京民俗博物馆是以国家重点文物保护单位东岳庙为馆址，以展示研究北京地区民俗事象的专题博物馆。与其他博物馆一样，博物馆教育主要采取"展教合一"的教育模式。实际教育活动主要包括三类：（1）主题展览，比如《人生礼俗文物展》《老北京商业民俗文物展》《中国传统玩具与游艺展》等以及配合传统节日的主题展览，多采用场景式展示手法进行生活文化的展示；（2）结合节日主题的传统节俗体验，即每逢春节、清明、端午、中秋、重阳、七夕等传统节日，举办场景复原陈列，如端午节设摆雄黄酒、艾草、菖蒲，中秋节摆"兔儿爷山"、老北京中秋祭月场景，重阳节搭"九花塔"等；习俗体验如清明射柳，端午节的包粽子、斗百草，中秋节的描画兔儿爷、拜月，七夕赛巧，重阳挂茱萸香包、尝菊花糕、品菊花酒等；节日文化知识延伸如知识有奖竞猜、节俗知识讲座、征文等；应节物品的展示和售卖如五彩粽、长命缕、香包、粽子、兔儿爷等；烘托节日氛围的民俗活动如花会表演，泥塑、面人、风筝等传统手工艺现场制作，空竹、铁环、七巧板等游艺项目体验等；（3）民俗文化"请进来"和"走出去"，像暑期博物馆夏令营、寒假的儿童庙会等博物馆内的体验活动和像"百位工匠进校园"、节俗知识进课堂、民俗文化社区行等在校园、社区内举行的知识讲座、展览和体验活动。

北京民俗博物馆的教育实践模式虽不能揽括国内民俗博物馆的全部，但就国内当前同类博物馆的儿童教育现状而言也有相当的代表性。尽管民俗博物馆的特点与儿童认知有很多契合之处，但从实际看，除了场馆本身的规模、资金、机制的因素外，大多数博物馆对儿童教育上的专业优势认识不到位是首要问题，探索和创新也就更加有限，前文所述的种种"通病"在民俗博物馆都有体现。因此，"先天不足"加之特色不凸显，不仅是儿童教育，民俗博物馆的整体教育在博物馆体系中都显得较为边缘化。

四　民俗博物馆开展儿童教育的思考和对策

当前国内民俗博物馆虽有适切的开展儿童教育的切入点，但对自身优势的认识不足、对资源的深度利用不足和与社会的联动不足使得这种优势和特色发挥并不明显和充分。针对民俗博物馆应如何发挥在儿童教育中的作用，结合自己的分析思考，笔者试提出以下对策。

（一）藏品资源的深度利用，突出民俗特色

藏品资源是博物馆教育的核心，民俗博物馆的儿童教育要避免同质化，应从内容和形式上专注于民俗自身的特征，加强对民俗资源的运用。从内容上，民俗博物馆应扬长避短，"走自己的路"。除了有形的民俗文物，多从无形的民间神话、传说、故事、歌谣、工艺的讲唱传承等"海量"资源上寻找选题策划的灵感，突出广博性和专有属性。在立意上，聚焦于文物的生活价值，让观众来此改变固有的欣赏习惯，从物与人的关系来解读文物价值。同时，注重民俗价值体现与现代生活的融入。活动策划不局限于展示过去的历史，而要有意识聚焦当代和观众正在经历的生活，从最稀松平常的民俗事象中展示变化提炼出人们习而不察的生活意义，将文化潜移默化地植入生活。也就是说，观众在民俗博物馆的特别体验不仅是有知识门类的专属性，有视觉上不同惯常的新鲜和情感上的熟悉，更能在此找到与现代生活的融入点，从而产生情感的共鸣。

而对儿童教育，选题教育意义的实现更亟待形式上的丰富。从展览来看，虽然目前推出专门的儿童展览在多数民俗博物馆难以实现，但是在展览中除了声光电等多媒体技术的运用，设计一些探宝、迷宫类的游戏形式，增设可触摸的实物模型，辅以翻板、拼图、拓印、复制品临摹等手段还是具有很强的可操作性。这些手段简便易行，有趣味，能上手，可以提升儿童参与的兴趣并很好地刺激儿童的多元感官，满足好奇心。有条件的博物馆还可以尝试教育活动的分龄，针对不同年龄段的儿童设置难易程度不同的体验项目等。

对教育活动，除了现有的参观展览、夏令营、博物馆专题讲座外，还可以游戏的形式组织馆内探奇，以故事分享的形式介绍馆藏品；可利用民俗博物馆的建筑特色和户外场馆优势，增加户外活动的体验项目。比如设置户外展览区，在寒暑假期间配合主展推出可供儿童触摸的特别展览，以舞蹈、服装秀、话剧表演等形式丰富展览的阐释方式；开设流动博物馆，提供可供触摸的展品复制品或模型等，增加儿童动手的机会；结合时节时令进行仪式习俗的展示，并以此衍生出相关的仪式、饮食、服饰、仪礼习俗等角色模拟、情景体验项目等，增加儿童参与的兴趣。通过增加动手和实践的机会，将抽象的知识以儿童易于接受的方式转化为与主题相关的生活经验，既突出博物馆的民俗特色，也让儿童在情景中主动思考，激发创造性思维。

（二）联动社会资源，提升专业能力

如前文所述，人才和专业力量的不足是制约博物馆教育发展的普遍难题，在机制不健全、资金不足的情况下，民俗博物馆突破瓶颈的可行办法除了对现有专业人才及时更新知识储备和优化知识结构外，更需要对"外力"的合理利用。

首先，要深化馆校合作。博物馆和学校要建立长期深入而稳定的沟通渠道，一方面，民俗博物馆需要主动配合学校课程进行博物馆课程资源的开发，找到博物馆教育资源与学校课程的结合点，依托藏品和场馆优势，发挥博物馆教学的直观性、互动性、多元体验的特点，在教委主管部门的指导下与学校联合或以博物馆为主导编制相应的科普读物、教材和实践课程，丰富课堂教学。在这个过程中，博物馆要在对自有资源深入了解和研究的基础上，详细分析师生的需求，精心设计多形式、多层次和系统化的教材。另一方面，重视教师的作用，尝试建立"教师资源库"，"将中小学教师的博物馆课程设计、合作能力，纳入专业发展、培训的范畴"[1]。制订合作计划，确立馆校两方的角色，邀请老师参与博物馆教材编写、课程开发，通过工作坊、经验交流会、老师驻馆实习、专家研讨等方式鼓励老师的积极参与。

其次，将家庭纳入服务对象。家庭教育在儿童教育中起着关键作用，而这在多数博物馆教育中也被忽略。家长在信息传递和行为指导方面有重要作用，加之近年来亲子教育模式的兴起和流行[2]，这些都应当成为博物馆策划活动的考虑因素。据此博物馆可策划相应的活动，比如在周末或节假日推出以家庭为单位的参观、游览、亲子课堂、故事分享、手工体验等，让孩子和家人在共同参与中既增进情感交流，也获得愉快的知识体验。

---

[1] 宋娴、孙阳：《西方馆校合作：演进、现状及启示》，《全球教育展望》2013 年第 12 期，第 109 页。

[2] 笔者对此曾有分析。参见田莉莉《儿童博物馆教育实践模式考察——以韩国国立民俗博物馆儿童博物馆为例》，《北京民俗论丛》第 4 辑，中国社会科学出版社 2016 年版，第 27 页。

再者，借助社会力量为博物馆教育提供支持，实现资源共享。借助相关的文化机构的专业力量进行博物馆课程和实践活动的设计开发，包括课程和活动形式、相关教材、教学教具的设计，以及在对博物馆资源研究基础上的绘本、游戏册、科普故事读物等延伸学习资料、各种文化创意产品的研发，新媒体环境下教育资源的研发等，使儿童有更多的途径"将博物馆带回家"。

（三）加大新媒体利用，拉近与博物馆距离

随着移动互联网时代的到来，新媒体对生产生活方式的影响和渗透体现在方方面面。在博物馆领域，互联网博物馆、博物馆微信导览平台、博物馆微博平台、博物馆移动新媒体应用（APP）等多种类型的结合及广泛应用是未来博物馆发展的趋势。民俗博物馆需要看到这一趋势，充分利用新媒体，将线上推广和线下活动相结合，使儿童在内的所有观众获得更好的服务与文化体验。比如，除了利用官网、微博、微信平台的信息发布的基础功能，利用新媒体技术性优势和新颖互动的特点，博物馆可以通过化"静"为"动"的展示手段、随时随地的微信语音导览、现代有趣的互动装置等，使展览现场更具科技感、视觉冲击力和趣味性，吸引儿童的参与和互动交流；利用新媒体个性化、传播广的特点，博物馆将馆藏资源通过 AR、VR 等现代技术变成现代观众乐于接受的视频、短片、游戏或 APP 应用软件，通过各种平台发布和推介，改变博物馆的"严肃脸"，让文物"活"起来，更好地实现博物馆教育的均等性和广覆盖。儿童可以实地参与，也可以通过手机和网络平台足不出户看视频、玩游戏、听故事、看展览、买文创产品……用另一种方式"打开博物馆"，并爱上博物馆。

（四）建立合理的评估体系，为未来发展提供指导

博物馆教育活动的开展基于对博物馆资源的深度研究，而科学合理的效果评估体系是博物馆总结反思、提供未来发展动力的关键。当前效果评估体系的缺失或不健全仍是博物馆教育的薄弱环节。民俗博物馆在丰富儿童教育项目的同时，应建立相应的评估体系来真实客观地评价效果，总结得失。具体来说，评价什么、如何评价、谁来评价都是体系需要包含的内容。要设计明确的考察目标和科学的考察项，比如对儿童信息的收集和分析能力、合作精神、探究能力、设计与动手能力等综合能力的考察；要有灵活合理的评价方式，比如对儿童参与活动的单次考察和长期动态考察评价，整体效果和细节完成评价等多种评价方式；评价者应包含参与者、团队、教师、专家、博物馆组织方在内的多重主体，综合不同主体的意见从学习效果、观众参与度、满意度等方面来得出对活动整体的判断和评估，以此进行效果的考察，对未来活动的开展提供有针对性的指导和改进方向。

五 结语

儿童是国家和民族的未来，让孩子爱上博物馆，就是在经营博物馆的未来。教育家杜威曾强调，"要让参观博物馆获得的经验具有教育价值，首先不但要让这些经验具有'上手'（Hands‑on）的特征，更重要的是要具有'上心'（Minds‑on）的特征；其次，从博物馆中获得的经验仅仅只是生动有趣是不够的，它还必须经过精心的组织才能具有教育价值"。[①] 儿童教育需要博物馆整体教育理念与水平的提升，而"针对儿童观众的博物馆教育，则更具创造性，更能体现博物馆教育人员的专业素养和教育特质"[②]。也就是说，中国博物馆儿童教育发展任重而道远，正因为如此，也就更需要作为教育机构的博物馆义不容辞地肩负起使命，有更负责任的专业态度。而作为专题类博物馆的民俗博物馆，尽管起步晚，经验模式尚未形成或不成熟，也需要对其在儿童教育中的角色和定位再思索，在丰富儿童教育的方式和方法上，建构一个主动思考且乐在其中的学习场域，从而在提升儿童教育品质和博物馆整体教育效果等方面，主动进行更多的探索和尝试。

[①] 转引自郑旭东《从博物馆到场馆学习的演进：历史与逻辑》，《现代教育技术》2015 年第 2 期，第 8 页。

[②] 果美侠：《方式决定成效：情境创设下的博物馆儿童教育》，《东南文化》2012 年第 5 期总第 229 期，第 115 页。

简论新博物馆学对博物馆宣教工作的理论指导

——以沈阳故宫博物院为例

曾 阳[*]

20世纪70年代产生的新博物馆学要求现代博物馆从对"物"的关注转移到对"社会"的关注中,重视社区文化服务,将其作为博物馆工作的重心问题。通过增强社区文化服务,博物馆能够有效推进社区文化建设,增加社群对博物馆的认同感和参与积极性,从而反向推动博物馆发展,成为博物馆发展的原动力。而要增强社区文化服务,提升服务水平,博物馆就必须更新服务理念,以社群需求为工作导向,培养高、专、多能的综合人才,加强社区信息宣传,让博物馆不再是一座高高在上的"缪斯神庙",而是成为能够吸引社区民众关心并主动参与的文化中心,有效发挥博物馆教育职能。本文将以沈阳故宫博物院为例,对"新博物馆学"语境下,博物馆角色与职能转换的重要意义做出探讨。

一 从重"物"到"人""物"并重

从博物馆功能与职能演变历史来看,博物馆最早的形态只有一个职能,即"收藏"。这一阶段的博物馆文化纯属贵族文化,与社会公众无关。伴随收藏数量和品种的不断发展,藏品管理的科学化要求日益迫切,于是出现了博物馆的第二职能,即"研究",形成了博物馆收藏与研究的双重功能,也实现了博物馆发展史上功能与职能的第一次分工。再后,伴随时代进步,公民意识增强,文

---

* 曾阳,沈阳故宫博物院副研究馆员。

化教育成为重要的社会问题，博物馆也由少数社会精英独享，逐渐走向社会公众共享，变为社会文化教育活动的公共机构。教育职能不仅与收藏和研究职能鼎足而立，而且得到了前所未有的加强和突出，与原有的收藏和研究职能形成三足鼎立局面，并一直影响到今天。

20 世纪 70 年代兴起的新博物馆学运动，推动和更新了博物馆经营和管理理念及所承担的社会职能。该运动关注更多的是博物馆如何为社会及社会发展服务，如何协调人类与自然环境的关系，如何将历史、现在与未来衔接起来。博物馆犹如一本厚重的大书，承载着人类文明血脉相传、赓续绵延的奥秘。博物馆的基本职能是收藏、研究和教育。在博物馆发展史上，虽然人们对这三大职能之间的关系及其轻重缓急的认识不尽一致，但是一般而言，多以收藏与研究为手段，而以教育为目的。与之相应，博物馆服务于现实经济社会的方式是间接的，即通过博物馆的展示和研究活动，促使人们了解国情、认识传统，从而达到启迪民智、培育理性、提升情趣和健全人格的目的。

国际博物馆协会 1974 年博物馆定义所表达的"为社会和社会发展服务"的战略方向，将博物馆从自我封闭引向开放。其中明显地体现出博物馆从对"物"关注中进一步解放出来，开始对"人"的关注。虽然文物藏品是博物馆运营与发展的重要基础，但是不能"见物不见人""管物不管人"，而应该使博物馆从一个侧重收藏、展示、研究的场所，发展为坚持"以人为本"的社会文化传播机构，即从重"物"转变为"人""物"并重。

在博物馆长期发展历程中，文物藏品曾一度被博物馆作为唯一的核心要素，加倍予以重视。针对文物藏品开展的征集、保护、研究等项工作，在特定的历史时期里，一直被定位为博物馆的中心工作。进入 20 世纪 80 年代，一些日本博物馆学者预言：博物馆已经进入由以"物"为核心向以"人"为核心的转变时期。[1] 日本博物馆学者鹤田宗一郎提出，博物馆是"人与物之间的结合"，由此引发了博物馆从"物"向"人"转变的讨论。"博物馆不仅要关心物，博物馆更要关心人"，逐渐成为博物馆界的普遍共识。1999 年，意大利出现了"没有藏品的博物馆"。这家位于保罗格纳的犹太博物馆没有一件藏品，因而又被称为一座"空的博物馆"。

近些年，日益兴起的完全不具备实体特征的网络虚拟博物馆，也对博物馆的"物"的本质引发了争议。博物馆的两大核心可以定位为"人"与"物"。博物馆的"人"既包括博物馆工作者，又包括广大参观者。博物馆的"物"则

① 安来顺：《当代博物馆的人文情怀与文化角》，《中国国际友谊》2010 年 12 月第 7 卷，第27 页。

是特指博物馆的文物藏品。笔者认为，无论时代如何发展，无论博物馆的专业化功能和社会化职能如何延伸与拓展，对于博物馆来说，文物藏品的极端重要性必须继续得到认同，文物藏品的征集、保护、研究与利用，作为博物馆的本质特征，必须被坚守。否则，博物馆同展览馆之间将没有区别，博物馆将失去特色与个性，缺少灵魂与底蕴。因此，应该从重"物"，向"人""物"并重转变。

近百年来，我国博物馆一直致力于提升人们的文化素质，丰富人们的精神生活。郑振铎先生认为："新中国的文物工作，应该有与旧中国完全不同的认识与方式。那就是不能把文物看作'孤立'的脱离人民群众的东西，而是必须把它们和人民群众的实际生活联系起来。不能把博物馆办成静止的消极的文物保存单位，而是应该打开大门，面向群众，为他们进行宣传和教育。"[1] 民族精神是民族文化的集中体现，是民族文化的灵魂，是一个民族赖以生存和发展的重要精神支撑。面对世界范围各种思想文化的相互激荡，必须把弘扬和培育民族精神作为文化建设极为重要的任务。

沈阳故宫博物院通过开展一系列经典的实践活动，从"红火过大年，学编中国结"亲子活动，到"魅力讲堂，公益讲座"活动；从"我与故宫这十年诗文大赛"活动，到"沈阳故宫之友"VIP俱乐部活动，将博物馆打造成为公众最为喜欢的文化殿堂、综合型的"社会大学"。

随着经济社会发展，人们的物质生活不断得到满足之后，就必然将目光转向文化、转向休闲、转向人的自身全面发展。在这种情况下，博物馆将面临发展的有利机遇。丰富的博物馆资源能够满足人们的学习、欣赏需求，能够使人们找到人文关怀的精神家园。此时，博物馆的主要职能是对文物藏品负责，还是对观众负责，就成为现代与传统的重大区别。现代博物馆既实现对"物的关怀"，也实现对"人的关怀"，这一努力方向预示着博物馆工作在新世纪的发展趋势。对"物的关怀"与对"人的关怀"相辅相成，能够使博物馆真正成为社会公众生活中的朋友。

二 从服务"观众"到服务"公众"

以往的博物馆教育服务，都是从观众走进博物馆之后才开始的，实际上这种认识并不全面。今天，只有先让更多的社会公众走进博物馆，然后才谈得上

---

[1] 卫东风、曾莉：《改造与整顿时期中国博物馆展览活动案例分析》，《中国博物馆》2008年第4期，第91页。

如何提高全民的文化遗产保护和博物馆文化意识。因此，博物馆应在社会服务观念上实现质的飞跃。首先是将"观众意识"拓展为"公众意识"，即不只对观众加以重视，还应将所有社会公众作为博物馆的潜在对象进行有针对性、系统的了解和研究。社会公众泛指社会中的每一个自然人。一般那些参观过博物馆的公众被称为博物馆观众，未到过博物馆的公众被称为博物馆"潜在的观众"。

博物馆藏品的公共财富性质，决定了博物馆在社会服务方面的义务，博物馆作为这些文化财富的授权保管者，就有将这些文物藏品用于有益人类进步、社会公平等方面的责任。只有深刻理解博物馆公共性的核心价值，才能自觉意识到任何一座博物馆都是公众共同享有的文化资产，这是博物馆必须确立的基本观念。博物馆员工，从管理者到普通员工，都是受国家、团体或公民委托，遵照国家、团体、公民的意愿管理博物馆，基本的目标是促使博物馆公益性核心价值的最大化实现。

实际上，相当数量的观众进入博物馆之前，对于博物馆的认知十分有限，不少观众并不知道博物馆展览什么、自己如何参观，"常常是懵懵懂懂地来，迷迷糊糊地走"，抓不住展览的主题和精髓，导致对博物馆的存在价值做出不明确甚至是错误的判断，从而逐渐失去对博物馆的兴趣。因此，造成博物馆距离民众日常生活遥远而生疏，可有可无，一生从未走进过博物馆的人大有人在。博物馆应加强观众调查与研究，摸清潜在观众情况，分析了解公众不愿意走进博物馆的原因，并据此调整和完善博物馆自身服务水平和能力，从而吸引更多的公众走进博物馆。

法国卢浮宫博物馆每天都面临着"人满为患"带来的种种问题，馆长代表C. 吉乐（C. Guillou）表示，"博物馆不该因为人多而变得不再好客，恰恰相反，它应该更多地关注那些由于社会、经济、文化和身体原因没有机会进入博物馆的'弱势人群'"。于是，卢浮宫博物馆开始培训大批老师、导游成为"参观推荐人"，并且研发了一种多媒体语音导游器，可以为孩子、盲人和聋哑人等提供各种主题的参观讲解。[1] 沈阳故宫博物院关注弱势群体，重视残疾学生、孤儿及孤寡老人等人群的文化享受愿望，近年来，多次开展"关爱孤残儿童""邀请环卫工人共度元宵佳节""迎新春，送温暖"等主题活动，通过各种互动的形式，在让弱势人群了解祖国优秀文化传统的同时，也把沈阳故宫的关爱送给他们。

2015 年 4 月沈阳故宫博物院开展了"小小讲解员"系列活动，这项活动从自我介绍、普通话水平测试，以及才艺展示三部分，考察孩子们的综合素质，

① 李将辉：《免费开放之后的"超负荷"难题》，《人民政协报》2009 年 5 月 7 日第 C1 版。

博物馆理论与实践

从中挑选出具备"小小讲解员"条件的优秀中小学生。凡选拔合格者均有机会接受专业的讲解员培训，培训包括文物知识介绍、外在形体与礼仪、语言表达、讲解员基本素质、讲解技巧等内容。培训结束并通过考核者最终获得"沈阳故宫博物院小小讲解员"荣誉称号，并有机会参与各类社会教育活动。

作为特殊的社会文化机构，我们应以更加宽阔的胸怀拥抱社会公众。如此博物馆才能真正为社会公众服务，博物馆在一个地区的作用才能真正凸显出来。博物馆工作者应与时俱进，不断更新知识，吸收先进理念，改进工作方法，特别要在服务观众、服务社会上下功夫。不可否认，目前我国的多数民众还不是博物馆观众。就博物馆的观众成分而言，城市和乡村中的大多数劳动阶层，如工人、农民、牧民等，他们几乎从来没有进过博物馆，甚至不知道博物馆在什么地方、对他们的生活有什么意义。这是令人忧虑的文化现实。虽然这一问题最终解决还是要取决于社会经济条件的成熟，但是博物馆应当努力，尽到自己的责任。

三 从"服务公众"到"依靠公众"

宋向光教授指出："传统的博物馆学在谈到社会民众时，通常是将它们作为博物馆的工作对象，作为博物馆工作成果的表达工具，而忽略了民众在博物馆发展的重要作用。如果基于博物馆特定社会现象和社会需求的反映这一认识，我们就可以注意到，民众是博物馆实现其社会目标的重要力量，是博物馆工作的积极参与者。"[①]博物馆不仅要全心全意"服务公众"，而且要真心实意"依靠公众"，因为社会公众才是博物馆的真正主人。

早在清朝末年，康有为、梁启超等有识之士就曾提出在中国设立博物馆的主张，将博物馆看作是"开民智、悦民心"的重要公共机构。这是当时我国有识之士在文化共享和文化平等意识上的觉醒，同时也说明博物馆已经成为公共自由和文化平等的象征。公共博物馆产生后，其区别于贵族收藏行为的最重要的标志，是博物馆以教育为目的，并调动一切手段进行藏品研究、安排陈列展览、组织开放接待、出版资料图册、强化全程服务，通过其特有的教育形式，将各项工作转化为教育成果。

今天，在城市中需要有人们寄托精神的地方。博物馆作为精神的家园，人们在这里就要有"家"的感受。要让每一位观众都能切实感受到，参观博物馆是一种美好的经历，也是一种愉悦的享受。城市不仅需要现代化，而且也有社

---

① 宋向光：《从事博物馆学研究的点滴体会》，《中国文物报》2010年3月31日第4版。

会责任让每个公民有归属感,有主人翁精神。① 博物馆必须更加自觉地将自身的发展与社会的发展紧密联系起来,努力避免因强调博物馆的特殊性,而游离于社会发展主题之外的倾向。博物馆是社会文化的重要组成部分,是公众终身教育的场所,它并不孤立于社会生活之外,而是与社会生活密不可分。博物馆与社会生活和社会公众建立什么样的关系,是判断博物馆工作成功与否的途径。

目前,各国博物馆都在面临比以往更为激烈的争取观众闲暇时间的竞争。博物馆未来的生存,依赖于将各个阶层、不同背景的观众吸引到他们认为值得参与、有助于提升他们生活质量的活动中来。近年来,世界博物馆发展趋于重视与社区互动。无论是当地居民参与展览策划,还是尊重少数族群文化观点、从事与各类艺术文化团体交流,乃至于提升文化产业开发,目的均为呈现文化多样性、提供给公众更丰富的活动内涵。这些都显示出博物馆参与社区事务的能量亟待开发,揭示出博物馆参与社区发展的重要性。实际上,我国各类博物馆均处在社区之中,是社区的特定成员。社区民众的满意是对博物馆评价标准的基础。只有这样,博物馆策划出来的文化活动才有生命力,陈列展览才能达到预期效果,才能在社区民众的心目中达成信任与认同,才能真正意义上实现博物馆对社会公众的服务承诺。博物馆应充分研究社会民众的文化需求、审美需求、服务需求。

《国际博物馆协会职业道德规范》指出:"管理机构应保证博物馆及其藏品定期的和合理开放时间中向所有人开放。特别要关注那些有特殊需要的人们。"这里"所有人"和"有特殊需要的人们",均是博物馆对服务对象坚持公共性观念。公正性是前提,公平性是核心,公益性是目标,公开性是保证。博物馆制度只有以公正、公平、公益、公开作为价值追求,才能真正实现公共性。公共性是博物馆的基本属性之一,博物馆制度必须以维护、实现、发展公共利益为目标,把公共利益作为安排管理方式、服务内容、制度机制的价值标准。②

在 100 多年的发展史中,我国博物馆经历了从无到有,从少到多,从具有一定规模到形成完整体系的过程。但是,长期以来由于缺少博物馆产生和生存的文化背景,博物馆在社会生活中一直处于边缘化地位,缺乏必要的社会关注与公众参与。而这种公共性的缺失,目前已构成我国博物馆事业可持续发展的瓶颈。因此,博物馆制度的构建,必须保证普通公众享有充分的知情权、参与权、监督权和受益权,必须给予社会公众充分表达意愿的渠道、参与管理的机制、进行监督的方式,用社会民众自身的力量来维护公共权益。

① 姜蕾:《创建数百万移民共同的精神家园》,《中国文化报》2010 年 6 月 30 日第 7 版。
② 史吉祥:《论博物馆的公共性》,《中国博物馆》2008 年第 3 期,第 23 页。

博物馆教育活动需要不断扩大场馆时空和受众群体，既可以在展厅内，也可以在讲座教室，以及博物馆外的各类场所；活动时间既可在正常参观时间，也可按活动需要安排在夜晚，扩大博物馆活动的时空。2014年起，沈阳故宫博物院开始开展流动博物馆"四进"活动，即讲解员、志愿者们带着展板或音像、图文资料，组建了一个"流动博物馆"，坚持不懈地将"流动博物馆"送进了学校、社区、企业、福利院、军营和孤儿院，使更多不便来博物馆参观的特殊群体，能够共享到博物馆的文化服务，架起了历史与现实、博物馆与社会联系的桥梁。

传统文化、地域文化是城市发展资源中不可或缺的固有组成部分，在塑造城市个性特色、提升城市生活品质、维护文化多样性、保持生活延续性、维持社会民众特别是社区居民对城市和街区的认同感等方面，具有举足轻重的作用。博物馆积极倡导多元文化的共生与融合，努力将传统文化基因融入现代城市文化的变革之中，通过陈列展览和文化活动，使丰富的博物馆藏品资源、人才资源、设施资源等自身优势，以一系列丰富多彩的文化活动为载体，整合进当代城市的文化发展体系，使博物馆成为新的城市文化坐标，在不断发展变化的城市环境中，获得持续而旺盛的生命力。

综上所述，为了人的生存和发展服务已经成为世界各国博物馆的共识。博物馆的一切功能都是以人的需要为出发点，这种发展趋势着重体现在博物馆教育功能的加强和服务的改进上。"人""物"并重的理念打破了博物馆仅为收藏、保护、展示文物藏品而存在的观念束缚，达成了博物馆的存在是为社区服务、为公众服务的共识。作为博物馆人，今后应在服务观众、服务公众、依靠公众等方面积极进行探究、创新和实践。

全球化趋势下博物馆与文化企业资源整合的探索

文爱群[*]

在现代化飞速发展的今天，博物馆也面临诸多新的挑战和机遇。随着全球化进程与文化多样性，各种文化思潮大量涌入，独具特色的民族文化复兴提上日程。

中华民族传统文化作为中华民族的独特的精神标识，是当代中国发展的突出优势。对于延续中华文脉、全面提升人民群众文化素养、维护国家文化安全、增强国家软实力具有重要意义。因此在这两年，政府提出了系列纲领性文件，整体推动中华优秀传统文化传承发展。在 2016 年发布的中共中央办公厅、国务院办公厅印发的《关于实施中华优秀传统文化传承发展工程的意见》中，明确提出要鼓励和引导社会力量广泛参与，推动形成有利于传承发展中华优秀传统文化的体制机制和社会环境。《意见》还强调实施中国传统节日振兴工程。

在这个大形势下，博物馆怎样与社会资源整合，怎样引导吸引社会力量参与到共同传承弘扬优秀传统文化的工作中来，是博物馆需要考虑的问题。

北京民俗博物馆作为传统节日活动运作持续最长、节日活动最齐全的一家博物馆，对于传统节日在大众文化精神教育作用有着最深刻的理解。所以从建馆开始，传统节日活动就是博物馆三大宗旨之一，近 20 年来，北京民俗博物馆一直秉承这个宗旨，从不间断对传统节日文化的发掘和传承。到了今天，民俗博物馆的传统节日系列文化活动已经成为北京市民不可或缺的、融入日常生活

* 文爱群，北京民俗博物馆副研究馆员。

博物馆理论与实践

的一道文化大餐。系列节日文化活动更成熟，已经成为北京市传承优秀传统文化的一个品牌。

从现在社会发展对文化的高质量需求来看，发展的力度还是不够的。当然，其广度和深度都是非常有限的，是不能满足现代社会发展的大格局的，这也给我们民俗博物馆提出了更高的要求和工作标准。怎么办？改变思路，积极求变，找出新的工作思路，找出新切入点，积极寻求更多的社会资源参与到传统节日活动中来，壮大传播弘扬传统文化的队伍，提高获得文化的质量，满足和顺应现代社会大众的精神文化需求，从组织传统节日文化活动入手，通过扩大组织者参与传统节日活动的力度，达到整合资源、提高活动整体的辐射力和创造力。

2016年，北京民俗博物馆的传统节日活动开始了新的尝试。全年节日的活动策划，把握一条主线索，即在实施中国传统节日振兴工程中，以"我们的节日"主题活动为平台，吸引更多社会资源，如企业、协会、文化公司，加入传统节日的组织活动工作中来。共同主办全年节日文化活动，有资源出资源，有资金出资金，倡导活动的公益性、大众参与性和文化传播的广泛性。

在"我们的节日"——端午文化活动中，我们邀请了乐和唯成文化公司参与策划活动。策划过程中，我们首先保留北京民俗博物馆原有的传统活动，《降以瑞相　吾在其中——十二生肖文化展》，端午场景复原，民间工艺体验，端午节俗活动体验（包粽子、画王老虎、斗百草、端午知识有奖问答、系长命缕）。然后以乐和唯成文化公司牵头增加了屈原诗词经典诵读、旗袍秀、汉服秀、墨韵端午书法交流笔会、端午养生文化讲座、茶艺香道展示、古琴古韵，每一项单独的小活动由乐和唯成文化公司再邀请其他专业文化公司、协会、工作室承担。古琴古韵由韩瑞精礼道古琴馆承办，旗袍秀由朝阳区女企业家协会艺术团承办，墨韵端午书法交流笔会由大宽书法工作室承办，汉服秀由翰德林女子工坊承办，茶艺香道由马连道国际茶城承办。这些活动的表演展示更具专业性，观众认可度更高，参与过程中老师的指导力度强，活动质量大大提高。这些活动的举办对参与的协会、企业、文化公司也具有反哺作用，首先它吸引了到博物馆参观的观众，这也是这些文化公司的潜在客户，提高了公司的知名度。其次用中华优秀传统文化的精髓涵养企业精神，培养现代企业文化。

重阳节更是直接引进文化公司在民俗博物馆独立承办活动。博物馆免费提供场地，但是提出要求，活动内容紧密结合传统文化的传承这个主题，从内容到形式要有新意。在这个思想指导下，他们选取了中国传统的二十四节气为突破点，创办了东岳雅集二十四节气民俗主题文化活动。这个活动的主办单位更具实力，如北京华怡佰诚文化传媒有限公司、漳州片仔癀药业股份有限公司、艺起来艺术社交电商平台、厦门立达信照明有限公司、北京润和润家茶艺有限公司、北京一得阁墨业有限责任公司、中国国际广播电台、北京艺铭东方文化传媒有限公司。纵观这些文化公司承办的活动及其运作方式都要比博物馆自身承办的活动影响力更加有广度和深度，更加契合社会的时尚。东岳雅集活动的成功，为北京民俗博物馆又打造了一个新的文化品牌，这个文化品牌以高端小众时尚的雅集形式，获得了社会的赞誉，在民俗博物馆形成两个文化活动品牌并行的格局，满足不同层次的传统文化爱好者。

端午节、重阳节的活动案例，让文化公司、企业、协会自身的实力和专业的素质得到博物馆的认可。博物馆也因为它们的参与提高了活动的质量和社会影响力，成为双赢的典范，为进一步合作打下坚实的基础。

博物馆与这些社会上的文化资源的整合，我们可以分四个层面来探讨。

从博物馆发展的层面来看，这是博物馆自身发展规律纵向深化的一种体现。全球化人类文化的多样性，造就了文化生态系统的多层次。这个大环境下的博物馆的观众范畴有了多元化的延展，现在的博物馆不仅仅要关注那些传统的学知识、长见识、提升修养素质、满足兴趣的普通观众，还要重视像文化公司这类"文化自觉者观众群体"。他们对博物馆的需求和愿望不是来"学"而是来"为"，是到博物馆来大作为。他们本身就是传统文化的先知先觉者，是对传统文化发自内心的热爱，也透彻地认识到传统文化在当今社会传承发展的重要意义，并自觉地去发扬光大。他们对于博物馆的愿望，外在的环境和氛围更甚于内容。他们更看重的是博物馆尤其是古建类的博物馆的历史建筑。通过这些古建筑传达出的厚重的历史文化氛围，是这些文化公司可望而不可即的。进入古建筑博物馆的这个文化空间，来进行文化传承交流活动，是他们心中最大的期盼。这些文化公司有潜在的人力资源、有资金，还有对传统文化知识的热爱，如果把这些优秀的观众群体凝聚在博物馆发展中，将是博物馆文化事业发展的巨大潜力。

如果从博物馆的视角来给参与活动的社会资源群体一个定位，姑且称他们为"目标观众群"。[①] 博物馆在展览、活动中都要预先进行观众的评估，如何针对不同的观众群体，提供不同的服务。这就是基于观众个体的价值观、文化特质，对博物馆的观众进行相对精准的个性化定位。通过精准的定位我们才能更好地为观众服务。这些文化公司的参与者，他们自身对博物馆的内涵及其功用有较高的认知度和认可度，并与博物馆个体文化特质与价值观相对一致。他们

① 王宏钧：《中国博物馆学基础》，上海古籍出版社 2006 年版，第 305 页。

对传统文化有较深刻的理解，最重要的是他们本身也是传统文化的传播者。这也是博物馆应该培养的优秀观众。另外，文化公司本身有自己的客户资源，而且他们的客户资源在社会中的影响力不容小觑。这又可以看作博物馆的"潜在观众"[①]。吸引这些优秀观众和潜在观众积极参与到博物馆的社会教育中来，是博物馆不可多得的资源。中华民俗文化二十四节气东岳雅集启动仪式，公司就花费资金88万元，莅临现场的文化名人有著名画家朱曜奎（原中央工艺美术学院创始人）、杨明义（发现周庄第一人）、颜新元等，戏曲大师魏春荣、洪和昌，马头琴非遗传承人齐宝力高，中国著名古琴家丁承运，当代中国著名二胡演奏家宋飞进行现场表演。这些文化名人的演出，本身就是在自己的专业领域内不懈地弘扬发展传统文化。

当然，在参与文化活动的过程中，他们也在积极培育自己的文化品牌，通过博物馆的文化氛围更好地提升自己的价值。这些优质观众的率先介入，在潜移默化地影响着博物馆的发展理念。博物馆工作者也在共同的文化实践活动中学习到一些先进的文化经营者的文化服务理念，事实上，文化公司运作传统文化活动的思路比博物馆体制内的工作理念更加先进和趋同于社会，更加关注社会层面的各种功利性需求。他们为社会服务的态度更加积极主动、热情周到，我们从社会的反响就可以窥见一斑，这种服务态度也是值得我们体制内的博物馆人学习借鉴的。

当然，无论哪种博物馆的运作模式，政府都必须制定出一系列的法规、制度来约束并规范这些合作的文化公司，这样才能最大化地正确地发挥博物馆的公益性的社会功能。

第二个层面就是博物馆与这些体制外文化企业的整合，对于推动博物馆理事会制度更具实践意义。

2015年3月20日开始施行的《博物馆条例》，明确提出建立博物馆理事会制度。5月21日，国家文物局副局长、中国博物馆协会理事长宋新潮做客《文化名人访》时指出，推行博物馆理事会制度其实就是鼓励社会参与博物馆的建设、管理、监督，并且使之形成制度化，是管理权与所有权相分离的一种新的管理理念的体现。推行博物馆理事会制度也就是要求全社会参与到博物馆发展中来。从另一个角度上来讲，这是在鼓励社会上的一些资金，用到博物馆事业的发展中来。博物馆需要社会的这种支持，这样才能把博物馆事业办得越来越好。博物馆理事会制度在中国的博物馆体制下是一种新的探索，没有规律可循。

[①] 王宏钧：《中国博物馆学基础》，上海古籍出版社2006年版，第304页。

北京民俗博物馆与这些文化企业资源的整合，也是摸着石头过河，通过和文化企业的活动，了解文化企业的家底和实力，做到了心中有数。北京民俗博物馆以政府购买服务的方式，与文化企业签订合作协议。民俗博物馆提供场馆、场地给文化企业免费使用，文化企业自筹资金，负责策划组织实施其品牌活动。"中华民俗文化二十四节气东岳雅集"品牌活动，前期通过在活动中的合作，双方在各个方面磨合调整，并逐渐适应，合作机制日趋完善。双方有进一步合作的可能，这就为后面理事会制度的建立奠定基础。这些文化企业的领导层面及其文化企业潜在的大客户，在与博物馆的资源合作过程中，逐步熟悉博物馆的业务及运作方式，了解博物馆资源利用，对于博物馆的发展也能提出合理化的建议。因为通过合作，他们已经成为博物馆的一分子，荣辱与共。博物馆的良性发展，也能使他们受益。所以，这些文化企业的管理者加入到博物馆的董事会里，就是将多元的力量参与到博物馆的运行、管理、监督中来，对于博物馆事业的发展大有裨益。

与此同时，在我国推进的博物馆理事会的建立，可谓一种制度创新，由此可能产生一些挑战乃至冲突，需要有足够的思想准备和应对措施。

第三个层面，博物馆与文化企业文化资源的整合是公共文化服务体系中的博物馆公共性服务功能的进一步深化的尝试。

"在中国，公共文化服务体系是以保障人民群众基本文化权益、满足人民群众基本文化需求为目的，以政府为主导，以公共财政为支撑，以公益性文化单位为骨干，向全社会提供的公共文化设施、产品、服务及制度体系的总称。"[①]中国公共文化服务体系具有四个基本属性：公益性、基本性、均等性、便利性。这四个属性的本质就是公共性，而博物馆作为公共文化服务体系中的骨干，就是因为博物馆的本质属性也具有公共性。博物馆是面向社会、服务公众的公共文化机构。按照公共文化服务体系的要求，博物馆要免费开放，要举办公益性的展览、活动，要具有普遍性等。政府要求的公共文化服务对博物馆来说已经达到并成为常态。而文化企业的需求对博物馆来说就是社会发展中涌现出来的新的文化需求，它的文化需求已经超出公共文化服务的范畴，这是对博物馆的为公众服务能力的考验。常规的公共文化服务已经不能满足这个群体的文化需求，而是要求更高标准的公共文化服务。朝阳区是首批公共文化示范区，公共文化发展的水平也是全国的标杆。作为朝阳区唯一一家政府下辖的博物馆，更应该高标准地进行公共文化服务，能够满足更高层次的文化需求，这就要求博

① 杨志今：《中国公共文化服务发展报告（2012）》，北京社会科学文献出版社 2012 年版，第 5 页。

物馆有创新的能力，有勇于打破常规的气魄，充分发挥公共文化示范区的作用，使博物馆在公共文化服务体系中的作用最大化。正如杨志刚认为博物馆不仅仅是文物收藏机构，更应该是深刻体现共享与参与原则的公共文化空间。① 所以，把文化公司这类社会资源整合进博物馆文化圈，实际上就是间接地把制度外的文化资源纳入公共文化服务体系。文化企业作为一个社会组织，他们多元分散，以不同的人群和主体为服务对象，关心公益事业，富有爱心，在公众服务上更具有亲和力、热情和耐心。他们在组织结构上比较人性化，具有超强的合力，成员之间的认知度趋于一致，在活动形式上更具有张力。博物馆与这些文化企业资源的整合，实质上也是为博物馆提供劳动和知识的支持，更好地为公共文化服务体系做出自己的贡献。

第四个层面，博物馆与文化企业的文化资源整合，是现代社会文化消费发展更高层次的内在需求。

党的十八大报告指出，文化是民族的血脉，是人民的精神家园。全面建成小康社会，实现中华民族伟大复兴，必须从三种文化资源中汲取丰富营养，进行继承创新。第一种就是传统文化，它维系了中华民族数千年的持续发展并创造了辉煌的中华文明。

随着社会经济发展到一定的阶段，人类对文化的消费层次也上了一个新的台阶。为了满足社会大众日益增长的更高层面的文化消费的需求，博物馆也在多方面加强自身的能力建设，苦练自己的内功，同时，寻找外在的合力。正是从这个根本点出发，博物馆充分利用人类丰富多彩的文化的记录者和守护者这个优势，整合所在社区内的文化企业的文化资源，共同提升文化产品的质量。

近几年，虽然博物馆已经树立了几个文化品牌，但是这几个文化品牌的广度和深度是有限的，与所在地区的经济发展水平是不相符合的，与国际文化的交流是不能很好衔接的，文化层次还有待发掘和加强。老百姓生活实现小康，但是文化消费却在原地没有改变，这也制约了所在区域的经济发展步伐。

这种现状，需要改变。只有充分调动和利用辖区内优质的文化资源，与本区域内的文化企业联手打造新的、更多的高质量的文化产品，通过博物馆内的民俗活动，引导文化企业，与文化企业联手与国际文化对接，与社会对接，与文化消费者对接，将文化品牌的创新、创意、创造紧密围绕在满足不断增长的文化消费者需求这一目标上。

---

① 杨志刚：《博物馆与中国近代以来公共意识的拓展》，《复旦学报》（社科版）1999 年第 3 期，第 54—60 页。

北京民俗博物馆信息化现状分析

朱 羿[*]

北京民俗博物馆坐落在繁华的朝阳门外大街 141 号东岳庙庙内，是北京市唯一一座国办民俗类专题博物馆。东岳庙始建于元延祐六年（1319 年），是道教正一派在华北地区最大的宫观。该庙宇拥有古建 300 余间，至今将近 700 年历史，是全国重点文物保护单位。1997 年，北京市政府成立了北京东岳庙管理处和北京民俗博物馆负责对东岳庙进行管理和开发应用。1999 年，北京民俗博物馆经过两年的筹备期正式对外开放。

一 北京民俗博物馆信息化现状

北京民俗博物馆是依托古建筑群开办的博物馆，因此与普通博物馆有很多不同之处。从建筑布局上看，一般展馆多为单体或连体式建筑结构，在空间上为立体造型，地上地下按照不同的楼层自然而然地划分出不同的展馆类型。而古建筑群为平面布局，房间与房间之间错落有致，形成几进几出的院落，导致各个房间之间布局较为分散，用作展厅的话需要很好的逻辑关系才能使观众在进出各个展厅的时候不至于感到杂乱，使展览有连续性。

从电气布设方面来看，因为是文物保护单位，古建筑又都是木质结构，防火要求很高，不能随便布设电线，因此展厅与庙区的综合布线、供电成为很大

* 朱羿，北京民俗博物馆助理馆员。

博物馆理论与实践

的问题。

（一）信息化硬件建设现状

受限于平面的建筑布局和电气消防安全，北京民俗博物馆一直没有搭建起覆盖全馆的计算机网络平台。前期一直是各办公室分别借助电话线拨号上网的方式，直到2014年借助安防系统改造的时机，对办公区域实现了综合布线系统的全覆盖，在前院位置建立了中心机房，分东、西、北三个区域搭建了分机房，基本搭建了办公区域的内部网络连接（见图1）。但是展厅及庙区由于种种原因未能涵盖进来。

在中心机房内，引入了50M光纤外网总线接入，然后通过中心机房的路由器＋核心交换机分发到各个区域分机房，再分到下面每个办公人员桌面，形成中心机房—分机房—用户的树形网络结构。

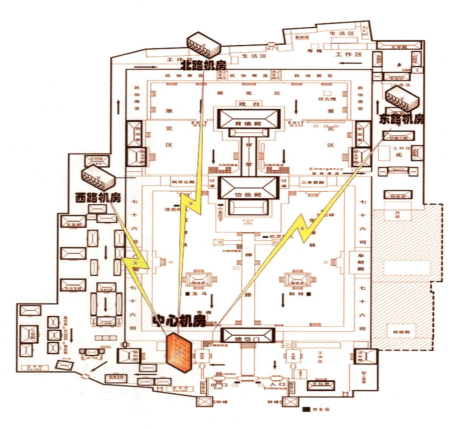

图1　北京民俗博物馆网络结构

（二）信息化软件建设现状

北京民俗博物馆从2004年就建立了自己的博物馆网站，除了对场馆的介绍、普及一些通俗的民俗知识以外，主要承担一个信息发布平台的作用。由专人不定期在网站上发布博物馆动态信息，观众只是可以在上面浏览馆方发布的信息，无任何观众可反馈的界面，更谈不上任何与观众互动的界面。属于典型的"推"式服务模式，主要是服务于上级检查工作的信息汇报，很少有观众能够主动访问网站，信息量非常有限，就算访问到网站，也是只能被动地接受信息。

2013年，在上级主管部门的牵头下，北京民俗博物馆对官方网站进行了彻底改版，除发布资讯信息、介绍博物馆情况及服务指南等情况外，重点增加了畅游博物馆（在线3D实景游览）、馆藏精品展示、各种活动报名登记注册等功能。更在后台预留了接口，后期可以以官网主页为依托，扩展至内网的办公自动化网络，开放相应的用户权限，使得各个部门负责固定板块内容的更新工作。

二　目前存在的问题分析

北京民俗博物馆信息化经过多年发展，已基本形成适合自身发展的一套固定模式，取得了一定成绩的同时，也存在着一些问题。

（一）信息化程度不高，不符合博物馆定位

北京民俗博物馆作为朝阳区公共文化服务的重要组成部分，在目前朝阳区没有独立的区博物馆的情况下，承担了部分的政府职能，在朝阳区文化系统中的地位举足轻重。北京民俗博物馆将自身定位于北京地区的传统民俗文化研究中心、展示中心和活动中心，每年承担了大量的文化配送任务，展览、讲座、民俗活动等，吸引了大量的市民参与其中，目标是成为国内民俗博物馆的领头羊，这就要求博物馆必须提升自身管理水平，升级信息化系统功能。

然而目前来看，北京民俗博物馆的信息化程度距离一线博物馆还有一定差距。首先，硬件设施较为落后。比如不少博物馆已经做到场内无线网络的全覆盖，结合时下流行的移动互联网技术，观众不用租借专用设备，凭借自己随身携带的手机、平板电脑等就可以实现自助语音讲解、信息推送、资料下载等功能，而这一点因为馆区内还未实施无线网络而无法实现。其次，目前展厅内的多媒体播映设备均为单机播放，只能按设置好的固定节目单播放音视频影像资料，缺少与观众的互动。而目前的技术手段已经可以实现通过动作采集技术，使观众融入布展的场景之中，使周围的藏品与观众产生互动。观众如果能从屏幕上看到自己的影像，亲身参与到一些场景之中，将大大提升其对展品进一步了解的兴趣。

（二）依赖购买成熟系统，缺少定制开发

博物馆的信息化建设是一项耗资大、周期长的项目，不是一朝一夕就能建成的，且建设之后的运行维护均需持续不断地投资，进行改进乃至升级。如果简单地购买一套成熟的系统，固然在前期部署上比较方便，减少开发时间，迅速收到效果，但是长期运行下来，由于缺少为本馆所做的优化，慢慢就会暴露出问题，届时再想更新系统，将系统整体切换过去，都会耗费大量人力物力。

北京民俗博物馆目前的藏品管理系统是购买于 A 厂家的一款产品，A 厂家先是受雇于首都博物馆，针对其特点和需求开发了一套藏品管理系统，之后对系统进行调整和优化，已成为一套定型产品，并推向市场。北京民俗博物馆经过推荐购买了该系统进行使用，在前期使用上虽然出现一些问题还可以克服，但是随着藏品的增多、数据库的增大，问题越来越多，比如民俗类的文物与综合展馆名称分类有一定区别但是该系统无法自定义修改藏品类别名称等诸如此类问题。然而厂家已经不再更新此系统，如果切换到别的系统，那么之前的藏品数据需要全部重新输入，工作量可想而知。

信息化系统建设完成之后的主要任务就是后期维护。后期维护的对象分为两个部分，一部分为博物馆专有的应用系统或软件（比如藏品管理软件、档案管理系统、多媒体平台发布等），另一部分是系统设备的升级换代和维护工作（比如计算机网络硬件的调试、线缆维护等）。由于大部分常规的硬件是通用设备，后续升级即使更换厂家或品牌也比较简单，而信息化软件系统则不然，如果该系统并非厂家为博物馆定制开发的，很少能得到有效且长期稳定的售后服务，因此必须引起博物馆管理人员重视，选择资质良好的供应商进行系统开发与维护，并与之建立长久稳定的合作关系。

（二）重藏品展示功能，忽略基础数据库建设

收藏文物的展览展示是博物馆的重要功能之一，目前博物馆在布展时，不论规模大小都在追求多媒体展览手段，试图以新颖的多媒体影像、电动声光技术等展示手段，来表现藏品的藏品信息以及展现历史背景。多媒体手段的过分应用，容易给人以形式多于实质、注意力无法集中的感觉。虽然多媒体终端能够使展示的藏品做任意角度的旋转和缩放，轻易地摆出各个角度的造型，从而让观众能够清晰地观察到每个部位，可是如果关于该藏品所蕴含的历史背景、文化等知识性展示就只有寥寥数语的介绍，将无法充分达到对观众进行宣传教育的目的。产生这种情况的原因主要在于博物馆在建设之初没有准备好数字资源，没有建立起自己馆藏信息的数据库。博物馆的藏品数字化建设不仅仅是藏品的多媒体展示技术的科学应用，更重要的内容是要加强馆藏文物的数字化建

设——藏品基础数据库的建设，因为博物馆的一切行为基础就是馆藏文物，但是其建立需要投入更多的建设时间、财物和人力资源，是一个耗时的项目，从一般人的角度看来，最好是直接从事藏品的多媒体演示工程，投资可直接、立刻见到影响，导致急功近利的藏品数据库建设思想，信息的多媒体演示会变得底气不足，最终形成一个多媒体演示和馆藏数据库建设严重缺口，从而形成一系列非常先进的手段的形式显示，但内容过于简单描述集合的不协调的情况。

北京民俗博物馆的藏品量相比大型综合类博物馆并不是很多，因此，可以把信息化建设的主要力量投放在藏品的数据库建设和门户网站的建设上，投入精力集中把藏品的文字信息尽可能地采集完整，将藏品的基础资料采集完善，如各个角度的照片信息、处于何种环境的展示信息，甚至是围绕其使用的视频音频影像等，统统归纳到一个信息较为完整的藏品数据库中。一旦该数据库建设完成，不仅可以增加展览布展时多媒体手段的内容，还可以为社会公众提供更丰富更有效的藏品信息，满足观众的获取新知识的期望，从而达到文化传播的目的。因此博物馆的信息化建设一定要根据观众对于本馆的实际需求来确定适合的投入项目，不能盲目地效仿其他馆成功的做法，一定要突出自己的建设重点。

三　形成的原因分析

（一）信息化建设理论落后、建设浮于表面

我国的博物馆的信息化刚刚起步，很多博物馆还没有自己的信息化建设规划，即使有也是停留于介绍信息技术的应用或美好前景描述上，而有关信息基础资源库建设、资源管理、人才培养计划乃至数字标准化建设等内容却很少涉及。

目前的信息化技术日新月异，各种新的应用类型频出，博物馆也应抓住发展的潮流，随波逐流会将有限的资源投入汪洋大海，不见踪影。比如刚刚建好网站，微博开始流行了；刚刚建立起微博团队，博物馆 APP 应用又兴起了；博物馆 APP 应用刚提上日程，微信服务号又席卷而来。如果跟着这些技术趋势发展，就会疲于奔命，处处捉襟见肘。不如从指导理论下手，踏踏实实地制定适合博物馆自身的信息化建设规划，制定博物馆信息化的长期目标，脚踏实地地发展。在博物馆自身现有的信息系统基础上，精耕细作，充分利用现有资源，创造出好的内容才是最重要、最吸引人的。

（二）信息化建设项目资源投入不足

在十七届六中全会中央大力倡导文化大发展大繁荣的背景下，我国的博物

馆事业出现了一波新的建设高潮。北京民俗博物馆近年来也投入了大量人力物力对展厅进行改造，努力克服利用古建筑作为展厅的种种不利之处，展厅、博物馆整体环境有了较大的改善。

除了对这些基建项目的重视之外，对信息化的建设却缺少同等重视。在博物馆的信息化进程中，除了前期需要投入大量资金对硬件和软件进行购置外，在后续的运行和维护中也需要不断地投资，在发展的过程中随着信息技术的更新或者管理体制的改革，需要相应地增加投入成本。然而，由于各种因素和对信息技术重视程度的相互作用与影响，相当一部分博物馆的信息化建设运行效果往往不是很好，甚至大大增加了员工的工作量，使日常操作变得复杂不堪，员工产生消极甚至抵触情绪。在这样的情况下，博物馆信息化建设工作的执行效果会大打折扣，甚至会动摇管理层开展这项工作的信念，进而减少甚至取消相应的后续投入，导致信息化建设后继乏力。

前期的投入不足，也会直接导致信息系统的后期利用率低下，甚至就算勉强启用在使用过程中也由于前期设计局限，系统流程或逻辑方面出现问题，导致无人爱用，甚至无法使用的难堪局面发生。

（三）缺乏博物馆信息化建设的专业人才

当前，缺乏信息化建设的专业人才是各个博物馆的通病，这也是信息化建设领域的普遍现象。在这种情况下，许多博物馆都是通过购买社会化服务来进行自身的信息化建设，通过聘请行业内有关的信息化建设公司为博物馆提供建设方案，同时再聘请行业专家提出参考意见，几方会谈后确定最后的建设方案。在此期间内，博物馆主要需要做好与各个合作方的沟通工作，确保自己的建设目标最终能够得以顺利实施。

但是外聘人员存在着其致命的缺陷——对该博物馆的业务不熟悉，很难设身处地地为博物馆的工作流程设计出符合其自身发展需求的信息系统。在实际操作中，有些公司出于自身利益考虑，设法加大合同金额，片面追求大而全的信息系统，在客观上造成了功能浪费。还有一些公司设计理念不够先进，眼光不够长远，只建立起简单的系统功能，忽略了博物馆的长期发展需求，如果博物馆自身没有专业的信息化人才把关，到系统投入使用时才发现功能不完备，最终导致花大力气建设的系统，运行很短一段时间后就无法再继续使用，耽误了日常工作开展，同时更是对各项资源的极大浪费。

四　博物馆信息化项目规划

信息化是博物馆发展的大势所趋，只有主动迎合这种发展趋势才能在博物馆信息化进程中领先一步，才能进一步做好博物馆传承文化、服务社会的工作。针对北京民俗博物馆的实际情况，博物馆信息化建设可通过短期目标、中期目标和长期目标分三步来实现。

（一）短期目标——网上博物馆建设

博物馆信息化绝不仅仅是网上博物馆，但网上博物馆却是博物馆走向信息化的必经阶段和基本前提。一个好的网上博物馆，不仅仅能够形象生动地展示馆藏信息、传承历史文化，同时也能够引起更多的人对博物馆产生兴趣、吸引更多的人走进实体博物馆。不仅如此，一个好的网上博物馆也有利于提升博物馆的品牌，有利于体现博物馆的价值，从而促进博物馆的长远发展。

具体到北京民俗博物馆而言，目前最现实、最根本的是网上博物馆建设。尽管 2013 年，在上级主管部门的牵头下，北京民俗博物馆对官方网站进行了彻底改版，但也只是增加了在线 3D 实景游览、馆藏精品展示等功能。至于全部藏品展示、藏品文化传承、内网的办公自动化等远没有实现，因此，这次改版只能说是万里长征走出了第一步而已，民俗博物馆信息化建设任重道远，而最关键一环就是转变思想观念，认识到信息化博物馆存在的重要性和发展的必要性。这是因为，众所周知，北京民俗博物馆在全国重点文物保护单位东岳庙内，有了东岳庙做依托从来不缺少观众，众多来庙内请香祈福的香客也间接变成了博物馆的游客和观众，北京民俗博物馆在无意之中、在不需其他宣传途径的条件下就可以有一定知名度，因此对信息化的需求并不迫切。可以讲，东岳庙就是北京民俗博物馆的另一张名片，它一方面以自己特有的方式宣传了北京民俗博物馆，另一方面又在博物馆信息化建设中起了一定的消极作用。故而，长期以来，北京民俗博物馆虽有官方网站，但官方网站只是包含了发布资讯信息、介绍博物馆情况及服务指南等几个简单的板块，离信息化博物馆相去甚远。因此，北京民俗博物馆网上博物馆建设、信息化建设的一个重要前提就是转变观念，绝不能墨守成规、原地踏步，在信息化时代中落后于其他博物馆，可喜的是，网上博物馆建设于 2013 年终于开了一个头，虽然还不完善，但毕竟迈出了重要一步。

（二）中期目标——信息化人才队伍建设

21 世纪最大的竞争就是人才竞争，无论各行各业都需要人才，都重视人才队伍的建设。博物馆事业的发展和壮大同样需要一大批热爱文博事业的人才和精英，北京民俗博物馆也不例外。

北京民俗博物馆在编制允许的条件下，这两年招聘的工作人员都是本科学历以上，甚至引进了博士后和博士。这些高学历人才的引进大大提高了科研业务的能力，对馆藏文物研究、传统文化交流等工作有了明显提升。但很明显，这些高学历人才基本都是针对传统文化、馆藏文物研究而设定的岗位，而博物馆信息化相关的人才则屈指可数，信息化工作之烦琐、任务之重大不言而喻，因此只能通过购买外部公司服务来解决。但因外聘人员对博物馆业务生疏以及企业的营利性动机，往往不能达到最优效果。

因此，无论是通过引进信息化方面的技术人才还是自己培养相关的技术人才，都要争取建设一支热爱博物馆事业、熟悉博物馆工作流程的自己的人才队伍。队伍建设是中长期建设，是博物馆信息化发展的必经之路。

（三）长期目标——博物馆信息化

博物馆的信息化是博物馆发展的大趋势，无论是短期目标还是中期目标，都是为了最终的长期目标，即博物馆信息化。长期目标需要一个长期规划，这样博物馆的发展就不会因人而变、因人而废，在我国现有的体制下，确定好博物馆的长期规划，就能保证无论何时都会沿着信息化博物馆的道路前进。

当然，博物馆信息化就是一个全面的、一系列的整体性系统，这不仅仅需要博物馆自身的努力，更需要政策上的支持和资金保障，即做好顶层设计。北京民俗博物馆作为区级博物馆，不能与国家级、市级博物馆相比较，享受不了其所拥有的政策支持和资金保障，这也是众多区级、村级乃至私人博物馆所面临的共同问题。因此，在信息化道路上注定是任重道远，尽管如此，北京民俗博物馆依然要走信息化道路，只有如此才能发展得更好。

总之，北京民俗博物馆作为一个全额拨款的事业单位，作为一个依托全国重点文物保护单位的区级博物馆，信息化发展进程中利弊共存，既有成绩又有不足，既有进步又有现有体制下、政策下的限制，因此只能根据自身实际情况，分步骤、有层次地逐步推进信息化建设，从网上博物馆建起，在组织结构、人力资源和人才队伍方面不断改进，向信息化博物馆稳步迈进。

国家博物馆藏十二生肖陶俑研究

吕伟涛[*]

    1955 年 3 月 26 日，陕西省文管会第一文物清理工作组在西安市东郊韩森寨附近工地发现一座唐墓。该墓系一中型土洞墓，分墓道、甬道及墓室三个部分。经发掘，出土随葬品极为丰富，其中以一套表涂红绿彩绘、呈顺时针排列的十二生肖陶俑（见图 1）最为引人瞩目。

图 1　十二生肖陶俑

唐（618—907 年），高 36.5—42.5 厘米，1955 年陕西西安韩森寨出土。

    陶俑的造型为兽首人身，兽首分别为鼠、牛、虎、兔、龙、蛇、马、羊、猴、鸡、狗、猪十二生肖的形象。人身直立，身穿交领宽袖衣，长垂至足，两手笼袖拱于胸前。

---

* 吕伟涛，中国国家博物馆馆员。

十二生肖，即鼠、牛、虎、兔、龙、蛇、马、羊、猴、鸡、狗、猪12种动物与子、丑、寅、卯、辰、巳、午、未、申、酉、戌、亥十二地支相配，合而谓之子鼠、丑牛、寅虎、卯兔、辰龙、巳蛇、午马、未羊、申猴、酉鸡、戌狗、亥猪，是我国传统的纪时、纪月、纪年的方式。十二生肖自其起源之始便与农耕文明紧密相关，历经几千年的发展，沉淀了深厚的文化内涵，并且不断渗透到社会生活中的各个方面。作为随葬品的十二生肖俑就是其中较具特色的一种，是研究我国古代民俗风情的重要实物资料。

一　十二生肖的文化源流

事实上，十二生肖不只是一种单纯的传统纪时、纪月、纪年的习俗，更主要在于由此衍生、发展出许多同人生密切相关的民俗文化事象。考辨十二生肖的文化源流，亦即搞清这些文化事象的来龙去脉。

文献中最早涉及生肖动物与地支相配是在西周时期，《诗经·小雅·吉日》曰："吉日庚午，既差我马。"庚午马的对应，与今之生肖午马完全吻合。

生肖出现最早的实物资料，是1975年湖北云梦睡虎地11号墓和1986年甘肃天水放马滩1号墓发掘的简书，两批秦简均有关于十二生肖的记载，均记于《日书》中。

湖北云梦睡虎地秦简《日书·盗者》："子，鼠也。盗者兑口……丑，牛也。盗者大鼻……寅，虎也。盗者壮……卯，兔也。盗者大面……辰，盗者男子，青赤色……巳，蟲也。盗者长而黑……午，鹿也。盗者长颈……未，马也。盗者长须耳……申，环也。盗者圆面……酉，水也。盗者劓而黄色……戌，老羊也。盗者赤色……亥，豕也。盗者大鼻而票行……"其中"子，鼠也""丑，牛也""寅，虎也""卯，兔也"已与现今所传生肖相一致。又据考证，蟲即虫，《说文·虫部》段注"虫，一名蝮"，蝮是一种毒蛇，因此，巳与蛇相对应。环，读猨，猨即猿，与猴接近。"酉，水也"，"水"古读为雉，雉为山鸡，今酉鸡当属酉雉发展而来。《古今注》有记"狗一名黄羊"，据此推测"老羊"为狗也是有可能的。① 这样，睡虎地秦简所记录的子鼠、丑牛、寅虎、卯兔、巳蛇、申猴、酉鸡、戌狗、亥猪九种生肖，与今所传生肖相同。而"午，鹿也""未，马也"所配属与今有异。地支"辰"后无生肖所配，应是漏记兽名。

甘肃天水放马滩秦简《日书·亡盗》："子，鼠矣。以亡盗者中人取之……

---

① 王贵元：《十二生肖来源新考》，《学术研究》2008年第5期。

丑，牛矣。以亡其盗……寅，虎矣。以亡盗从东方入……卯，兔矣。以亡盗从东方入，复从出，藏野林草茅中，为人短面，出不得。辰，虫矣。以亡盗者，从东方入，有从出，取者藏溪谷内中，外人矣。其为人：长颈，小首，小目。女子为巫，男子为祝名。巳，鸡矣。……午，马矣。……未，羊。……申，猴矣。盗者从西方……酉，鸡矣。戌，犬。尔在贵薪蔡中……亥，豕矣。……”其中，“巳鸡”与“酉鸡”相重，疑为“巳蛇”之误。这一组生肖，比睡虎地秦简所记更接近流传至今的十二属相。

上述秦简中的十二生肖虽然与今传生肖不尽相同，却已基本完整。由此可见，十二生肖的配属在先秦时期已基本成型了。而这两处秦简发现地一南一北，相距甚远，说明当时十二生肖已广为流传。

现存传世文献中最早系统记载十二生肖的是东汉王充《论衡》，《论衡·物势》曰：“寅，木也，其禽虎也；戌，土也，其禽犬也；丑、未亦土也，丑禽牛，未禽羊也。木胜土，故犬与牛羊为虎所服也。亥，水也，其禽豕也；巳，火也，其禽蛇也；子亦水也，其禽鼠也；午亦火也，其禽马也。水胜火，故豕食蛇；火为水所害，故马食鼠屎而腹胀。曰：审如论者之言，含血之虫，亦有不相胜之效。午，马也，子，鼠也，酉，鸡也，卯，兔也；水胜火，鼠何不逐马？金胜木，鸡何不啄兔？亥，豕也，未，羊也，丑，牛也；土胜水，牛羊何不杀豕？巳，蛇也，申，猴也；火胜金，蛇何不食猕猴？猕猴者，畏鼠也，啮猕猴者，犬也。鼠，水也，猕猴，金也；水不胜金，猕猴何故畏鼠也？戌，土也，申，猴也；土不胜金，猕猴何故畏犬？”这段记述中独缺地支“辰”，但在同书《言毒》篇有载：“辰为龙，巳为蛇，辰巳之位在东南。”十二动物及与十二地支的相配关系，已经和后代的十二生肖基本相同。

另外，东汉蔡邕的《月令问答》也有十二生肖记载，只是不全，其文曰：“凡十二辰之禽，五时所食者，必家人所畜。丑牛、未羊、戌犬、酉鸡、亥豕而已，其余龙、虎以下，非食也。……寅虎非可食者……冬水王，水胜火，当食马，而礼不以马为牲，故以其类而食豕也。”

晋代葛洪《抱朴子内篇·登涉》中有言：“山中寅日，有自称虞吏者，虎也。……卯日称丈人者，兔也。……辰日称雨师者，龙也。……巳日称寡人者，社中蛇也。”十二生肖动物被用于纪日，且被赋予人格化的形象。

南梁沈炯曾作《十二属诗》：“鼠迹生尘案，牛羊暮下来，虎啸坐空谷，兔月向窗开，龙隰远青翠，蛇柳近徘徊。马兰方远摘，羊负始春栽。猴栗羞芳果，鸡跖引清杯，狗其怀物外，猪蠡窅悠哉。”自此，始有“十二属”的称谓。南齐永元年间，有一则用人的属相来讽刺政局的童谣：“野猪虽嗷嗷，马子空间梁。

民俗文物研究

不知龙与虎，饮食江南墟。"当时的识者解释道："东昏侯属猪，崔慧景属马……梁王属龙，萧颖胄属虎。"北周权臣宇文护的母亲托人给他传书："昔在武川镇生汝兄弟，大者属鼠，次者属兔，汝身属蛇。"说明在南北朝时，用生肖指代人的出生年已经很普遍。①

十二生肖从起源到最后完善，应该历经较为漫长的时间。生肖文化是民俗文化的重要组成部分，在人们的日常生活中处处都可见其踪迹。而作为随葬明器的十二生肖俑，一般为陶瓷制品，亦有少数为石制或金属质，常见于隋、唐、五代及宋墓之中，具有鲜明的中国民俗文化特色，是一种古老的民俗文化事象。

二　十二生肖俑的演变

十二生肖俑，亦称十二支神俑。古代人们拿十二生肖与人的命格相结合，并将其神化为生肖俑，在墓葬中按一定方位排列。因其有镇墓辟邪、保护墓主亡灵平安之说，所以被广泛用于陪葬。

根据前面的论述，我们知道十二生肖的起源应不晚于西周时期，到汉代时已形成了完整的十二生肖配属。而考古发现的众多汉墓中，都出土有大量的鸡、狗、猪等动物俑。目前学术界多认为它们是家庭圈养的家禽、家畜，是墓主人生前生活方式的一种反映。至于其中是否有表示十二生肖意义的动物俑存在，尚需进一步的论证或考古新材料的证实。

从现有考古资料看，十二生肖俑最早作为随葬品出现在墓葬中应是南北朝时期。山东临淄北魏崔氏墓葬群中的 10 号墓出土有十二生肖俑，为陶质，形象较为写实。此时，生肖俑以独立的动物形象被置于相配套的龛台中。因该墓在早期遭到严重破坏，仅发现有虎、蛇、马、猴、犬及生肖已失的龛台一件，这是有关十二生肖俑年代最早的实例。

从隋代至初唐时期，十二生肖俑的常见形象已演变为坐姿的兽首人身像。如湖南湘阴隋大业六年（610 年）墓两壁的十二个小龛中，出土了一套兽首人身生肖俑，着右衽大袖长袍，双手置于腹前，盘坐。武汉东湖岳家嘴隋大业年间墓葬出土的十二生肖俑，兽首人身，宽衣博带，拱手盘膝而坐。四川万县唐永徽五年（654 年）墓出土的十二生肖俑，兽首人身，跪坐于底板上，身穿方领宽袖袍，两手持圭拱于腹前。长沙黄土岭初唐墓出土的十二生肖俑，兽首人身，身穿宽边披胸服，大袖，两手向胸前做拱礼状，两膝就地盘坐。这一时期，

---

① 卢昉：《隋至初唐南方墓葬中的生肖俑》，《南方文物》2006 年第 1 期。

出土有同类十二生肖俑的墓葬还有湖南长沙牛角塘唐墓等。可见，此时期墓葬中随葬十二生肖俑的现象多出现在两湖、四川等南方地区。

大致在唐高宗、武周时期，两湖地区已出现站立的兽首人身，着宽袖大袍的十二生肖俑，并逐渐取代了坐姿俑。而在北方地区，一直到了盛唐时期，在墓葬中随葬生肖俑才为常见，但已不见坐姿俑了，大多数为拱手站立的兽首人身文官俑。河南偃师唐开元二十六年（738年）李景由墓出土的十二生肖铁俑，形制与陶俑相仿，兽首人身，着宽袖长袍，双手拱于胸前站立，无底座，是俑类中较少见的。陕西西安唐开元二十八年（740年）杨思勖墓、天宝三年（744年）史思礼墓以及本文所论述的天宝四年（745年）韩森寨墓中都出土有十二生肖俑，也均为兽首人身，着交领宽袖大袍，立于圆形台座之上。

五代十国时期，承袭唐代，在墓葬中仍然常发现有随葬十二生肖俑的现象。

到了宋代，由于当时很多偶人明器皆用纸扎糊的原因，北方宋墓一反唐代用大量陶俑等明器随葬的习俗，仅有少数碗、罐之类。但此时的四川、闽赣等地区的宋墓，其随葬器仍以陶俑为主。而十二生肖俑作为随葬品，在这些地区的宋墓中仍为常见。此时期十二生肖俑多以人像为主，动物像退居次要地位，仅以较小的形象点缀于人像身体的不同位置，并且生肖动物所处的位置也存在着一定的演变规律，随年代的推移而不断地下移。最初，动物像塑于人像的头冠上或幞头之上，各生肖俑的区别主要在于头冠或幞头上所塑生肖动物形象的不同，如四川威远县永利村宋墓、福建连江宋墓等。之后，生肖俑常表现为文官俑双手捧不同生肖动物于胸前，如四川蒲江北宋宋遂墓、四川蒲江北宋魏忻、魏大升墓、江西进贤县宋墓等。这两类表现形式的生肖俑，其出土墓葬的相对年代都在北宋时期。

当然，在少量的隋唐墓葬中也发现有将生肖动物塑于人像头部或持于胸前的情况。但值得我们认真区别的是，隋唐时期的生肖动物个体较大，地位明显突出，而北宋时期的生肖动物形象个体较小，仅以点缀、附属的方式起到画龙点睛的作用。

宋代生肖俑发展的第三个阶段，是以生肖动物直接塑于文官俑的器座一侧。如四川遂宁的宋宜人墓曾出土有残存的六座生肖俑，十二生肖动物中的马、牛、羊、龙等动物俑分别塑于不同的文官俑的器座右侧。这座墓葬还出土有较多的三彩人物俑和生活用具等，出土器物的器型、釉色等与四川地区南宋时期器物的风格都极为相似，此墓葬的年代应为南宋时期。到了南宋晚期，生肖动物的形象逐渐消失，仅是在文官俑器座部位书写"子""丑""亥"等十二地支字样来表现十二生肖，如江西临川发现的宋墓就存在这种现象。

南宋以后，尽管有些地区的元墓、明墓仍承袭宋墓的葬俗而随葬陶俑，但十二生肖俑作为随葬品在墓葬中出土的现象就极为少见了。

综上所述，作为墓葬随葬品的十二生肖俑自南北朝开始至宋末逐渐消失，其演变规律相当清晰。即从南北朝时期独立的生肖动物形态，到隋、初唐时期的兽首人身坐姿俑，再至盛唐时期的兽首人身站姿俑，到北宋时期演变成生肖动物点缀于人像不同位置的文官俑，终至南宋以后生肖俑消失。众多的考古资料显示，在隋至唐初时期，十二生肖俑大量在南方的墓葬中作为随葬品出土，而在北方直至盛唐时期，十二生肖俑才在墓葬中多见。它表明了在墓葬中随葬十二生肖俑应是南方地区一种固有的葬俗，而后才传播至北方地区。这也充分说明了当时我国各地区、各民族之间互通有无、相互影响的高度融合关系。①

总之，作为传递农耕文明的一种载体，十二生肖经历几千年历史的积淀，是中华民族宝贵的文化遗产，承载着先人们无穷的智慧和美好的愿望。

三　生肖文化与农耕文明

十二生肖系统是中国古代农耕先民在长期生产生活中总结得出的，是农耕文明多元文化的聚焦点。它至少具有动物图腾崇拜、五行学说影响、堪舆思想浸染的印记。

（一）动物图腾崇拜

不可否认，农耕先民对于动物图腾的崇拜势必会影响对于十二生肖的确定，两者之间也必然有某种难以割舍的联系。

早在农耕文明初期，人们为了对不同的氏族进行更好的区分，将某种动物作为本氏族的标志，并进行崇拜祭祀，图腾便应运而生。首先作为图腾来崇拜的是人们惧怕的虎、蛇以及想象中的龙等动物。龙是鹿、驼、兔、蛇、蜃、鱼、鹰、虎、牛这九种动物的组合体，是十二生肖中唯一一种虚拟动物，是远古时期人们理想化、神秘化的产物。② 在农耕文明里，人们认为龙可以行云布雨，故将其供奉为神。

随着人们开始定居，诸如马、牛、羊、鸡、狗、猪、兔等用来营生的动物对人们生活的影响越来越大，因此人们把这些动物选入了图腾。马、牛、羊、鸡、狗、猪是人们常说的"六畜"，在人们的日常生活中较为常见，是非常重要的生产生活资料。人们一方面依赖于它们，另一方面由于认识能力的有限，对

---

① 张丽华：《十二生肖的起源及墓葬中的十二生肖俑》，《四川文物》2003 年第 5 期。
② 李树辉：《十二生肖的起源及其流变》，《喀什师范学院学报》1999 年第 1 期。

它们也形成了一定程度的崇拜。以猪为例，商代就有玉猪出土，而且在此前的墓葬中常发现有猪的遗迹，这一时期的猪是财富的象征，对农耕先民的生活来说也是必不可少的，因此它进入生肖也是毋庸置疑的。

人类产生动物崇拜的原因颇为复杂，不同的民族因所处人文地理环境的制约而形成各自的崇拜对象。即或是同一种动物，在不同民族的信仰中，亦会存在不同的认识、寓意和情感。但是，所有动物崇拜均有其特定的功利性意识，绝非无缘无故的崇奉。如"牛马年，好种田"，是农耕社会中一则流传甚广的农谚，意思是说牛年和马年，风调雨顺，稼穑可获丰收。此说的缘由，显然在于牛、马自古以来就是农事生产活动中耕耘、运载的主要畜力工具，是关系春种秋收成败的重大要素。"牛马年，好种田"无疑是农耕文明动物图腾崇拜的遗风，同时也反映了农耕民族渴盼丰收的切实心境，毕竟是"民以食为天"。

生肖文化反映了古代人们对动物的崇拜，是农耕先民寻求人类与自然界关系的一个契合点。而十二生肖俑作为一种文化现象，其赖以产生的最本源要素之一，就是源自农耕文明的动物图腾崇拜，当是人们在顺应自身生存的天地自然环境的理解与认知，包括蒙昧时期的揣度、歪曲性理解与迷信。

（二）五行学说影响

动物图腾崇拜，仅仅是生肖文化给予我们比较直观的印象。事实上，它还明确反映着五行学说的影响。如前文提到东汉王充的《论衡》中有关十二生肖的记载，就具有五行学说的深刻印记。

十二生肖是由12种动物组成，每一种动物分别与十二地支相对应。将生肖动物与我国古老而独特的十二地支相结合，是受当时社会文化条件的影响，普通百姓的文化程度不高，难以用"地支"来记住所生年份，这就促成了人们用熟知的12种动物与十二地支相配来纪年。这种方法通俗易懂，简单方便，以至于流传至今，广为人们所用。

表面上看，十二生肖只是古人为了便于纪年，或者说是为了便于记住自己出生年份而构想出来的12种对应动物。然而，从其深层含义剖析，远非如此简单，其中神秘化意味及其所包含的天人感应倾向也是相当明显的。干支纪年的产生与流传，本来显示出的是古人对时间观念，如日月运行、昼夜消长等认识的程度逐步深化的过程，但却偏要附上与时间概念本不相干的十二生肖，使时间硬配上具体形象的与人们的生产生活密切相关的12种动物。[①] 实际上，这应该蕴含着某种特定的意义。

---

① 吴燕武：《中古时期十二生肖形相转变原因探析》，《美术学报》2015年第2期。

此特定意义，在于古人当时是运用了阴阳五行学说所包含的"天人同类"的思维方式，把 12 种动物与人的出生年份对应在一起，时间被赋予了与人相类似的灵性。按古人思维的逻辑，如果把动物与人相对应，而人又与天象是相感应的，那么，十二生肖与代表时间之一的干支纪年也就可以互相感应了。这种以"人"作为中介，使天象与动物间可以产生沟通或感应的神秘感的逻辑思维，与阴阳五行学说的神秘化倾向是没有本质区别的。要说有区别的话，那也只是范畴的大小方面——阴阳五行学说代表的是古人总体思维定式，而人形生肖俑现象反映的则是这种总体思维定式在某一特定领域的具体折射。也就是说，尽管十二生肖的起源与阴阳五行观念的起源一样，具有原始思维特征，但十二生肖自始至终只是属于一种原始宗教信仰的延伸形式，而阴阳五行学说则是从原始崇拜这一基础上发展起来的哲学思维原则和哲学体系。

概言之，十二生肖的哲学基础则是阴阳五行学说，它能够在中华民族农耕文明中得以正式确立并流传至今的内在动因，就是受到了来自于阴阳五行学说的多层次、多角度的深刻影响。

（三）堪舆思想浸染

堪舆即古代的"风水"之术，是农耕先民在长期生产与生活实践中所形成和发展起来的人居环境学。堪舆之术在汉时已有，晋以后此风大兴。到了唐代，堪舆术不仅参与墓地的选择和墓区地面建筑的规划，而且还要顾及葬式和随葬明器的安置。

因为对堪舆思想的深信不疑，唐人对墓葬的营造和随葬明器的配置尤为重视，于是丧葬渐趋功利化。再加上唐朝时期经济繁荣、社会安定、人民生活富足，厚葬明器的现象自然不能避免。人们希望通过随葬明器，既能够保护墓葬，使死者灵魂得到安慰，同时也能够保佑子孙后代平安多福、升官发财。正是由于随葬明器寄托了人们的这种美好的希望，所以才导致了唐朝墓葬中十二生肖俑的大量出现。

堪舆术虽然脱胎于古代朴素的鬼神思想，但却使其更加复杂化、系统化，因为它更加强调现实生活中的人与阴间世界鬼怪之间的交互影响。各类随葬俑的制作与放置，都是古人信仰世界的物化反映。因此，有学者认为堪舆思想对于随葬俑的影响，实际上是一种无形的制约力量。按照堪舆思想制作和放置的随葬俑，在反映死者阴间需求的同时，还要照顾到对阳间吉祥的扶正，对于邪恶、凶煞的破除。

面对阴间世界的复杂性，古人一方面力图求得吉利，得到神灵的庇护，使死者灵魂得以早升天界。另一方面，也要对地下的鬼怪加以镇压驱除，所以在墓葬中才会出现"压胜""辟邪"的内容。以往的学者们多认为墓葬中的十二生肖俑主要用于"压胜""辟邪",这种看法原则上没有问题。但是考虑到墓葬中已经普遍设置有"压胜""辟邪"的镇墓兽和镇墓俑,成系列存在的十二生肖俑应该具有更为专门的作用。

大多数的情况下,墓葬中出土的十二生肖俑均按照顺时针方向排列,并往往和四神图案一起出现,共同构成了墓葬中的"四神十二时"。此举虽有装饰作用,但更重要的还是表示方位和记载岁月,体现了时空循环往复之意。四神图案表示"四方之神",目的是"以正四方"。但与四神相比,十二生肖表示的方位更加精确,它在四个大方位的前提下又细分为十二个小方向,每个生肖都是一方标志。这样,时间上的"十二生肖"与空间上的"四方之神"紧密结合,构成了一道全方位、立体式的防护系统,以确保墓葬的安全,使死者的地下生活能永远安宁、祥和。①

---

① 刘天琪:《略论隋唐十二生肖墓志的起源与装饰风格》,《美苑》2009 年第 2 期。

北京民俗博物馆馆藏招幌文物中的商业道德

关　皓[*]

一　引言

旧时中国商人追求商业利益的同时寻求义与利的平衡关系，构成了具有中国传统特色的商业道德以及和气生财的传统礼仪。在商品交易的过程中，通过招幌、市声进行店铺和商品的宣传，它们作为载体也反映出"诚""信"为本的传统商业道德准则，义利并重、货真价实、守序量足的自律操行以及以和为贵的经营态度。这种正确的经营导向、积极向上的经营理念，时至今日仍得到社会的广泛认同。

在原始社会末期，中国古代商品交换活动已日趋成熟。传统商业经营方式主要是市商、坐商、游商三种交易方式。这三种经营都离不开经营者对其商品进行介绍推广来达到售卖目的。招幌和市声即是完成经营活动中店铺宣传、商品推销的重要手段。

招幌是"招牌"和"幌子"的复合式通称，是工商及其他诸行业向社会宣传其经营内容、特点以及档次等信息以招徕生意的标识性广告方式，是一种特定的行业经营标志和信誉标志，也是一种视觉传播的传统广告民俗和民俗语言艺术。①

---

* 关皓，北京民俗博物馆馆员。
① 李龙吟主审：《老北京商业民俗文物》，世界图书出版公司 2007 年 2 月版。

幌，是传统的店铺标记，原指用布帛做成的帘幕帷幔。招牌是商店摆设在门前作为标志的牌子，最初是无字的布帘，以后增加有题写名号，后来用木牌代替，大多是题写店铺的名称字号，是店铺的标记。① 唐代把招牌作为一种行市管理手段。唐代后期，开始打破市坊制。宋代市坊制度完全被废除，店铺可以随处设立，布局和装饰也不再整齐划一，于是招牌广告得以大量出现。② 传统民间商业招幌经过漫长的历史发展，由原来简单标记为主旨逐渐演变，体现在变得更加精美，商品类别介绍、服务项目、经营理念等方面更为准确、专业。商人们不仅创造出三百六十行行行有特定的招幌，还将中国商人传统商业道德准则、从业情操、经营理念镌刻在招幌这一广告形式上。

除了招幌，在街头市井行业中，游商走贩的行商为招徕顾客，还会通过市声来传达所售卖商品的信息。市声包括吆喝和特定的响器传声两种形式。响器可以减轻嗓音疲劳，解决声音传出的局限性。另外由于某些特殊行业，比如卖掸子的、修脚的、缂鞋的、劁猪的、锔碗的、行医的、剃头的和粘扇子等，民间俗称"八不语"，这些行业不便采用开口叫卖的方式，比如卖掸子的，如果大声吆喝"好大的掸子"，修脚的喊道"修脚啦、修脚啦"，等等，这些吆喝非常不礼貌，因此用响器代替吆喝，让人一听到特定的声音就知道是哪种小贩来了。这种形式本身就体现出中国传统道德中以人为本、人与人彼此尊重体恤、内敛含蓄的商业道德。

作为专题类的北京民俗博物馆，商业民俗文化研究是一项重要内容。博物馆现藏招幌、商业响器文物百余件，地域范围以北京为中心向外扩展到华北地区，主要是明清以来、民国时期为主的招幌、商业响器。内容包等多种行业，其材质有纺织品、木质、金属等，按形制分为实物招幌、模型幌、象征招幌、特殊招幌、文字招幌、响器等。本文通过对具有代表性的招幌、响器等馆藏文物的分析，从中简析其体现出的传统商业道德。

二　北京民俗博物馆馆藏商业招幌简述

商贸习俗及其精神价值是非物质文化遗产的重要内容。研究北京商业民俗对于当今社会商业的经营理念、从业人员的道德规范、人与人之间的关系以及社会的和谐发展具有积极的现实意义。

北京民俗博物馆在北京及周边地区广泛开展了老北京商业民俗文物征集工

① 范玮：《老北京的招幌》，文物出版社 2004 年 12 月版。
② 杨海军：《中国古代商业广告史》，河南大学出版社 2008 年 4 月版。

作，所到之处有旧货市场、古玩城、艺术品市场以及文物商贩聚集的宾馆等处。运用电视、报纸、新闻等宣传媒体、发动民间收藏家捐献、联系古玩商提供文物线索等各种方式进行征集。

针对传统商业老字号、商业用具、包装广告、行业信仰、坐商招幌、游商响器等方面，北京民俗博物馆征集、搜集了大量资料，抢救了几百件商业民俗文物。其中，征集的招幌、响器形制齐全，材质多样，内容丰富。

从形制上博物馆征集的招幌可以归纳出实物招幌、模型招幌、象征招幌、特殊商业招幌、文字招幌、商业响器等几大类。

实物招幌是指将店铺经营的实物或样品直接悬挂展示出来。典型的当属2004年征集的龙头大铜壶（见图1），是卖茶汤的烧水工具，也是这个行业的标志。

模型招幌是在实物招幌的基础上衍生而来，将不方便当招幌展示的物品，按比例放大、用适当的材质制成模型招幌。这种做法解决了体量过小、易变质、不便保存等局限性。博物馆征集到多种行业的模型招幌，如火镰铺、钱铺、药铺、香蜡铺、糕点铺、乐器铺、钟表铺、梳篦铺等。比如梳篦铺的招幌，是悬挂一对木制大梳篦为记（见图2）。

图1　龙头大铜壶

年代：民国　尺寸：90 厘米 ×70 厘米（北京民俗博物馆馆藏）

图2　梳篦铺招幌

年代：民国　尺寸：30 厘米 ×25 厘米（北京民俗博物馆馆藏）

象征招幌是模型招幌的转变和延伸，是将商品特征形象化，或具有隐喻性质的招幌。馆藏品中的面粉铺招幌（见图3）充分利用了这一手法，在招牌两面分别镌刻"赛雪""欺霜"两个词，用"霜"和"雪"共同的特性"白"来指代面粉并宣传所售面粉质量上乘。

特殊商业招幌是指一些辅助性的招幌，比如开业之际用于衬托喜庆场面，诉求店铺生意兴旺的招幌，还有用于提醒或商品介绍的辅助招幌。馆藏招幌有福源昌记开市大吉挂牌（见图4）、鸿禧挂牌、免开尊口辅助招牌等都属于特殊商业招幌。

图3　面粉铺的招幌
年代：清代　尺寸：49 厘米 ×
24 厘米（北京民俗博物馆馆藏）

图4　福源昌记匾
年代：民国　尺寸：41 厘米 ×32 厘米（北京民俗博物馆馆藏）

文字招幌是指标明店铺字号、商品名称、店铺地址、店铺理念等信息的招牌，这些信息可以单独成匾，也可以组合出现。北京民俗博物馆征集了大量这类的招幌，单纯字号的有全聚德、六必居、祥兴永号（见图5）等店铺招幌；字号和图案相配的有荣茂祥鞋铺招幌、京广杂货铺招幌、全顺公鞋铺（见图6）等；字号和内容相组合的有长盛纺织局、魁盛泰白布庄、兴隆丝行招幌（见图7）等。

祥兴永号招幌（见图5），双面仅刻字号，没有其他信息，简单明了。

全顺公鞋铺（见图6），双面对称用靴子和狮子滚绣球的图案，在当时文化水平较低，对许多不识字的人来说是非常直观的一种方式。

兴隆丝行招幌（见图7），有店铺字号"兴隆"二字，还刻有"丝"字，用文字的方式告知顾客本店字号"兴隆"，以经营丝绸为主。

游商走贩的行商，为了招徕顾客用"市声"来传达所售卖商品的信息，即用大声吆喝或用器物传声的方式，所用器物被称为"响器"。北京民俗博物馆征集到很多在目前已经很少使用，甚至消失的响器。有卖杂货的货郎鼓（见图8）、卖火炭的大镲、卖糖的铜锣、卖油的梆子、磨剪子磨刀的震惊闰、郎中药贩用的串铃、夏天卖冷饮冬天卖干果糖葫芦的冰盏（见图9）等。

图 5　祥兴永号招幌

年代：清代　尺寸：112 厘米 ×

27 厘米（北京民俗博物馆馆藏）

图 6　全顺公鞋铺

年代：清代　尺寸：211 厘米 ×

32.3 厘米（北京民俗博物馆馆藏）

图 7　兴隆丝行招幌

年代：清代　尺寸：134 厘米 ×27.5 厘

米（北京民俗博物馆馆藏）

图 8　货郎鼓

年代：清代　尺寸：51 厘米 ×15 厘

米（北京民俗博物馆馆藏）

图 9　冰盏

年代：民国　尺寸：直径 9.8 厘米（北京民俗博物馆馆藏）

三　商业招幌中的传统道德

（一）义利并重、诚信为本的经营理念

在北京民俗博物馆馆藏招幌类藏品中体现出义利并重、诚信为本的招幌最具代表性的，也是最负盛名的是全聚德牌匾（见图 10）。此匾为木质描金，在匾的下方有两方钤印，分别为阴文"云谷"，阳文"钱子龙印"。

图 10　全聚德牌匾

年代：清代　尺寸：160 厘米 ×75 厘米（北京民俗博物馆馆藏）

全聚德其名称来历正是对"全而无缺、聚而无散、仁德至上"的精辟诠释。相传全聚德的创始人杨全仁起初是前门外做生鸭鸡买卖的小商贩，经过勤奋努

力买下濒临倒闭的干果店"德聚全"。一位风水先生建议他将"德聚全"三字倒过来改为"全聚德"。杨全仁认为"全聚德"中有自己名字的"全"字，"聚德"则解释为聚拢德行，这是经商必要的品德，因此他请来颇有造诣的秀才钱子龙为其题写"全聚德"的牌匾。①

图11　同义生染坊牌匾
年代：民国　尺寸：
117.5 厘米 × 23.8 厘米
（北京民俗博物馆馆藏）

另外还有同义生染坊牌匾（见图11）、益义堂川广药材发行牌匾、德华堂招牌、义聚祥记招牌、永盛义当铺等藏品招幌，这几家店铺选用"德""义"命名，也是对传统商业道德义利并重的推崇。

比如"同义生"染坊牌匾用"义"字直观表述出在经营过程中重视公正合宜、讲究道义的理念。

每逢开店之前，商人要对店铺名号反复斟酌，商户视名号为财富和精神的象征，要请当地有名的文人题字，甚至花费重金描金雕花制作牌匾。所制招幌不仅要标有自家名号，同时盼望生意吉利兴隆、追求仁义道德、诚实守信的经营理念也必须体现出来。如清人总结的字号七律诗《字号诗》："顺裕兴隆瑞永昌，元亨万利复本祥。泰和茂盛同乾德，谦吉公仁协鼎光。聚益中通全信义，久恒大美庆安康。新春正合生成广，润发洪源厚福长。"充分展现出传统文化中有关求福诉愿、道德标准、情操持守等丰富内涵。很多店铺从题名开始就郑重地将"德、义、信"等字列入字号中，是对从业道德准则要求的直接表达，也是随时对自家经商行为保持警醒的一种方式。

"中国传统的商业经营哲学史与义利关系密切相关的。把握好'义'和'利'合理的度，是成功经营的关键。"②儒家创始人孔子提出"义者宜也"，指出人的行为必须有"义"的合理性。"仁义礼智信"的儒家思想在中国社会历朝历代、各个阶层都具有指导作用，它也渗透到传统商业道德规范中，对传统商业道德的构架有着至关重要的影响。③

①　王永斌：《北京的商业街和老字号》，北京燕山出版社 2002 年 9 月版。
②　康健、李高峰：《中华风俗史》，京华出版社 2001 年 10 月版。
③　马永庆、赵卫东、郭永军、谢桂山：《中国传统道德概论》，山东大学出版社 2006 年 11 月版。

（二）价实货真、量足守序的自律操行

除了信义的最基本要求，价实、货真、量足、守序这几方面内容也是商业道德的重要准则。馆藏招幌中很多都反映出这些特点。

馆藏王麻子刀剪老铺牌匾（见图12）。相传王麻子刀剪老铺，始创于清顺治八年（1651年），创始人是一位山西人王氏，因脸上有许多麻子被人们称为"王麻子"。清初他在北京宣武门外经营火镰、剪刀等日用杂品，并没有制作剪刀的业务，经营方式为收购剪刀然后卖出。"王麻子"做事认真，收购时为严格把握质量，坚持"三看两试"，即看外观、刀刃、剪轴，试剪刀、试手感，因此赢得很高的信誉。1816年，他的后人在北京宣外大街135号挂出"三代王麻子"的招牌，开始自设炉火加工剪刀，并秉承严谨、认真的生产态度，成为当地品牌产品。王麻子剪刀的畅销使得许多同行纷纷效仿，也打出类似"王麻子"的名号，如"汪麻子""真正王麻子"等。不仅效仿其名，也同样追求质量优良。北京旧时有广为流传的竹枝词："纷纷刀剪铺如麻，认取招牌有数家。外客欲将真货选，不知谁是老王麻。"① 说的就是王麻子刀剪老铺。1954年为恢复和发展王麻子名牌产品，北京市政府将他们联合起来一致使用"王麻子"商标，统一管理、生产、销售。1959年北京王麻子剪刀厂正式成立。② 王麻子刀剪老铺牌匾标明王麻子之名，还特地加一个"老"字，以强调自己拥有老资格和真实的正统性，正是对自己的货品质量有充足信心的体现。

图12　王麻子刀剪老铺牌匾
年代：清代　尺寸：215.5厘米×42厘米（北京民俗博物馆馆藏）

有很多招牌上会注明店主的姓氏、籍贯、地址等信息，一方面告诉顾客精确的店铺位置，方便顾客常来常往成为回头客；另一方面，对售后商品若有质量或其他相关问题，为顾客提供维修或退换货的服务保障。

馆藏"浚川源"布质招幌（见图13），一边题有"大清道光五年"，标志出

---

①　张建安：《老字号才智传奇》，百苑文艺出版社2005年1月版。
②　王永斌：《北京的商业街和老字号》，北京燕山出版社2002年9月版。

民俗文物研究

浚川源最初创立的时间；另一边详细题写"前门外西珠市口"的店铺地址，既有自家经营年代久远的自豪，也告知顾客店铺的具体方位，使得店铺的信誉得以提高。

图 13　浚川源布质招幌

年代：清代　尺寸：163 厘米×48 厘米（北京民俗博物馆馆藏）

馆藏京都同昌号火镰招幌（见图 14），除了"同昌号"字号，两侧分别对称地雕刻出"青铜火镰""管保来回"和"货真价实""发行不惧（误）"的文字，告知前来的顾客，本店经营的火镰材质为"青铜"，并有"不误，货真"的服务承诺。店铺将这些语句展现在招幌上是一种广而告之的宣传，也是对自己经营行为的约束和提醒。

图 14　京都同昌号火镰招幌

年代：清代　尺寸：52 厘米×30 厘米（北京民俗博物馆馆藏）

馆藏"钱庄免开尊口"招牌（见图 15）是提醒式的辅助牌匾，清楚地题写"浮借银钱对号担保，诸亲贵友免开尊口"的字句。礼貌客气、简约精练的文字表明经营方式并原则性地避免了因亲疏远近关系所引起的不必要麻烦。正所谓"家有家法，铺有铺规"，这种方式直接地维护正常的交易秩序。

图 15 　"钱庄免开尊口"招牌
年代：清代 　尺寸：79 厘米 ×
22.5 厘米（北京民俗博物馆馆藏）

图 16 　京都万和楼经营首饰老店招牌
年代：民国 　尺寸：150 厘米 ×
25.5 厘米（北京民俗博物馆馆藏）

（三）和气生财的人本观

在人际交往过程中，中国传统道德最基本的核心精神是"和"，即讲究人际关系的和谐、统一，重视人、尊重人、关心人成为人际交往的态度。这种以和为本的道德理念辐射到社会各个领域，形成许多规范性的礼节，应用在实际生活的每个方面，在传统商业中也多有体现。商人们不仅在买卖行为上讲究以和为贵，也通过招幌、代声等宣传方式增进与顾客的感情，赢得顾客的信任和喜爱，并博得同行的尊重。

馆藏京都万和楼经营首饰老店招牌（见图 16）、万顺和药店招牌、合泰祥号招牌、货郎担子（见图 17）等都通过文字诉求着商人追求"和合"之意。

京都万和楼经营首饰老店招牌（见图 16），用一个"和"字，既有表达了期待生意顺利、和和美美，也有与人和睦相处的愿望。

馆藏货郎担子（见图 17），是做日用杂品生意的游商所用，一个箱体上写"黄金万两"，另一个写"和气生财"，合体字的"黄金万两"祈求财运美好，"和气生财"是指待人和气才能使得生意顺利，是商家在赚钱的同时不忘以人为本的商业理念。

馆藏中秋月饼招幌（见图 18）、药铺招幌（见图 19）、香蜡铺招幌（见图20）都采用了表现阴阳相合的太极图案来装饰，表达了商人追求和谐、和美、和睦的思想。

图 17　货郎担子

年代：民国　尺寸：51 厘米×21.7 厘米×61.6 厘米（北京民俗博物馆馆藏）

图 18　中秋月饼招幌

年代：清代　尺寸：45 厘米×34 厘米（北京民俗博物馆馆藏）

图 19　药铺招幌

时代：清代　尺寸：90 厘米 × 40
厘米（北京民俗博物馆馆藏）

图 20　香蜡铺招幌

年代：清代　尺寸：65 厘米 × 60
厘米（北京民俗博物馆馆藏）

北京民俗博物馆在数十年的文物征集中，征集了多件商业响器，有"唤头"、冰盏、梆子、货郎鼓、药铃等。响器代替吆喝声，声音比吆喝更清脆响亮，还能解决用嗓疲劳问题。针对某些特殊行业，或因传统习惯和人们的伦理价值观的影响，以及民间禁忌、不便于开口的行业，商人们便采用响器做代声。响器的使用同样可以证明商人以人为本、尊重人、体谅他人的商业道德。

　　过去剃头匠走街串巷时担一副剃头挑子，手里还持一副名为"唤头"的响器（见图21）。唤头为铁质，由一个大镊子和一根铁棒组成，镊子原是理发时拔出须发所用的用具，将其放大的制作成唤头的一个组件，铁棒从大镊子中间穿过就发出"嘤嘤"的声音，理发这个行业无论是用"理发"，还是"剃头"做市声都很难令人接受，改用"唤头"嘤嘤的声音就把这个无法张口叫卖的问题解决了。

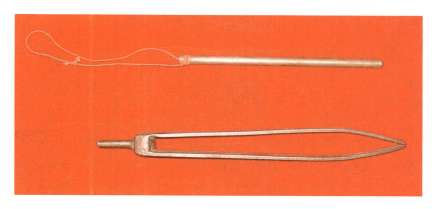

图 21　唤头

年代：清代　尺寸：26 厘米 ×7 厘米（北京民俗博物馆馆藏）

　　同样，过去俗称的"震惊闺"（见图22），即磨剪子磨刀的响器。这是货郎通过"当啷当啷"的响声，把需要磨剪子磨刀的、深居闺中大门不出二门不迈的女子招呼出来，这种方式是对妇女的一种尊重。

　　馆藏药铃（见图23）又称"虎撑子"，是行医或药贩使用的响器。在行医过程中，如果大声吆喝病人出来看病是非常不妥的一件事情，但虎撑子"零零"的铃声一响，此种尴尬便随之化解了，它是对病人及病人家属的一种体恤。

图 22　震惊闺　　　　　　　　　　　图 23　药铃
年代：民国　尺寸：27 厘米 ×　　　　年代：清代　尺寸：直径 5.5 厘米（北
9.5 厘米（北京民俗博物馆馆藏）　　　京民俗博物馆馆藏）

四　结语

　　综上所述，从北京民俗博物馆收藏的招幌文物来看，它们反映出旧时中国
商人以"诚""信"为本的传统商业道德准则，义利并重、货真价实、守序量足
的自律操行以及以和为贵的经营态度。这种正确的经营导向、积极向上的经营
理念，时至今日仍得到社会的广泛认同。当代社会中仍有相当一批老字号，由
于坚持良好的商业道德而誉满中外，如张一元茶庄、同升和鞋店、同仁堂药店、
全聚德烤鸭店、瑞蚨祥绸布店等，始终是老百姓非常愿意光顾的老店。它们在
长期的经营生产中，沿袭中国传统道德的优良品质，继承和弘扬优秀传统商业
道德，对当今市场经济建设具有现实的指导意义。这些老字号享有盛誉的秘诀
除了经商有道之外，更重要的是沿袭了几千年的中国传统商业道德。

曹雪芹生活时代的京师游艺

——以李声振的《百戏竹枝词》为中心

樊志斌[*]

李声振著《百戏竹枝词》咏清代中叶河北、北京一带社会百戏（古代民间表演艺术的泛称），20 世纪 60 年代，被路工选入《清代北京竹枝词》（十三种），1962 年由北京出版社出版，复于 1982 年由北京古籍出版社出版。《清代北京竹枝词》（十三种）因多及北京民俗，出版后影响甚大，然其中的《百戏竹枝词》却并未受到学界相应的关注，唯孟繁树[①]先生有《说〈百戏竹枝词〉》一文，发表在《戏曲艺术》1984 年第 3 期上；张翠兰有《〈百戏竹枝词〉洋琴史料考释》，发表于《艺术百家》2007 年第 1 期上。

孟文的主要关注点在清代中叶的地方戏曲，张文则重在考察该书中的洋琴资料，就当前研究来看，似乎还未见有人对《百戏竹枝词》所及清代百戏（主要指社会游艺，不包括家庭内，尤其是比较文人的游艺）做一系统的梳理与考察。这对北京历史和民俗研究来说，不能不说是一个遗憾。尤其重要的是，该书出现于传世巨著《红楼梦》的诞生时期，其中所载内容势必有意、无意地影响到曹雪芹的生活与《红楼梦》的创作，因此，值得进行比较系统的研究。

---

[*] 樊志斌，曹雪芹纪念馆副研究馆员。

[①] 孟繁树：男，1946 年生，毕业于中国社科院研究生院，中国文联副主席，国务院学位委员会艺术学学科评议组召集人，现任中国传媒大学影视艺术学院院长。

一 《百戏竹枝词》诞生于乾隆二十一年无疑

1960 年，路工为《清代竹枝词》（十三种）所作前言云：

> 《百戏竹枝词》，作者李声振，号鹤皋，河北清苑（保定）人。原书是稿本，未见刻过。从内容与抄写墨迹、纸色去看，可以肯定是清康熙年间的作品。《后记》说写于丙子、丙戌年间，即康熙三十五到四十五年。

由于《清代竹枝词》（十三种）在学界流传颇广，故此一段文字影响甚大，后世及于《百戏竹枝词》者，多有以李声振为康熙时人，《百戏竹枝词》写康熙年间京师百戏的说法。

孟繁树先生《说〈百戏竹枝词〉》一文以《保定府志》《清苑县志》等文献考李声振，知李声振为乾隆三十一年（1766 年）三甲四十一名进士，则《百戏竹枝词》李声振跋中所谓该书草创于"丙子"不应为康熙丙子，而应为乾隆丙子，即乾隆二十一年（1756 年），该书重抄于乾隆三十一年（1766 年）"丙戌"，推翻了路工先生所谓李声振为康熙时人的论断，为《百戏竹枝词》的研究奠定了坚实的基础。

曹雪芹之《红楼梦》作于乾隆九年（1744 年）至乾隆十八年（1753 年），其中多及于彼时社会的各种游艺。就目前所见材料而言，李声振的《百戏竹枝词》是离曹雪芹生活时间、《红楼梦》创作时间最近、最系统的京师游艺文献，因此，该书无疑是研究曹雪芹生活时代娱乐、《红楼梦》中游艺创作现实的最佳历史资料之一。

二 《百戏竹枝词》概况

（一）《百戏竹枝词》基本情况

《百戏竹枝词》共 100 首，记录乾隆初叶河北、北京一带 100 种社会游艺，包括艺术形式与行当、娱乐技艺、民俗活动等，广泛、系统地记录和反映了那一时期京师地区人们的娱乐活动。

尤其值得称道的是，李声振《百戏竹枝词》的体例极佳，每种游艺先书名称，后做简介，最后为李声振所作竹枝词，对该游艺进行吟咏，非常便于不熟悉诸游艺者对该游艺的了解，这与常规作竹枝者仅做注释，甚至不加注释者大为不同。以其书所收录之第一首《吴音》为例：

吴音

俗名"昆腔"，又名"低腔"，以其低于弋阳也；又名"水磨腔"，以其腔皆清细也，谱分南北，今之阳春矣，伧夫殊不欲观。

阳春院本记昆江，南北相承官谱双。清客几人公谨顾？空劳逐字水磨腔。

既记载了历史风物的名称，又向不明所以者详细解释了何以名此的原因，同时，抒发了自己对此等风物在社会流传状况和自己感受的感慨，可谓一举两得，文体兼备。

（二）关于《百戏竹枝词》中"百戏"的分类

孟繁树先生《说〈百戏竹枝词〉》一文将《百戏竹枝词》所载100种游艺分为戏曲声腔剧种（吴音、弋阳腔等）、曲艺活动（琵琶妓、霸王鞭、十不闲等）、杂技表演（舞索、刀山等）、杂耍（火判官、竹马戏等）、体育运动（走冰鞋、踢毽儿等）、杂类（斗鹌鹑、驯鼠等）六类。

但是，仔细分析《百戏竹枝词》的记载内容、顺序，就可以发现李声振对该书记载内容顺序的体例似并非进行严格细致的界定，其笔下对腔调、行当、游艺内容、风俗的记录存在一定程度的混乱（见表1）。

表1 　　　　　　　《百戏竹枝词》中百戏名称、顺序

序号	名称
1—10	吴音、弋阳腔、秦腔、乱弹腔（昆梆）、月琴曲（丝弦腔）、唱姑娘（姑娘腔）、四平腔、花档儿、女优、琵琶妓
11—20	霸王鞭、十不闲、踏谣、打盏儿、鼓儿词、弹词、评话、宫戏（傀儡戏）、独脚班、八角鼓
21—30	打花鼓、太平鼓、莲花落、唱道情、口技、大头和尚、焦侥（侏儒戏）、穿心国、波斯进宝、跳钟馗
31—40	迎拗芒、春官、赛龙神、春婆、师婆、观肚仙、秋千架、影戏、解妇、反腰
41—50	竖蜻蜓、角觝、扎高脚、台歌、闹五鬼、走冰鞋、舞中幡、舞索、刀山、飞刀

51—60	舞叉、引腹受骶、射鼓、射天球、弄丸、舞冰盘、坛技、扇技、无（舞）铙、登梯
61—70	踢毽儿、蹴鞠、放风筝、乞巧针、拨不倒、旱船、吞剑、吞火、飞钱、变金钱
71—80	鬼搬运、空中取酒、黄果园、冰山、鳌山灯、爆竹、火判官、雪灯、竹马灯、龙灯斗
81—90	走马灯、狮子滚绣球、龙舟、跳大虫、猴戏、骗橐驼、马衔鞭、羊车、哈巴狗、调鹦武（鹉）
91—100	画眉曲、斗鸡、放鸽、斗鹌鹑、麻雀衔旗、衔卦帖、舞蛇、驯鼠、斗蟋蟀、斗百草

注：稿本虽然为整理本，尚有二错字，如"无铙"之"无"当为"舞"，"调鹦武"之"武"当为"鹉"。

笔者以为，按照李声振记载百戏的性质，可以将《百戏竹枝词》中记载的 100 种百戏分为曲艺、民俗、杂耍三大类。

之所以如此，是因为这些游艺中某些游艺的性质互类、特点互具，难以做严格细密的界定和分类，如声腔剧种与曲艺、杂技与杂耍等；又如秋千本为民间游戏，可归入民俗类，但是，由于民间杂耍的发展，社会游艺中的秋千就呈现出运动类的特点，故李声振将其归入杂技类；另外，不少"百戏"被潘荣陛《帝京岁时纪胜》［完成于乾隆二十三年（1758 年），与《百戏竹枝词》初稿仅两年时差而已］归入民俗，故而，今将《百戏竹枝词》记载的百戏分作曲艺、民俗、杂耍三大类，在各大类下再行细分（见表 2），庶几可使今之学人、读者容易理解、把握。

表 2　　　　　　　　《百戏竹枝词》中百戏分类

百戏竹枝词	曲艺类	声腔	吴音、弋阳腔、秦腔、乱弹腔（昆梆）、月琴曲（丝弦腔）、唱姑娘（姑娘腔）、四平腔
		行当	花档儿、女优、琵琶妓、霸王鞭
		曲艺	十不闲、踏谣、鼓儿词、弹词、评话、宫戏（傀儡戏）、独脚班、八角鼓、打花鼓、太平鼓、莲花落、唱道情、口技、大头和尚、焦侥（侏儒戏）、穿心国、波斯进宝、跳钟馗、影戏、台歌、闹五鬼

百戏竹枝词	民俗类	行当	春婆、师婆、春官、黄果园、冰山、鳌山灯、爆竹、雪灯、竹马灯、走马灯
		活动	迎拗芒、赛龙神、火判官、龙灯斗、狮子滚绣球、龙舟、斗百草、乞巧针、旱船
	杂耍类	杂技	秋千架、竖蜻蜓、扎高脚、走冰鞋、舞中幡、舞索、刀山、飞刀、舞叉、引腹受觚、射鼓、射天球、弄丸、舞冰盘、坛技、扇技、无（舞）铙、登梯
		魔术	观肚仙、吞剑、吞火、飞钱、变金钱、鬼搬运、空中取酒
		运动	解妇、反腰、角觝、骗橐驼、踢毽儿、蹴鞠、放风筝、拨不倒
		动物戏	跳大虫、猴戏、马衔鞭、羊车、哈巴狗、调鹦武（鹉）、画眉曲、斗鸡、放鸽、斗鹌鹑、麻雀衔旗、衔卦帖、舞蛇、驯鼠、斗蟋蟀

三　百戏中一些特殊游艺的介绍

（一）唱姑娘、四平腔

关于《百戏竹枝词》中的地方戏，孟繁树先生《说〈百戏竹枝词〉》一文有详细介绍与分析，唯"唱姑娘"一名不为大众所知，"四平腔"名称易引误会，今复稍作解释。

李声振释云："唱姑娘，齐剧也，亦名'姑娘腔'，以唢呐节之，曲终必绕场婉转以尽其致。"可知，当为山东地方戏，以年轻女子演唱，以唢呐作为伴奏器乐，结尾则作婉转悠扬之腔调。

"四平腔，浙之绍兴土风也，亦弋阳之类，但调少平，春赛无处无之。"春赛，春天某些节日或者神生日，大众准备仪仗、锣鼓、杂戏等迎神像出庙，周游街巷或村庄，叫作"赛会"。"无处无之"四字可见其盛行。

（二）花档儿

花档儿，李声振云：

> 花档儿，歌童也，初名"秦楼小唱"，年以十三四为率，曲中调至凄婉，好目挑坐客，以博缠头，为"飞老鹳"云。

也就是说，花档儿是一种以10余岁男童卖唱的行当，曲调凄婉，且好眉目传情。清人王廷绍《霓裳续谱》"序"称其为"曲部"，汪启淑《水曹清暇录》卷八"档子"条则云：

> 曩年最行档子，盖选十一二龄清童，教以淫词小曲，学本京妇人装束，人家宴客，呼之即至，席前施一氍毹，联臂踏歌，或溜秋波，或投纤指，人争欢笑打彩，漫撒钱帛无算。

又知，花档儿以学闺中妇女情形为主。

花档儿"曲词或从诸传奇拆出，或撰自名公钜卿，逮诸骚客，下至衢巷之语、市井之谣靡不毕具，以徵歌者不尽文，诸师皆以口相授"。试举一例以见其风格：

恨锁深闺

恨锁深闺，懒听黄鹂声唤，却被他勾起闲愁，意迟迟无语凭阑，庭院悄然，惟有那檐前游蜂，雕梁紫燕，无奈何回转香闺，傍妆台似醉如痴，情绪恹恹，猛刻间惊醒春眠，却是剪剪轻风，摆动珠帘，薄幸留恋在天边，顿忘了挨肩携手，鸳枕上誓海盟山，（叠）对菱花暗自伤惨，因多情瘦损芙蓉面。（叠）①

（三）宫戏与独脚班

宫戏与独脚班都是木偶戏，其区别在于一舞不唱，一舞且唱。

宫戏，李声振释云："象人而用木偶戏也，其生动者几于驱遣草木矣，不止偃师鱼龙技巧也，古名'傀儡'。"

"生动者几于驱遣草木""不止偃师鱼龙技巧"，可见，木偶戏艺人对木偶操纵的娴熟和木偶表现动作的形象与生动。

独脚班，李声振释云："亦偶类，但锣鼓歌唱之声与傀儡牵动之状实自一人为之，可一笑也，又名'骨丢丢'。"

独脚班的演奏者一面牵动木偶，一面结合场景演唱歌词，其形式颇似街头曾经风行一时的"拉洋片"。

（四）唱道情

所谓"唱道情"，即道士曲，"以鲨鱼皮鼓、竹板节歌，实与梵音无异"。潘

---

① 王廷绍编：《霓裳续谱》卷一。王宇琪《民间—军队—宫廷—票房——论岔曲的产生与发展》，《人民音乐》2011 年第 3 期。认为，花档儿所唱岔曲即今之岔曲的前身。

荣陛诗云：

> 拍板曾传蓝采和，黄冠一曲缓相过。
>
> 听来鲨鼓歌云笈，真是鱼山唱贝多。

黄冠，指道士。云笈，即《云笈七签》，是择要辑录《大宋天宫宝藏》内容的一部大型道教类书①，此处代指道教经典。贝多指佛经，因佛经原多以梵文写在贝多罗树叶上，故名。

"唱道情""梵音"列于"百戏"，可见彼时宗教信仰的普及，亦可见当时宗教活动的世俗化。

（五）焦侥、台歌、闹五鬼

焦侥、台歌、闹五鬼三种游艺的共同点在于都是"身材矮小"之人用以谋生的手段。

焦侥，即侏儒戏。潘荣陛释云："俗扮矮人为之，号'小人国'，以博数文而已。"

台歌，"作台阁状，中设机关，扮十余岁童，为杂剧，数重；有于掌上见舞人者，甚可观"，诗云：

> 楼阁层层耸绛霄，半天霓羽奏仙韶。近来莲底花犹好，掌上分明静
> 婉腰。

闹五鬼为童子戏，"童子戴面具、绣帽，持花棒，五人相舞。俗以面具为鬼脸，殊可笑"。

（六）春婆与师婆、观肚仙

春婆，并非女性为之，"立春前三日，市井无赖子为之，须发脂粉，尴尬殊甚，见人什物，辄白擢，名'强春'"。可以视作一种民俗。

师婆则不然，实为一种身份或者职业。师婆，"女巫也，俗名'道马子'，又名'神马子'，春日，击牛皮小鼓歌'襄二郎神'，名'看香'，又名'喜乐'，乡村最尚之"。

观肚仙，女道士"以术致已亡者，附语，于其腹中各道其家事，如在生，

---

① 北宋天禧三年（1019 年），著作佐郎张君房编定《大宋天宫宝藏》，又择其精要万余条辑成《云笈七签》122 卷，内容涉及道教的教理教义、本始源流、经法传授、秘要诀法、诸家气法、金丹、方药等，有"小道藏"之称。

亦不可解也，浙之绍兴闻有之"。观其口气，似京师无有或少见此也。

（七）解妇与角骶

在技艺类游艺中，大众比较熟悉的如秋千、返腰（将腰反向折，以牙齿拾取地上物）、竖蜻蜓（双掌行地，双脚上举）、高跷（李声振称"扎高脚"）、溜冰（李称"走冰鞋"，谓"都门入冬，城河最多"）等近代亦多见之，兹不赘言，仅择解妇与角骶两项稍加解释。

所谓解妇，"妇人驰马之技，即'挂子'也，山左、直省盛甚"。即妇女在奔驰的马上表演各种技巧，清初山东亦有之，故蒲松龄《聊斋志异·木雕美人》中有"美人自起，学解马，作诸剧，镫而腹藏，腰而尾赘，跪拜起立，灵变不讹"的记载；复知清代不唯旗人跑马，河北、山东一带亦有汉人妇女跑马者，唯旗人跑马为娱己，解妇跑马则在于娱人糊口也。

角骶，本指类似于相扑、摔跤之类的技艺，为武术之一种。然李声振将角骶定义为武术，谓："即格斗戏，有南拳北脚之说，亦名'短打'。无赖者见事风生，谓之'打抱不平'，近稍敛戢。"

清时，汉人中传统武术盛行，而旗人则好跑马、射箭，并相扑之技，然亦多有练习武术者。

（八）黄果园与冰山

黄果园即迷宫，"以苇为墙，上缀剪彩花，并悬各种灯，其逶迤回，奇幻恒令入者迷焉，或依水为之，更胜"。

由李声振之记载，知迷宫非引自国外。圆明园有黄花阵，建于乾隆二十四年（1759年），由供职于清宫的西洋教士郎世宁、王致诚等人设计。《百戏竹枝词》草创于乾隆二十一年（1756年），已经记载了中国迷宫的样式，圆明园黄花阵对民间黄果园是否曾有借鉴盖不可知，然其名"黄花阵"似与"黄果园"多少有些瓜葛。

黄果园为春天所玩游艺，冰山与雪灯则为冬日游艺。

冰山，有类今日之冰灯中的冰山雕塑，"雕镂之状，殆有天巧，层峦叠嶂，足供玉峰相对也"。

又有雪灯，"其制不一，皆搏雪为之，有尊、彝、博山炉及檠形者，照之以烛，莹澈足玩"。

（九）火判官

某种程度上说，火判官更多的是一种民俗，而非游艺，其事"作土判官形，实火于腹，使焰从口鼻间出，名'火炼判官'"。诗云：

腹鼓洪炉鼻飙烟，通宵三昧欲烧残。热中大抵难如水，漫说尊前土判官。

按：黄果园、火判官等游艺，于元旦时节多有玩耍。清柴蕚《梵天庐丛录·火判》云："京师旧俗，上元夜以泥涂鬼判，尽空其窍，然火其中，光芒四射，谓之火判。"潘荣陛《帝京岁时纪胜》之"上元"云：

至百戏之雅驯者，莫如南十番，其余装演大头和尚，扮稻秧歌，九曲黄花灯……冰水浇灯、簇火烧判者，又不可胜计也。

九曲黄花灯当即黄果园，而冰水浇灯则即当为冰灯，簇火烧判即当为火烧判官，可知系元旦时节游艺。

（十）跳大虫

跳大虫（老虎俗名为大虫）即马戏或动物园中之戏虎，唯现于乾隆初之京师亦可奇。其事"大虫，生致而驯柙之，有健儿韩姓，能以棒触，使跳舞，且鸣金助威焉"。诗云：

电视耽耽啸怒风，爪牙磨厉势还雄。老兵不少韩擒虎，白挺鸣金跳大虫。

四 《百戏竹枝词》中的百戏与曹雪芹、《红楼梦》

雍正六年（1728年）四五月间，曹雪芹随其家族由江宁返回北京，自此，在京师和香山生活35载，并创作了传世名著《红楼梦》。《红楼梦》中也因此或多或少地记载了当时京师的百戏。

（一）《红楼梦》中的戏曲

《百戏竹枝词》中记载的"昆腔"即昆山腔，发源于江苏昆山，明晚期大兴。至雍乾时期，地位为弋阳腔、秦腔所取代。

弋阳腔兴起于元明之际[①]，曹雪芹祖父曹寅友人刘廷玑《在园杂志》载："旧弋阳腔乃一人自行歌唱，原不用众人帮合，但较之昆腔则多带白，作曲以口滚唱为佳，而每段尾声仍自收结。"李声振《百戏竹枝词》之第二条即为"弋阳

---

① 弋阳县位于江西省东北部，信江中游，明清时代，归江西省湖广道广信府，雍正九年（1731年）后归江西省广信府。

北京史地与民俗

171

腔"，云：

弋阳腔

　　弋阳腔，俗名高腔，视昆调甚高也。金鼓喧阗，一唱数和，都门查楼
为尤盛。

　　查楼倚和几人同？高唱喧阗震耳聋。正恐被他南部笑，红牙槌碎大
江东。

　　"高唱喧阗震耳聋""红牙槌碎大江东"，可见弋阳腔之高亢雄壮，无怪乎其
能后来居上，赢得人们的喜欢。

　　《红楼梦》中写京师"弋阳腔"事，徐扶明《红楼梦中戏曲二三事》所写
甚详①，其第一部分即"北京盛行弋腔"，引《红楼梦》第十九回中"贾珍这边
唱的是《丁郎认父》、《黄伯央大摆阴魂阵》，更有《孙行者大闹天宫》、《姜子
牙斩将封神》等类的戏文。倏尔神鬼乱出，忽又妖魔毕露，甚至于扬幡过会，
号佛行香，锣鼓喊叫之声，远闻巷外。满街之人，个个都赞好热闹戏"，脂批中
"形容刻薄之至，弋阳腔能事毕矣"，并李声振《百戏竹枝词》咏弋阳腔文字，
证明曹雪芹生活时代京师"弋阳腔"盛行。②

（二）《红楼梦》中的行当

　　《百戏竹枝词》还记载了当时京师的不少行当，如女道士、戏曲演员等。李
声振指出，当时"师婆"一名"道马子"。

　　学界考证曹雪芹家族史，知道曹雪芹生母姓马，故有怀疑者称，如曹雪芹
生母姓马，则其在书中不当写极其恶毒之女道士为"马道婆"，怀疑曹雪芹非马
氏之子。唯持此论者不知曹雪芹作书首重表达方便，又不知曹雪芹生活时京师
人管师婆叫"道马子"，曹遂顺势颠倒其名为"马道婆"，正如其顺势将设计、
营造大观园之老翁名为"山子野"一般。③

----

　　① 徐扶明：《红楼梦中戏曲二三事》，载《红楼梦研究集刊》，上海古籍出版社1979年第1辑，第
391—404页。

　　② 至乾隆三十九年（1774年）左右，弋阳腔在北京渐衰。再到乾隆四十四年（1779年），秦腔在
北京兴盛起来，终于代替了弋阳腔。得硕亭《草珠一串》有"班中昆弋两蹉跎，新到秦腔粉戏多（近时
班中每写'新到秦腔'）"的记载。又，乾隆时，人们以戏曲演员为下贱，故《红楼梦》中，赵姨娘认
为，她们"不过娼妇粉头之流"，还不如"家里下三等奴才"。在探春眼中，她们更是"玩意儿""如同
猫儿狗儿"。又，彼时，艺人多名"某官"（见乾隆三十九年前后之《燕兰小谱》），故曹雪芹为贾府采买
戏子名龄官、蕊官、芳官等，可见社会环境对曹雪芹《红楼梦》写作的影响。

　　③ 甲戌本侧批云："妙号，随事生名。"因当时称著名之园林设计者（因多善于叠石，假山称"山
子"）为"山子某"。

又如花档儿，在《红楼梦》中也有体现。《红楼梦》第七十五回中写道：

> 此间伏侍的小厮都是十五岁以下的孩子……其中有两个十六七岁娈童以备奉酒的，都打扮的粉妆玉琢……两个娈童都是演就的局套，忙都跪下奉酒，说："我们这行人，师父教的不论远近厚薄，只看一时有钱有势就亲敬，便是活佛神仙，一时没了钱势了，也不许去理他。况且我们又年轻，又居这个行次，求舅太爷体恕些我们就过去了。"说着，便举着酒俯膝跪下。

虽称"娈童"，而未直接名为"花档儿"，但就其描写，再与李声振之描写对看，所写为花档儿一目了然。

（三）《红楼梦》中的动物性游艺

以动物相斗为戏在中国历史上有着悠久的传统，清朝是以东北女真为主体建立的政权，长期的游猎生活更使得他们对动物游艺情有独钟。清代京师旗人数量的增长和旗人不事工商的制度更加促进了此一风气的盛行，斗鸡、斗蟋蟀、架鹰斗狗、养鸽子等都是旗人中盛行一时的动物性游艺。

《红楼梦》第四回称薛蟠"终日惟有斗鸡走马、游山玩水"，第九回更称："这些来的世袭公子人人家道丰富，且都在少年，正是斗鸡走狗、问柳评花的一干游荡纨绔。"可见，斗鸡养狗在清代上层中的盛行情况。此外，旗人对养鹰更是痴迷有加。《红楼梦》第二十六回中写道：

> 薛蟠见他面上有些青伤，便笑道："这脸上又和谁挥拳的？挂了幌子了？"冯紫英笑道："从那一遭把仇都尉的儿子打伤了，我就记了再不恼气，如何又挥拳？这个脸上，是前日打围，在铁网山教兔鹘捎一翅膀。"

《百戏竹枝词》中写及的调鹦鹉在《红楼梦》中也有反映，林黛玉房间即有一只鹦鹉，不仅能够学说简单的语言，甚至能背诵黛玉之诗文，模拟黛玉之声音、声调，为曹雪芹描摹林黛玉之故事、性格增添了不少色彩。

（四）《红楼梦》中的技艺性游艺

《红楼梦》中还写及不少《百戏竹枝词》中提到的技艺性游艺，如放风筝、打秋千、抓子、射箭等。

《红楼梦》第七十回中写放风筝因描摹细致，引人入胜，颇能引人之关注，云：

这里小丫头们听见放风筝，巴不得七手八脚都忙着拿出个美人风筝来，也有搬高凳去的，也有捆剪子股的，也有拨籰子的。宝钗等都立在院门前，命丫头们在院外敞地下放去。宝琴笑道："你这个不大好看，不如三姐姐的那一个软翅子大凤凰好。"……宝玉又兴头起来，也打发个小丫头子家去，说："把昨儿赖大娘送我的那个大鱼取来。"小丫头子去了半天，空手回来，笑道："晴姑娘昨儿放走了。"……宝玉道："也罢。再把那个大螃蟹拿来罢。"丫头去了，同了几个人扛了一个美人并籰子来，说道："袭姑娘说，昨儿把螃蟹给了三爷了。这一个是林大娘才送来的，放这一个罢。"宝玉细看了一回，只见这美人做的十分精致。心中欢喜，便命叫放起来。此时探春的也取了来，翠墨带着几个小丫头子们在那边山坡上已放了起来。宝琴也命人将自己的一个大红蝙蝠也取来。宝钗也高兴，也取了一个来，却是一连七个大雁的，都放起来。独有宝玉的美人放不起去……黛玉笑道："那是顶线不好，拿出去另使人打了顶线就好了。"宝玉一面使人拿去打顶线，一面又取一个来放。大家都仰面而看，天上这几个风筝都起在半空中去了。

一时，丫鬟们又拿了许多各式各样的送饭的来，顽了一回……李纨道："放风筝图的是这一乐，所以又说放晦气，你更该多放些，把你这病根儿都带了去就好了。"紫鹃笑道："我们姑娘越发小气了。那一年不放几个子，今忽然又心疼了。姑娘不放，等我放。"说着便向雪雁手中接过一把西洋小银剪子来，齐籰子根下寸丝不留，咯登一声铰断……众人方要往下收线，那一家也要收线，正不开交，又见一个门扇大的玲珑喜字带响鞭，在半天如钟鸣一般，也逼近来。众人笑道："这一个也来绞了。且别收，让他三个绞在一处倒有趣呢。"说着，那喜字果然与这两个凤凰绞在一处。三下齐收乱顿，谁知线都断了，那三个风筝飘飘摇摇都去了。

这一段风筝故事写得不唯文采斐然，且极其专业，不仅涉及各种风筝的图案（大凤凰、大鱼、美人、螃蟹、大红蝙蝠、大雁、玲珑喜字），还涉及风筝的各种类别（常规单体风筝、一连七个大雁、送饭的、带响鞭），放风筝的各式工具（高凳、剪子股①、籰子②、顶线、小银剪子）、技术（打顶线、捆剪子股、拨籰子）、相关风俗（图乐、放晦气）等，不仅有趣，而且还暗排下探春未来远嫁贵婿的命运。

---

① 放风筝时，在竹竿上斜捆一根小木棍，做成剪刀形，以便挑线，称为"剪子股"。
② 亦作"篗子"，绕丝、线的工具。清唐训方《里语徵实》卷中上："收丝器曰篗子。"

荡秋千在中国民间由来已久，而东北之满人对其更是爱好。第六十三回中写道：

> 探春和李纨、尤氏三人出去议事厅相见，这里众人且出来散一散。配凤、偕鸳两个去打秋千顽耍，宝玉便说："你两个上去，让我送。"慌的配凤说："罢了，别替我们闹乱子，倒是叫'野驴子'来送送使得。"

第六十二回写及的斗草与其说是一种技艺性游艺，毋宁说是一种智慧型游艺更加合适，因为比赛的不仅包括草的种类，还包括各种草的知识与典故，云：

> 外面，小螺和香菱、芳官、蕊官、藕官、豆官等四五个人，都满园中顽了一回，大家采了些花草来兜着，坐在花草堆中斗草。这一个说："我有观音柳。"那一个说："我有罗汉松。"那一个又说："我有君子竹。"这一个又说："我有美人蕉。"这个又说："我有星星翠。"那个又说："我有月月红。"这个又说："我有《牡丹亭》上的牡丹花。"那个又说："我有《琵琶记》里的枇杷果。"豆官便说："我有姐妹花。"众人没了，香菱便说："我有夫妻蕙。"豆官说："从没听见有个夫妻蕙。"香菱道："一箭一花为兰，一箭数花为蕙。凡蕙有两枝，上下结花者为兄弟蕙，有并头结花者为夫妻蕙。我这枝并头的，怎么不是。"豆官没的说了，便起身笑道："依你说，若是这两枝一大一小，就是老子儿子蕙了。若两枝背面开的，就是仇人蕙了。你汉子去了大半年，你想夫妻了？便扯上蕙也有夫妻，好不害羞！"

五　结语

曹雪芹生活于雍正初至乾隆初的京师，京师中的一切因素都予其生活以影响，对其创作则有或多或少、或明显或潜在的影响。

人们俱知，艺术高于生活，曹雪芹为了创作的需要，自然要对生活中的素材进行其天才的剪切与修饰，才能使得一切现实元素为其作品要表达的环境、气氛、人物、结构服务，这是阅读、赏析《红楼梦》的基础。

但是，近几十年来，我们在高度重视"艺术高于生活"这一文学理念的同时，却往往有意无意地忽视了"艺术来源于生活"这一基本观点，以至于在阅读、赏析《红楼梦》时，产生了极大的隔膜和扭曲。

当我们尽可能地利用有关资料去了解曹雪芹的生活现实时，我们也就能够对其生平活动、对其思想的形成与演化、对其创作的素材，有一个较为明晰的认识。这样，我们就可能对《红楼梦》产生真实和细腻的赏析，而不至于产生隔膜和盲目的贬损或崇拜，这就是《红楼梦》赏析回归作者与作品真实的前提。

从汉族的婚恋行为看当下北京地区婚俗的特点

王路平[*]

　　中国是一个崇礼尚德的国家，从《仪礼》记载可见婚礼仪式在古人观念中占有极其重要的地位。《仪礼·士昏》："昏礼者，将合二姓之好，上以事宗庙，而下以继后世也。故君子重之。是以昏礼、纳采、问名、纳吉、纳徵、请期，皆主人筵几于庙，而拜迎于门外，入，揖让而升，听命于庙，所以敬慎重正昏礼也。"[①] 从古至今，这种对婚姻的敬重之情，代代流传，深深植根在每个人的心中，成年男女到了谈婚论嫁的阶段，不仅仅男女双方忙碌，男女双方的父母和亲友都会帮忙一起准备婚礼所用的东西，全家都会把结婚当作一件大事认真对待。

　　婚俗作为一种社会民俗事象，主要由婚姻形态和婚姻礼仪两方面组成。中国地域广阔，民族众多，所谓"十里不同音，百里不同俗"。婚俗在我国不同地域有不同特点，少数民族的婚俗更具特色。北京这座城市有着 800 多年的建都史，她见证了中国的历史变迁、各种民俗事象的变化，其中就包括婚姻仪式随着社会的巨变发生变化的过程。旧时的北京，民间的婚礼从来都是讲豪华阔气，倾家荡产也要筹办一起像样的婚礼，整个婚礼的流程十分烦琐，主要有六个程序即纳彩、问名、纳吉、纳征、请期、迎亲，这六个程序称之为"六礼"。这始于周代的"六礼"，本来流行于王公贵族，后来传至民间，并一直延续下来。到

---

　　* 王路平，北京民俗博物馆助理馆员。
　　① 胡平生、陈美兰译注：《中华经典藏书：孝经、礼记》，中华书局 2007 年版，第 62 页。

清末民初出现"新式文明婚礼"以及后来的"集体婚礼",虽然仿照西方婚礼仪式,有所简化,但主要仍大致遵循此顺序。

新中国成立后,为打破封建礼俗对人性的桎梏,我国出台了《中华人民共和国婚姻法》,并上演了《刘巧儿》和《小二黑结婚》等一系列要求婚姻自由的现代戏曲剧目,唤醒了青年男女自由恋爱的意识,增强了突破父母婚姻包办的勇气。随着20世纪70年代末改革开放政策的实施,中外文化交流密切,人员往来频繁,外部环境与人们的思想观念在短短近40年间发生急剧变化,与之相适应的人们的婚姻观念和婚俗在快节奏的今天也悄然发生着改变。北京作为全国政治中心和文化中心的国际化大都市,这里不仅居住着老北京本地人,更多的是来自其他城市的由于各种原因在北京生活工作的人们,还有众多的少数民族人口以及国外友人也在这里生活。文化多元的客观存在,决定了北京地区的婚俗必然会呈现出多姿多彩的样貌,而本文主要探讨的是当代生活在北京地区的汉族婚俗特点。

一 婚恋观念人性化

中国传统婚俗文化是中国文化重要的组成部分,它的形成过程是复杂的,在经过了几千年的发展过程后形成了一整套完整的、稳固的、具有一定约束力的婚姻习俗,是一种衡量人们婚姻行为的无形量尺。婚姻习俗也是对人们的一种道德要求,具有极强的民族性、历史性、延续性的特点。然而,当代的北京地区的婚俗较之传统婚俗发生了较大改变。

传统的婚俗观念中媒人是不可或缺的,所谓无媒不成婚,"父母之命,媒妁之言"的观念根深蒂固,可见媒人在传统婚姻缔结中的地位非同小可,媒人为男女双方婚事奔走,并促成婚姻。"媒人"是传统婚姻仪式的一种文化产物,她反映出农业社会人与人之间尤其是男女之间互相隔绝的一种现实状态。这种传统社会的身份认同随着社会的发展与进步,最终难逃衰亡的命运。

当今社会的青年男女,尤其是女性的自由得到空前解放,走出深闺的"藩篱",迈向社会广阔的天地。有些女性甚至踏出国门,走向世界,在更广的舞台上施展才华。不仅如此,女性与男性共同参与社会管理,女性与男性平等地享有学习、工作、开展社会交往的权利。"妇女能顶半边天"这句话充分体现出当代社会对女性重要作用的认可。自由开放的社会环境影响着人们的婚恋意识,"自由恋爱"的婚姻观念,早已被当代广大青年男女认同,这也受到法律的保护。《中华人民共和国婚姻法》第二条规定实行婚姻自由、一夫一妻、男女平等的婚姻制度；第五条规定结婚双方完全自愿，不许任何一方对他方加以强迫或任何第三者加以干涉。① 只要符合《婚姻法》规定的法定婚龄男 22 周岁、女 20 周岁的公民都可以通过自由恋爱结婚。这和传统的"父母之命，媒妁之言"的婚姻观念以及新中国成立初期结婚双方要有"介绍信"并得到"上级领导"和"组织部门"的认可的婚姻观念有着极大的不同。当代的婚姻是建立在婚恋双方自愿的基础上，它是从人性角度出发，强调个体的幸福、感情和睦、性情相投，而非家族利益或金钱关系抑或其他因素凌驾于个体之上的强迫接受。

二　婚恋形式多样化

随着社会生活的飞速发展，当代的北京地区，除了通过各种方式自由结识的男女朋友外，还有许多促进青年男女自由寻找恋爱对象的途径和方式。

（一）电视征婚

20 世纪 90 年代北京电视台有一档品牌栏目——《今晚我们相识》曾风靡一时。作为国内最早的婚恋类节目之一，该节目自 1990 年开播以来，迅速在北京地区包括全国观众中产生了巨大的影响，并被外国媒体视为中国改革开放、国人观念日新的代表性事件之一。北京电视台开办这个节目的初衷是为解决都市大龄男女择偶难的问题，也试图通过电视媒体引导婚恋文化的发展。事实证明，他们的工作非常具有影响力，节目播出 10 年间，促成佳偶千余对，还打开了一个电视征婚的市场。直到今天，在电视屏幕上越来越多的地方卫视频道也出现了相亲交友节目，比如江苏卫视的《非诚勿扰》、湖南卫视的《我们约会吧》、浙江卫视的《为爱向前冲》、贵州卫视的《相亲相爱》、东方卫视的《百里挑一》、上海卫视的《相约星期六》、安徽卫视的《缘来是你》、山东卫视的《爱情来敲门》等，许多青年男女都报名参加，希望通过这种方式让观众认识自己并找到适合自己的另一半。

（二）婚恋网站成为婚介新趋势

婚恋网站是借助互联网技术，以婚姻恋爱为主题，以婚介、组织交友活动等服务为主题的网站。婚恋网站最早在美国出现，1995 年 match. com 建立，标志着全球第一个婚恋网站正式诞生。国内的婚恋网站发展建立在我国互联网技术的飞速发展基础上，婚恋网站的运作模式大多模仿国外运作成功的婚恋网站，如世纪佳缘网站模仿美国默契（match. com）网站运作模式。此外我国婚恋网站

① 《中华人民共和国婚姻法》，中国法制出版社 2011 年版，第 1 页。

里做得比较好的还有百合网、珍爱网等，在互联网上寻找婚恋对象的青年男女不在少数。这种"网上相亲"现象的出现是伴随着近年来我国互联网技术迅猛发展的势头和当下快节奏的生活方式应运而生的，这与青年男女日常工作繁忙、生活社交圈子狭小的现状有很大关系。他们渴望借助婚恋网站这个平台扩大交友范围，寻找适合自己的恋爱对象。

（三）父母代劳替孩子找恋爱朋友

这种情况的出现一般是适龄男女由于工作忙的缘故，没有时间考虑个人问题，而他们的父母心急之下，就会到公园等一些公共区域拿着自己孩子的简介和照片，让人"相看"的"代劳式相亲"。这种恋爱的形式虽然小众，但蕴含着父母的一片苦心，也是一种新的婚恋形式。

三　订婚礼仪精简化

传统的"合婚"环节在当下的北京地区很大程度上已经不是必要环节。合婚是"六礼"中的"纳吉"，在传统婚俗中是最为重要的一关，男女双方要找算命先生看两个人的生辰八字是否相合，属相是否相克，如果这一关出现问题，那各方面都符合，婚事也要告吹。然而，当下的北京地区男女朋友确立恋爱关系并不在乎这些，更不会去请算命先生批卦，因为他们注重的是两情相悦。再者而言，算命先生这个"职业"，在今天已经鲜见，被科学知识武装起来的头脑对算命先生的说法一笑了之，并不放在心上。倒是青年男女对西方的星座之说相对认可。但是这些也只是当作一种调剂，不会起到根本的作用，只是年轻人游戏的心态罢了。

恋爱中的男女如果觉得相处不错，会把男朋友或者女朋友领回家，拜见父母，告知父母自己现在已经有适合结婚的对象，让父母相看，并取得父母的认可。这个环节主要是过"父母"关，现在的"父母"大多数都尊重孩子个人意愿，很少有干涉的（个别父母会干涉）。他们考虑的问题是对方家庭环境、家庭负担、距离远近、有无车房等现实问题。如果父母和子女的意见产生分歧是比较麻烦的，会对男女婚姻带来一些阻力。

当男女双方互相得到对方家庭的认可之后，接下来就要谈及婚嫁的问题，这总要有一方先提出，这之中少不了"求婚"环节。这个环节是传统婚俗之外的，热恋中的青年男女想一生相守、走进婚姻的殿堂，这时往往男士会找一个环境优美的地方，带上鲜花和戒指向女友求婚，在征得女友同意后，方可进入订婚环节。

北京地区婚俗中的"订婚"和传统婚俗的"放定"意义相同，都是要通过一种形式确定双方的婚姻关系，形式和内容却又有很大不同。传统婚俗中"放定"也叫"下定礼"，又分为"小定礼"和"大定礼"。"小定礼"是男方送给女方礼品，如金戒指、耳环、镯子等，女方将戒指戴在手上，表示"有夫"之意，此外还有祝愿女方细指玲珑善做针线活等。"大定礼"是女方向男方要彩礼在此时提出，一般没有特殊要求的就是象征性地送一些礼物如酒、点心、干果、肉食等，此时双方还要商议定下婚期。

然而当下的北京地区"订婚"不那么复杂，男方带着父母（有的亲友也参与）到女方家拜见，等于是登门提亲，双方家长在席间，互相赠送未来的姑爷儿或儿媳妇钱财和饰品礼物等，以一种简单的形式确定婚姻关系，至于具体的结婚日期可以在订婚当天定好，也可以日后再定。至此，两人的婚事在双方家长的认可下完成。若男女一方父母在北京，另一方在外地，一方就要到另一方家里走一趟，虽然没有明确规定，大部分都是男方到女方家里去，但是也有女方父母应邀前来男方家里的。如果双方父母都在外地，那形式可以更灵活，可以一起把父母接到北京来，双方家长见面，也可以一方带着父母到另一方家里去，至于具体怎么做，这又和男女双方的地方婚俗和两家商量情况有关。无论如何双方家长都会见面，商量一下双方各自要准备的东西，并且这个见面要求双方都是"双数"人参加，可以不仅仅限于父母，亲戚也可以出席。订婚仪式结束后，接下来便进入了婚礼环节。

正式的婚礼仪式举行之前，男女双方要到民政局领取结婚证，得到法律的认可。然后到影楼或者摄影工作室拍摄婚纱照，双方定好举行婚礼的日期，紧接着要订好婚礼举行的酒店。值得一提的是，当下北京地区的婚礼时间大部分都选在节假日，这与传统的婚礼日期的选定有很大区别，造成婚礼举行日期集中的原因，很大程度上与现代人的生活工作时间安排有关，周一到周五工作，周六、周日和节假日休息。不仅是男女结婚双方，就是亲朋好友也是只有休息日才有空余的时间可以参加婚礼仪式。现代化的生活工作节奏直接影响到婚礼举行的日期，这较之以往请人看日子、算到哪天是哪天有极大不同。当然，结婚的日子也不是随便选择的，男女双方会择吉日，在节假日中选择一个适于婚嫁的好日子举行婚礼，或者选双方都认可的有特殊意义的一天举行婚礼仪式（如5月20日现代人认为是我爱你的意思，9月9日人们则认为有天长地久之意，等等）。

一般而言从定好婚礼日期到正式举行婚礼仪式大概要间隔三个月到半年，甚至更久的时间。原因是婚礼仪式都在酒店举行，适合举行婚礼的酒店数量是一定的，而新人们又将婚礼时间选定在节假日，这样难免出现扎堆儿现象，所以，一般要提前向酒店预约婚礼的场地，以保证时间和地点都万无一失。

四 婚礼仪式个性化

婚礼的时间和场地敲定之后，就进入婚礼筹备过程。当下北京地区的婚礼仪式有专门的婚庆公司全权负责筹备，结婚双方只要付给婚庆公司费用即可。婚庆公司的雏形最早可以追溯到清末民初之际，"清末、欧风东渐，新潮泛起。光、宣之交，兴起文明结婚"①。20世纪30年代文明结婚在民间逐渐风行，于是社会上出现了以租赁文明结婚礼仪用品为主营业务的商店。当时在北京较有影响力的是紫房子新婚用品服务社，他们"专门出赁文明结婚用的花马车、花汽车、乐队；礼堂上的陈设；新郎、新娘穿的礼服；新妇用的头纱、珠冠、头花、手花；拉纱小孩的礼服、花篮等。甚至连结婚典礼的仪式单都给印好了"②。这一行业的出现巩固了文明婚礼，为文明婚礼的规范化、定型化起到重要作用。

当代的婚礼较好地承袭了这一风俗，准备结婚的新人都可以在婚庆公司订购到婚礼仪式上所需各种物品，婚纱可租可买，为新娘盘发、化妆，以及婚礼仪式的主持人、婚礼舞台的背景设计、婚礼桌椅上所用的装饰丝带、所用的音乐等，婚礼上的拍照和摄像以及后期影像制作，一应俱全。

举行婚礼时的流程要事先商定好，然后婚庆公司会给顾客一张"某先生和某女士婚礼当日流程单"，婚礼当天就按照这张流程表规定好的环节按部就班，保证婚礼有序进行。

婚礼仪式当天，化妆师会为新娘化妆盘发，家人准备好，等待新郎前来迎亲。大致在上午8点到9点，以新郎为首的迎亲队伍会到达新娘家，进门迎娶。这期间，新娘的伴娘和朋友以及家人会和新郎开玩笑，他们会关闭房门，不让新郎进门见新娘，索要红包成功后方允许新郎见新娘，之后会藏新娘身上的一件东西（一般是一只婚鞋），让新郎找，找到才能将新娘迎娶出门等活动，寓意热热闹闹之意。接着新郎和新娘一起拜见新娘的父母，敬茶，新娘父母会给新郎和新娘红包。接着，新郎将新娘迎接出门上轿车，婚车车队尾随其后，带上新娘的家人，一同前往酒店，举行婚礼仪式。

婚礼一般在上午11点左右开始，请嘉宾就座，婚礼主持人登场开始主持婚礼仪式活动，一般会先请新郎登场，随后，新娘在父亲的带领下身穿婚纱入场，

---

① 常人春：《红白喜事：旧京婚丧礼俗》，北京燕山出版社1996年版，第165页。

② 同上。

新郎上前迎接，新娘的父亲把女儿的手交给新郎完成交接，随后两人伴随着《婚礼进行曲》一起走向舞台。在主持人的引导下，依次完成诉说结婚誓言、新人互换婚戒、婚礼亲吻、请主婚人讲话、证婚人讲话、感恩父母、父母致辞等必有环节。此外，如倒香槟仪式、点燃爱的蜡烛、喝交杯酒、切婚礼蛋糕、放飞白鸽或蝴蝶、梦幻泡泡、新娘抛手捧花等样式繁多的形式，都是按照新郎新娘的意思添加的，目的都是为了活跃现场的气氛，突出浪漫温馨的主题。仪式完成后，新人退场，酒店开始上菜，双方的父母开始各桌敬酒。等新娘换上敬酒礼服，方在伴娘和伴郎的陪同下和新郎一起向各桌客人敬酒。喜宴结束后，新人和父母欢送亲朋好友，至此，一场筹备已久的婚礼仪式顺利举行，圆满结束，一对新人终成眷属。

婚礼仪式完成之后，一般在第三天新娘和新郎回到新娘家，这就是"回门"。

如果男女双方只有一方家在北京，而另一方不在北京，那么不在北京生活的一家人一般就在举行婚礼的酒店订一个房间作为迎亲或送亲的地点，这样也便于第二天举行仪式。或者还有其他的做法。但无论怎样，都会有迎亲、送亲的环节，即便简单，象征性的活动还是有的。

关于婚姻仪式北京不同的区县也有不同的风俗，譬如平谷区在婚礼仪式的前一天晚上女方不能到男方家里去，但是两个人可以在外面见面；如果在结婚当天在路上遇到其他家的婚车，要扔一条红手绢；新郎去新娘家迎亲，要准备一件皮袄，新娘要坐在皮袄上，等到新娘上婚车之后也要坐在这件皮袄上；新娘到新郎家要有人给挂门帘、点台灯；新娘到公婆家，要给新娘嘴里塞块糖，还要洗脸；结婚的当天晚上，女方把从娘家带来的饺子和新郎一起吃掉，绝对不能剩下；等等。房山区的婚俗是结婚仪式举行的前一天，女方会把亲朋好友聚集在一起宴请大家，等于女方在自己家先"办婚礼"，新郎要出席，第二天再和新郎一起按照婚礼流程进行一遍，等等。各个区也有自己的一些具有特色的地域婚俗。

北京作为一座国际化大都市，包括 16 个市区，每个地区都有不同的民族和人口聚居特点，与之相伴的就是各式各样的婚俗。例如，西城区的牛街是北京市回民主要集中居住区域，他们的婚礼仪式是按照回族的婚俗举办的。不仅如此，在北京还居住着众多的少数民族，他们的婚礼仪式会按照本民族的仪式举行。还有一些跨国联姻的婚礼仪式等令北京地区的婚俗出现百花齐放之美。

五　北京地区汉族婚俗新特点产生的原因

纵观当下北京地区的汉族婚俗特点可以概括为：自由平等开放的婚恋观、虽精简但不失庄严的礼仪、个性多元化的婚礼形式追求。这些新特点的出现首先是与社会发展密不可分的，高效率、快节奏的都市生活方式，过滤了一切烦冗的流程，只留下具有实质意义的"必须保留仪式"：恋爱、订婚、结婚。有些人甚至"婚前试婚""先结婚，后恋爱"，这些新式的观念的出现也是促使当下北京婚俗多元化的因素之一。在开放的思想大潮涌动下，还出现"闪婚、闪离族"——今天两个人感觉良好，一冲动领结婚证，一言不合明天就去办理离婚等思想不成熟的婚恋族。婚俗从来都不是独立存在的事物，是与经济基础以及上层建筑密切互动的彰显人们思想观念和行为原则的放大镜，在"结婚"这件"大事"上能反映出一个人的婚恋观念与品行，甚至是一个家庭的素养与追求目标。

其次，北京地区婚俗特点的出现与想法新奇、追求自我的"新新人类"有关。当下已经到了"90 后"婚嫁大潮来临之际，他们"不走寻常路"，要求"标新立异"，更多的新想法、新追求体现在他们的婚礼仪式中。从"发请柬"开始，他们已经不再局限于以往向亲朋好友发送"纸质版"请柬，而是运用多媒体技术，制作"电子版"请柬，一封邮件、一条微信，亲朋好友不仅方便快捷地收到新郎新娘婚礼邀请参加婚礼的时间、地点，还能看到新郎和新娘甜蜜的照片以及视频秀。这种借助于电子技术的"请柬"较之传统纸质版请柬，不仅快捷、节约了资源，更主要的是信息量大，让人们看到一对新人的甜蜜，婚礼未开始就已经感受到甜蜜的爱意蔓延开来，这都是传统的纸质请柬无法承载和展现的。至于更多的新奇之处，有的人选择露天的草坪式婚礼，有的新人选择在飞机上完婚，有的在火车上举行婚礼，有的用跳伞的方式举行婚礼，还有的选择在轮船上举行婚礼……总之，婚礼的样式繁多，不胜枚举，较之以往的室内婚礼，他们展示出了自己喜欢的婚礼风格和特点，更多地体现出个体的追求。

结　　语

婚俗，从来都是不断前行，根据时代变化和人们的诉求不断改进的社会风俗。当下的北京地区的婚俗只是这个时期北京地区出现的婚俗特点，在不远的未来，社会生活还会发生超乎想象的日新月异的变化，而我们的年轻人会给我们的婚俗文化融进更多美好的元素，不断地丰富婚俗的内涵。

参考文献

[1] 常人春：《红白喜事：旧京婚丧礼俗》，北京燕山出版社 1996 年版。

[2] 脱脱：《二十四史·金史》，中华书局 1975 年版。

[3] 曹子雨主编：《北京通史》，中国书店 1994 年版。

[4] 陈高华、徐志军主编：《中国风俗通史·民国卷》，上海文艺出版社 2012 年版。

[5] 崔金生：《北京礼俗》，文物出版社 2003 年版。

[6] 刘宁波、常人春：《古都北京的民俗与旅游》，旅游教育出版社 2001 年版。

[7] ［美］伊恩·艾瑞斯：《大数据思维与决策》，宫相真译，人民邮电出版社 2014 年版。

敦煌鲁班仙话的非遗传播与《周易》未济、师、大过三卦

高国藩[*]

李克强总理 2014 年访问德国时，赠给默克尔总理一把鲁班锁，从而显示了研究鲁班仙话非物质文化遗产的现实意义。尤其是敦煌文书鲁班仙话研究与中国国学第一经典——《周易》密切相关，所体现的深邃哲学性越发令人瞩目。

图 1　百工圣祖鲁班像

鲁班姓公输，名班（般），山东滕州人，是中国春秋末战国初鲁国的工匠祖师，发明家，是与墨子同乡同代的平民圣人，有深厚传统文化背景（见图 1）。鲁班造木鸢飞天、造云梯、建筑房屋、造桥、画地图等；一生还发明斧、锯木工器械，碾、磨、砲等生活用品，为百工圣祖。道教视其为行业保护神，民间亦崇拜其为能工巧匠。古时祭祀鲁班，既将鲁班视为人又视为神仙，是中华民族智慧的化身。

道教典籍晋葛洪撰《神仙传》《抱朴子》皆称为公输般。《抱朴子》第 2 卷《论仙》曰："夫班秋不能削瓦石为芒针。"[①]　《抱朴

* 高国藩，南京大学文学院教授、博士生导师。
① （晋）葛洪撰：《抱朴子内篇校释》第 2 卷《论仙》，上海古籍出版社 1990 年 10 月影印版，第 5 页。

子》第 12 卷《辩问》亦曰："夫班秋倕狄，机械之圣也。"① 秋，宋叶大庆《考古质疑》引作班输，言班秋者：班，公输班也，亦称班输，班、般、盘互通。汉班固撰《汉书》卷 100 上《叙传上》颜注：班输即鲁公输班也。② 狄，墨翟，鲁之大巧，亦能造木鸢而飞，且巧为飞輠，见周韩非撰《韩非子》第 11 卷《外储说左上》。③ 公输与鲁班为一人，汉代已有定论。汉乐府《艳歌行》曰："谁能刻镂此？公输与鲁班。被之用丹漆，熏用苏合香。本自南山松，今为宫殿梁。"④ 中国科学院文学研究所研究员余冠英先生评为："它的语气虽似指两个人，意思还是一个人。这样的句法不仅有加重语气的效果，还有些诙谐意味，可以见出民间文学的活泼性。"⑤ 清孙诒让《墨子闲诂·公输篇》注说其生于春秋鲁昭公（前 541 年）和鲁定公（前 509 年）之间。⑥ 后称鲁班阶段，敦煌唐人祭祀道教鲁班工匠前后阶段都有。本文统一称鲁班。

一　敦煌本鲁班工匠造木鸢飞天与未济卦

敦煌文书佛道两教记载，鲁班工匠生活于春秋战国时期，他的主要事迹以发明木鸢飞天而脍炙人口。周墨翟撰《墨子·鲁问》最先记载"公输子削竹木以为鹊，成而飞之"⑦。汉刘安撰《淮南子》第 11 卷《齐俗训》："鲁般、墨子以木为鸢而飞之，三日不集，而不可使为工也。"⑧ 故 S.2072《瑅玉集》曰："（春秋）鲁人公输般，性巧，刻木作鸥，人入其中，飞往梁国。出《类林》。"⑨《类林》是南北朝道教性类书，佚，清王仁俊辑《类林一卷》，见《玉函山房辑佚书补编》。敦煌文书《瑅玉集》引文演绎道教木鸢飞天经历。《瑅玉集》不知何人作，已知天宝六年（747 年）传至日本。⑩ 见 S.2072《瑅玉集》真迹⑪（见图 2）。

①　（晋）葛洪撰：《抱朴子内篇校释》第 12 卷《辩问》，上海古籍出版社 1990 年 10 月影印版，第 89 页。

②　（汉）兰台令史班固撰、（唐）秘书少监颜师古注：《汉书》卷 100 上《叙传上》，中华书局 1962 年 6 月版，第 4233 页。

③　高华平、王齐洲、张三夕译注：《韩非子·外储说左上》，中华书局 2010 年 6 月版，第 395 页。

④　（宋）郭茂倩：《乐府诗集》第 39 卷《相和歌辞·艳歌行》，中华书局 1979 年版，第 58 页。

⑤　《说"公输与鲁班"》，载余冠英著《汉魏六朝诗论丛》，棠棣出版社 1953 年版，第 51—52 页。

⑥　卢南乔：《古代杰出的民间工艺家——公输班》，《文史哲》1958 年第 12 期。

⑦　方勇译注：《墨子·鲁问》，中华书局 2011 年 10 月版，第 466 页。

⑧　陈广忠译注：《淮南子》第 11 卷《齐俗训》，中华书局 2012 年 1 月版，第 611 页。

⑨　录文参校郝春文、周尚兵、陈于柱、聂志军、王晓燕、杜立晖编著《英藏敦煌社会历史文献释录》第 10 卷《S.2072〈瑅玉集〉》，社会科学文献出版社 2013 年 8 月版，第 28 页。

⑩　见《钟敬文民间文学论集》（上），上海文艺出版社 1982 年 10 月版，第 79 页。

⑪　《S.2072/2〈瑅玉集〉》，中国社会科学院历史研究所、中国敦煌吐鲁番学会敦煌古文献编辑委员会、英国国家图书馆、伦敦大学亚非学院合编《英藏敦煌文献》第 3 卷上，四川人民出版社 1990 年 9 月影印版，第 260 页。

图 2　S. 2072/2《琱玉集》,《英藏敦煌文献》第 3 卷（7）

敦煌文书记载鲁班是太平时代建造房屋工匠，S. 3905《唐天复元年（901 年）辛酉岁十二月十八日金光明寺造窟上梁文》是佛教造窟祭文。真迹①如图 3 所示。

图 3　S. 3905 书法真迹

---

① S. 3905，《英藏敦煌文献》第 5 卷，四川人民出版社 1992 年 9 月影印版，第 198 页。全录文参见高国藩著《敦煌民俗学》第 24 章，上海文艺出版社 1989 年 11 月版，第 435 页。

录文：猃狁（xiǎn yǔn）狼心犯塞，焚烧香阁摧残。

合寺同心再造，来生共结良缘。

梁栋群仙吐凤，盘龙乍舌惊天。

便是上方匠制，直下屈取鲁班。

马都料方升空，绳墨不遵师傅。①

  讲说"绳墨不遵师傅"，敦煌佛教祭文赞扬鲁班的聪明才智及其建筑工匠创造精神并不墨守成规，"绳墨不遵"即不遵从原有规则而有继续创造性的特征。

  以上 S.3905 上梁文出现于晚唐五代，比明代午荣汇编道教《鲁班经》第 1 卷《请设三界地主鲁班仙师祝上梁文》要早五六百年。上梁时祭祀鲁班神是民间建房必要程序。和敦煌上梁文一样祭祀时祷念鲁班神求福："鲁班真仙公输子匠人，带来先传后教祖本先师，望赐降临。"②《鲁班经》上梁文是敦煌唐人上梁文的传承，尊称鲁班真仙为"公输子匠人"。

  以上 S.2072《珣玉集》，是敦煌石窟收藏的 679—747 年出现的类书抄本。③和 S.3905《上梁文》记载鲁班造木鸢在东周出现，是一件大事。初唐张鷟撰《朝野金载》演绎敦煌人鲁班造木鸢却是道教模仿巫术和交感巫术，曰："鲁般者，肃州敦煌人，莫详年代，巧侔造化。于凉州造浮图，作木鸢，每击楔三下，乘之以归。无何，其妻有妊，父母诘之，妻具说其故。父后伺得鸢，击楔十余下，遂至吴会。吴人以为妖，遂杀之。般又为木鸢乘之，遂获父尸。怨吴人杀其父，于肃州城南作一木仙人，举手指东南，吴地大旱三年。卜曰般所为也，赍（jí）物具千数谢之，般为断一手，其日吴中大雨。国初，土人尚祈祷其木仙。六国时公输般亦为木鸢以窥宋城。《酉阳杂俎》续集卷四。"④

  此木鸢飞天传说并非说"巧"，而是表现鲁班孜孜不倦的敬业精神和征服自然、造福人类的决心之展示。"莫详年代"，其实是有年代。鲁班妻子就是"（东）周时人"。清俞樾撰《茶香室丛钞》卷 4《鲁班妻云氏》曰："国朝钱曾《读书敏求记》：《鲁班营造正式》六卷，略说云：'班，周时人，妻云氏，居江

  ① S.3905，《英藏敦煌文献》第 5 卷，四川人民出版社 1992 年 9 月影印版，第 198 页。全录文参见高国藩著《敦煌民俗学》第二十四章第一节《上梁风俗的产生与发展》，上海文艺出版社 1989 年 11 月版，第 435 页。

  ② （明）北京提督工部御匠司司正午荣汇编、李峰注解：《鲁班经》第 1 卷，海南出版社 2013 年版，第 35 页。

  ③ 采王三庆《敦煌类书》说法。见《敦煌类书》，台湾丽文文化股份有限公司 1993 年版，第 75 页。

  ④ （唐）张鷟撰、赵守俨点校：《朝野金载·补辑》，中华书局 1979 年 10 月第 1 版，第 153 页。

西隆兴府，地名市纵。'按此不知所据，亦异闻也。"① 民间传说言之凿凿，"周时人"（东周，春秋时代），鲁班造木鸢，是为了与妻子和亲人团聚，充满人情味，如此真善美的精神，令祖先感动，所以鲁班木鸢飞天真善美的精神流传千古。

被引自晚唐段成式撰《酉阳杂俎》其续集还加进一段："今人每睹栋宇巧丽，必强谓鲁般奇工也。至两都寺中，亦往往讬为鲁般所造，其不稽古如此。"② 般、班同音相通。对鲁班"奇工"精益求精"巧丽"赞不绝口。《孟子注疏》卷第7上《离娄章句上》即曰："离娄之明，公输子之巧，不以规矩，不能成方圆。"③ 意思是说，周代鲁班那样灵巧的技术，如不用做圆的规和画方的矩做个模范，就不能制成方圆的器物。所以他使用圆规曲尺工作，表示他有精益求精精神。他又发明了鲁班尺，统一衡器的标准。明王君荣撰《阳宅十书》："（鲁班尺）非止量门可用，一切床房器物俱当用此，一寸一分，灼有关系者。"④

鲁班尺的发明是一件发扬鲁班精益求精精神跨行业的大事。鲁班尺崇拜至今在浙江民间早已形成非物质文化遗产。鲁班尺不仅牵涉"量门可用"的木匠，也牵涉石匠、泥瓦匠，甚至于竹篾匠、裁缝、百作匠人。叶大兵主编《中国民俗大系·浙江民俗》记载说："奉鲁班　供奉鲁班为祖师，俗称'百作手艺供鲁班'。其中石匠、木匠、泥瓦匠崇奉鲁班为祖师，尤为虔诚。相传所用工具均系鲁班最先发明和传授下来的，三匠所用之尺称'鲁班尺'，一尺相当于一市尺左右。而三匠之中，又以石匠对鲁班祭拜最勤，每月初一、十五都要祭拜。木匠之角尺、墨斗，泥水匠之六尺杆、线锤，相传为祖师所授的镇妖之宝，晚上走路须带身边，谓能免邪鬼侵身。竹篾匠崇拜泰山，认为泰山是鲁班徒弟；另一说为鲁班儿子。传说起先鲁班不承认竹匠为徒弟，因竹匠蹲着干活，产品又不登大雅之堂，后来竹匠为皇帝做了两面'上朝掌扇'，得到皇帝好评，鲁班才承认其为徒弟。裁缝师早先称为'丫环'师傅，鲁班不喜欢，后来为城隍庙门前的旗杆做了彩色花旗，得到百姓好评，鲁班才收为徒弟。百作匠人碰到学徒拜师、工匠之间殴斗、生意清淡及工艺上遇难题等，都到鲁班殿求神，逢年过节

① （清）俞樾撰、贞凡、顾馨、徐敏霞点校：《茶香室丛钞》卷4《鲁班妻云氏》，中华书局1995年2月版，第111页。

② （唐）段成式撰、方南生校注：《酉阳杂俎》续集卷之4《贬误》，中华书局1981年版，第233页。

③ （汉）赵岐注、（宋）孙奭疏：《孟子注疏》卷第7上《离娄章句上》，阮元校刻《十三经注疏》，中华书局影印1980年10月版，第2717页。参见方勇译注《孟子》，中华书局2010年版，第128页。

④ 《鲁班经》卷1，第45页。鲁班工艺有科学性，有"鲁班法度""鲁班经营"等专有名词。《阳宅十书》，华龄出版社2009年版，第59、141页。

摆设香烛佳品供祭。"① 明午荣汇编《鲁班经》载有《鲁班尺诗》八首与《鲁班仙师祝上梁文》，都与《周易》有密切的关系。

模仿鸢鸟形造出木鸢有科学性，其父对航空事业亦非常敬业，遂施以声音交感巫术，"击楔十余下"，其叩击之音却使木鸢飞上蓝天。从凉州（张掖）飞到吴地（苏州）。庞然大物从天降，吴地唐人从未见过，以为是妖怪降临，就把鲁班父亲处死。鲁班父亲为木鸢飞天而壮烈牺牲。鲁班知道父亲牺牲后非常痛心并愤怒，就又施行模仿巫术加以报复，用木头制个木仙人，手指东南，产生交感魔术力，使吴地大旱三年。最后还是鲁班改变处理办法，互相沟通，双方协商达成赔偿协议，赔偿经济损失"赍物具千数谢之"，与鲁班达成谅解，才又施以巫术，断木仙人一手，使天与地产生交感魔术力，其日吴中大雨。用祭祀巫术祝祷木仙人，唐代依然如此。木鸢飞天巫术证明：巫术是科学萌芽。对敬业者牺牲赔偿经济损失方式亦经典。其文化特征体现唐人传统价值观——富强、文明、和谐、敬业。听传说，观民风。敦煌鲁般造木鸢从敦煌飞到苏州，既是世界上最早见人类飞上天空创造性的科幻文化，又是在创新的劳动中体现了中国劳动人民的智慧。

敦煌木鸢飞天最早见《墨子》。鲁班生卒年无确切记载。"比较一致的说法是认为他和墨子楚国相遇大致在战国楚惠王四十至五十年之间（约在公元前440年前后）。因而卢南乔认为鲁班活动大致在公元前510—前440年之间。"② 前510年是春秋时代末期。明午荣汇编《鲁班经》卷3末《鲁班仙师源流》说明："（鲁班）师生于鲁定公三年（前507年）甲戌五月初七午时，是日白鹤群集，异香满室，经月弗散，人咸奇之。"③ 二者说法一致。而前440年却是战国时代之初。

鲁班造木鸢飞天其父惨死，作一木仙致吴地大旱三年，在西汉民间引发热议，民众纷纷求取《周易》占卜吉凶，于是便有了《焦氏易林》的记载。汉焦延寿撰《易林汇校集注·大有之未济》曰："未济：楩（pián）生荆山，命属输班。袍衣剥脱，夏热冬寒。立成枯槁，众人莫怜。"④ 此条"输班"即"鲁班"简称。《易林》的《大有之未济》意思是："未济：贵木生于荆山，楩树命属鲁

① 国家"十五"规划重点图书。叶大兵主编：《中国民俗大系·浙江民俗》第2章《生产民俗·祖师爷信仰》，甘肃人民出版社2003年版，第64页。
② 许钰：《鲁班传说的产生和发展》，《民间文艺季刊》1986年第1期，上海文艺出版社出版，第194页。卢南乔：《古代杰出的民间工艺家——鲁·公输般》，《文史哲》1958年第12期。
③ （明）北京提督工部御匠司司正午荣汇编、李峰注解：《鲁班经》第3卷《鲁班仙师源流》，海南出版社2013年版，第220页。
④ 徐传武、胡真校点集注：《易林汇校集注·大有之未济》上册，上海古籍出版社2012年版，第575页。

非遗与传统文化保护

班。袍衣剥脱精光，难过夏热冬寒。立见饥饿枯槁，无人痛惜哀怜。凶。"

这是说鲁班用贵重木头檽树造木鸢，当时的人无法理解这件重大发明的价值。却反过来比喻这是庸人无能而蛮干以招祸，惹来了大麻烦，无人痛惜，造成了其父被杀的惨案。这是凶兆。并导致鲁班追究其父驾木鸢飞到吴地被杀事件，以作木仙之模仿巫术，使吴地大旱三年，但是殃及百姓，这又是凶兆。

但未济卦做出如下旨意：《周易正义》卷第六《未济》曰："未济：亨。小狐汔济，濡其尾，无攸利。"①（见图4）

"未济"卦象征着事业并没有成功，应该继续努力促成事业的成功才可以得到亨通。就像狐狸过河，老狐狸在冬天过河时，先听冰下没有水声而过河安然无恙。但小狐狸无知，遇水直渡，水濡湿其尾，于是全身已没于水中，就没有什么吉利。

图4　周易箴言（《周易》卷第六《未济》）

所以，前一个凶兆，已经无法避免，鲁班父亲已经不可能死而复生，但是，后一个凶兆，却可以消除。《周易》以哲理的语言启迪之。《周易正义》卷第六《未济》又曰："《象》曰：火在水上，未济，君子以慎辨物居方。"②（见图5）

———————————

① （魏）王弼、韩康伯注，（唐）孔颖达等正义：《周易正义》卷第6《未济》，阮元校刻《十三经注疏》本，北京中华书局1980年版，第73页。
② 同上。

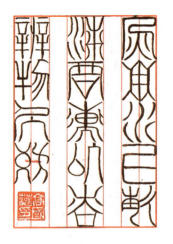

图5　周易箴言

（《周易正义》卷第六《未济》）

　　《象传》说，未济的卦象是火在水上，火焰在上，水浸在下，水未能灭火，救火之功未成，是以卦名为未济。已经到了改变做法之时。君子观此卦象及卦名，从而以谨慎的态度，分清事物的性质与双方实力等，妥善处理其方向位置，以求行事有成。

　　这才促使鲁班采取双方坐下来协商解决的办法，达成赔偿协议，才使其父，既恢复名誉，又得到相应的赔偿，使事件获得妥善的解决，可以开始又一个创造发明的启动程序。

　　总之，君子所进行的事业好像天地四时运行一样，分阶段却没有终点。未济卦阐述了君子永远不要懈怠和放弃自己的梦想，以天地永远运行的法则为精神动力，生命不息，奋斗不止。

二　鲁班工匠造云梯攻城与师卦

　　敦煌唐人文书记载的鲁班工匠，是一位祝愿天下太平的巧匠。鲁班工匠是道教行业保护神，在敦煌道教建筑祭祀《上梁文》中，烧香祷念。敦煌唐人祭祀鲁班工匠，是将他视为善良祝愿天下太平的工匠，同时将他视为神仙。法 Pel. chin. 3302V《长兴元年河西都僧统依宕泉建龛一所上梁文》① 就是如此（见图6）。

　　① 法 Pel. chin. 3302V《长兴元年河西都僧统依宕泉建龛一所上梁文》（5—4），上海古籍出版社、法国国家图书馆编《法藏敦煌西域文献》第23册，上海古籍出版社2002年影印版，第126页。原录文参见高国藩著《敦煌民俗学》第二十四章第一节《上梁风俗的产生与发展》，上海文艺出版社1989年版，第433—434页。

图 6　法 Pel. chin. 3302V《长兴元年河西都僧统依宕泉建龛一所上梁文》真迹

录文：儿郎伟。凤楼更多巧妙，李都尉绳墨难过。

尊截木无弃者，方圆结角藤萝。

栱斗皇回软五，攒梁用柱极多。

直向空里架镂，鲁班不是大哥。

所谓"鲁班不是大哥"，即谓鲁班就在我们普通百姓中间。敦煌民俗唱《上梁文》时必须要唱念鲁班，是行业神祭祀形态，是中国各民族古老风俗。其目的是学习鲁班能工巧匠太平善良的气质、踏实的专业素养和一丝不苟的敬业精神。

这种思想精神依然是从周代《墨子》传承来的。鲁班工匠造云梯攻城，是表现鲁班愿天下太平精神实现的又一件大事。《墨子》第 13 卷《公输》篇中，表现墨子以和谐共处精神先规劝鲁班放弃战争，经过内省，鲁班最先被墨子说服。但战争决定权却在楚王，于是鲁班又引墨子见楚王，墨子对楚王讲了重要一段话，曰：

子墨子见王，曰："今有人于此，舍其文轩，邻有敝舆，而欲窃之；舍弃锦绣，邻有短褐，而欲窃之；舍弃粱肉，邻有糠糟，而欲窃之。此为何若人？"王曰："必为窃疾矣。"子墨子曰："荆之地，方五千里，宋之地，方五百里，此犹文轩之与敝舆也；荆有云梦，犀兕（sì）麋鹿满之，江汉之鱼鳖鼋鼍为天下富，宋所为无雉兔狐狸者也，此犹梁肉之与糠糟也；荆有长松、文梓、楩楠、豫章，宋无长木，此犹锦绣之与短褐也。臣以三事之攻宋也，为与此同类。臣见大王之必伤义而不得。"王曰："善哉！虽然，公输盘为我为云梯，必取宋。"①

古人对鲁班发明的云梯非常重视，还绘有《鲁班攻战器械图》，收入唐张彦远撰《历代名画记》卷3《述古之秘画珍图》，但有记载而无画。② 说明并不是《鲁班宝卷》解说"绳梯"那么简单，是一套军事攻城器械。这段话将墨子主要和谐共处哲学思想"强不执弱，富不侮贫"八个大字融入其中而成经典。即《墨子》第7卷《天志上》强调的"强者不劫弱，贵者不傲贱"。还说："处大国攻小国，处大家篡小家，强者劫弱，贵者傲贱，多诈欺愚。此上不利于天，中不利于鬼，下不利于人，三不利无所利，故举天下恶名加之，谓之暴王。"

更指出"天下之士"鼓吹分裂"言语不可尽计"，"其于仁义则大相远也"③。

墨子和谐共处精神与时代精神紧密相连。2006年4月胡锦涛主席访问美国，在美国耶鲁大学演讲中，就向美国人提出来中华文明早就有"强不执弱，富不侮贫"的传统，言外之意不讲自明。这就指的是天下太平和谐共处的墨子精神。2014年10月李克强总理访问德国，赠德国总理默克尔一把鲁班锁，其含义依然深刻，发扬鲁班工匠天下太平和谐共处的精神，需要用工匠创造和平百物来锁住战乱。而《墨子》的哲学思想和鲁班精神深刻的文化背景，现在却在常熟民间宝卷中自然而然保存着，美妙所在，见下所述。笔者阅读《鲁班宝卷》，在赞叹常熟人民的智慧和文明的民风同时，也肯定民间宝卷有正能量的教化作用，因为它传播着中华民族热爱和平与和谐共存的文化传统。还必须指出《鲁班宝卷》有其三教合一性；甚至《鲁班经》也是在三教合一背景下形成而延续传统的。元明清时江南流行全真道，倡导儒释道大团结的三教归一。视其沿袭《神仙传》的说法，因此视其为神仙活动，而不视其为人物历史。

---

① （周）墨翟撰：《墨子》第13卷《公输》，《二十二子》，上海古籍出版社1986年影印版，第27页。参见方勇译注《墨子》，中华书局2013年版，第470页。
② （唐）张彦远撰：《历代名画记》卷3《述古之秘画珍图》，浙江人民美术出版社2011年版，第64页。
③ （周）墨翟撰：《墨子》卷7《天志上》，《二十二子》，上海古籍出版社1986年影印版，第245页。

晋葛洪撰《神仙传》卷4《墨子》曰："公输班为楚将，作云梯之械，将以攻宋。墨子闻之，徒行诣楚，足乃坏，裂衫以裹之，七日七夜到楚，见公输班，说之曰：'子为云梯将以攻宋，宋何罪之有耶？楚余于地而不足于民，杀所不足而争所有余，不可谓智；宋无罪而攻之，不可谓仁；知而不争，不可谓忠；争而不得，不可谓强。'公输班曰：'吾不可以，言于王矣。'墨子曰：'子令见我于王。'公班曰：'诺！'墨子见王曰：'今有人舍其文轩，邻有弊舆，而欲窃之。舍其锦绣，邻有短褐，而欲窃之。舍其梁肉，邻有糟糠，而欲窃之。此谓何若人也？'楚王曰：'若然者，必有狂疾。'翟曰：'楚有云梦，麋鹿满之，江汉鱼鳖，为天下富。宋无雉兔井鲋，此犹梁肉之与糟糠也。楚有柟、梓、松、橡，宋无数尺之木，此犹有锦绣之与短褐也。臣闻大王吏议攻宋，与此同也。'王曰：'善哉！然公输班已为云梯，谓必取宋。'……"①

经过墨子与楚王对话与复杂斗争过程，楚王才在理缺词穷的情况下同意不攻打宋国："善哉！吾请无攻宋矣。"（好吧！我同意不再攻打宋国。）② 这是墨子和谐共处精神的胜利。

这一件涉及用兵与国家安全的头等大事，引发西汉民众热议，遂求取我国国学第一经典——《周易》占卜予以解答，于是乃有《焦氏易林·贲之师》卦辞的出现。汉焦延寿撰《易林汇校集注·贲之师》曰："师：楩（pián）生荆山，命制输班。袍衣剥脱，夏热冬寒。饥饿枯槁，众人莫怜。"③《焦氏易林》的《贲之师》意思是："师：贵木生于荆山，楩树制约鲁班。袍衣剥脱精光，难过夏热冬寒。立见饥饿枯槁，无人痛惜哀怜。凶。"

意思是针对鲁班造云梯攻打宋国说的。这一场战争带来的灾祸，必定是两国人民遭殃，届时农业生产荒芜，饿殍遍地，你鲁班毁灭了珍贵的楩树去造云梯，既破坏了生态环境，自己也逃不脱饥饿枯槁的命运，没有人会痛惜哀怜你的饥饿枯槁。怎么办？求取师卦来解答。

《周易正义》卷第三《师》曰："师：贞丈人吉，无咎。"④（见图7）意思是，师卦讲究的是如何用兵作战的道理。所以说，用兵，就应该坚守正道，应该由有正气在胸的长者统帅军队才是合适的，才不会有什么灾祸。

---

① （晋）葛洪撰、胡守为校释：《神仙传校释》，中华书局2010年版，第123页。
② （周）墨翟撰、（清）毕沅校注《墨子》第13卷《公输》，《二十二子》，上海古籍出版社1986年影印版，第270页。
③ 徐传武、胡真校点集注：《易林汇校集注·贲之师》中册，上海古籍出版社2012年版，第837页。
④ （魏）王弼、韩康伯注、（唐）孔颖达等正义：《周易正义》卷第3《师》，阮元校刻《十三经注疏》本，中华书局1980年版，第25页。

图 7　周易箴言（《周易正义》卷第三《师》）

　　因为，对内需要纪律严明，对外需要正义在手，师出有名，才能够以师正天下。《孙子兵法》曰："兵者国之大事，死生之地，存亡之道。"《老子》曰："兵者，不祥之器"，只有"不得已而用之"，故必须由君子——贤明的长者，执握在正义者之手中，方能为之。

　　《周易正义》卷第三《师》又曰："《象》曰：地中有水，师。君子以容民畜众。"①（见图 8）

图 8　周易箴言（《周易正义》卷第三《师》）

非遗与传统文化保护

《象传》意思是说：师卦的外卦为坤，内卦为坎，坤为地，坎为水，但是师的卦象是"地中有水"。地中有水就是以水比喻群众，象征大地之内有群众，是以卦名曰"师"。君子观此卦象及卦名，应当深悟其中的道理，从而广泛地容纳百姓，养育保卫群众。

总之，师卦讲究的是作战和用兵之道。主要阐述了应由君子——贤明的长者掌握军队才是吉祥的哲学含义；他必须具有墨子精神，尤其具有墨子倡导和谐共存的思想品德，才能掌握用兵正道。不仅鲁班被说服，就连楚王也心悦诚服地说："善哉！吾请无攻宋矣。"自古以来，和谐共处乃是中国有大德的表现呀！这是我们中华民族优秀的文化传统。

三　鲁班工匠学习并接受墨子和谐共存精神与大过卦

《墨子·鲁问》篇记载鲁班与墨子造木鸢飞天对话，充满哲理性。鲁班的智慧是在墨子培育下获得发展。周墨翟撰《墨子》卷13《鲁问第四十九》曰：

> 公输子削竹木以为鹊，成而飞之，三日不下，公输子自以为至巧。子墨子谓公输子曰："子之为鹊也，不如匠之为车辖。须臾刘三寸之木，而在五十石之重。故所为功，利于人谓之巧，不利于人谓之拙。"[1]

造木鸢来自造木鹊，鲁班为墨子学生为周人所强调。飞天三日不下鲁班自鸣得意，实际这木头飞机还没有试验怎么安全着陆，怎能夸海口自吹"至巧"呢？墨子提醒他：针对造木鸢，你那竹木飞鹊还不如像制造有利于民众的小的车辖，三寸之木居然能稳住五十石重的车子，这才是能够为民众办实事的至巧，而你造木鸢还不知安全着陆，有什么值得夸海口的呢？实际还是"不利于人谓之拙"，怎么是"至巧"？说得鲁班口服心服。但鲁班回答得很妙，是移花接木法，接话不是针对造木鸢，却是转而对造云梯的反省。鲁班谓墨子曰："吾未得见之时，我欲得宋。自我得见之后，予我宋而不义，我不为。"[2] 意为：我没有看见你的时候，想要得到宋国。从我看见你以后，给我宋国但是不仁义的，我不会要。

可见鲁班非答所问，而是以云梯代木鸢，表示其智慧在墨子培育下已获得发展，既是在造木鸢飞天大事中，也是在造云梯攻城大事中。秦吕不韦撰《吕

---

① 《墨子》第13卷《鲁问》，《二十二子》，上海古籍出版社影印本，1986年版，第270页。

② 同上。

氏春秋》第15卷《慎大》亦云："墨子为守攻，公输般服，而不肯以兵知。善持胜者，以术强弱。"① 意为：墨子善于攻城守城，使公输般折服，却不肯以善于用兵被人知晓。善于保持住胜利的人，有办法使弱小变成强大。

这表现了鲁班在造木鸢、造云梯这两件大事中，均善于学习、勤于思考、拥有坚持道德正义、谦虚谨慎、宁静致远、不断修正误识的精神。而且证实：一种科学创造思维的获得，离不开批评与自我批评，以及不断反省、纠正误识的过程。

图9　山东滕州鲁班故里的鲁班工匠（前507—前444年）石像

鲁班的发明进步，离不开墨子的培养和磨炼，亦显见是接受墨子和谐共存思想启迪，才在科学发明上取得进展。因此此故事第一点衔接唐人造木鸢从敦煌飞到吴地安全着陆的传说。确凿证明鲁班造木鸢、造云梯均来自墨子时代鲁班削竹木为鹊传说和造云梯传说。

鲁班工匠精神是被墨子培养出来的这一点非常重要。在西汉人民看来，这一件大事，必欲非求《周易》占卜不可，用来寻求墨子培养出来的神匠鲁班伟大的意义所在，于是《焦氏易林》便有了《姤之大过》这样的卦辞。汉焦延寿撰《易林汇校集注·姤之大过》曰："大过：礛诸攻玉，无不穿凿，龙体具举，

————————

① （秦）吕不韦撰、（汉）高诱注、（清）毕沅校：《吕氏春秋》第15卷《慎大》，《二十二子》，上海古籍出版社影印本，1986年版，第676页。

鲁班为辅，麟凤成形，德象君子。"① 礛诸是古代治玉之石。老子的学生计然（字文子）记录的老子"论语"集《文子》第6卷《上德》曰："璧瑗之器，礛诸之功也；莫邪之断割，砥砺之力也。"② 意思是：璧玉之类的器皿，归功于其玉石材料；莫邪剑的锋利，得益于磨剑的石头。这是借物喻理：人才虽能，离不了培养和磨炼。晋葛洪撰《抱朴子》第38卷《外篇·博喻》亦曰："泣血之宝，仰礛诸以摛（chī）景。"（卞和为之哭泣出血的和氏璧，还需要治玉的磨石才能够闪耀出自己的光芒。）③ 总之是如民间谚语所说"玉不琢，不成器；人不教，不成材"。所以《姤之大过》意思是："大过：用礛诸来琢玉石，无孔不能穿凿成。国家龙体要发展，要靠鲁班来辅助。能将麟凤雕成型，他有大德君子像。"表扬鲁班有大德的同时，关键作用在于培育栋梁之材的成功。《周易》之《大过》卦辞究竟对培育成栋梁之材怎么说的呢？

《周易正义》卷第三《大过》曰："大过：栋桡；利有攸往，亨。"④（见图10）

图10　周易箴言（《周易正义》卷3《大过》）

栋，为房屋正中最高的横梁。桡，为弯曲。卦为大过，是大者过也，其卦象是：象征着唯有强大过人的栋梁之材，才能够战胜大的困难；栋梁虽被弯曲而正是有大者过之人才，能够发挥作用的时候，所以有利于前往，亨通。所以此卦是表彰具有大者过之人才，才能够发挥重大作用。《周易正

① （汉）焦延寿撰、徐传武、胡真校点集注：《易林汇校集注·姤之大过》，上海古籍出版社2012年版，第1634页。
② （唐）突生、滕蜜释译：《文子释译》第6卷《上德》，湖北人民出版社2012年版，第129页。
③ （晋）葛洪撰：《抱朴子》第38卷《博喻》，上海古籍出版社影印本，1990年版，第284页。
④ （魏）王弼、韩康伯注、（唐）孔颖达等正义：《周易正义》卷第3《大过》，阮元校刻《十三经注疏》本，北京中华书局1980年版，第41页。

义》卷第三《大过》又曰："《象》曰：泽灭木，大过。君子以独立不惧，遁世无闷。"①（见图11）

图11　周易箴言
（《周易正义》卷3《大过》）

水泽本来是润养树木的，但是今日则将树木给淹没了，看来是为大过，但是，君子观此大过之卦象，则树立其大者过之人的道德和行为。即以"独立不惧，遁世无闷"的大智慧，也就是说，在处理国家事务时，能够做到进则敢做敢当，置天下非而不惧怕；退则无怨无悔，绝不怨天尤人，为祖国献身而毫无烦闷，做一个真正的大无畏的大者过之人。

总之，大过卦阐述了君子在国家面临灭顶之灾时，必须坚定地报国献身而毫不畏惧；所谓"退"，就是"鞠躬尽瘁，死而后已"而毫不犹豫。这就是教育培育鲁班工匠型人才的伟大意义。

结　语

通过《周易》的未济、师、大过三卦的六条周易箴言，已把敦煌本鲁班工匠造木鸢飞天、云梯攻城、学习并接受墨子思想精神三方面的哲学含义，体现为三种思想方针。国家的梦想和自己的梦想合二为一，生命不息，奋斗不止，度过自己有意义的人生。要由拥有各民族和谐共存思想品德的君子掌握军队，

———————

① （魏）王弼、韩康伯注、（唐）孔颖达等正义：《周易正义》卷第3《大过》，阮元校刻《十三经注疏》本，北京中华书局1980年版，第41页。

并进行科学研究，才是正道。自己的人生方向，只有八个字"鞠躬尽瘁，死而后已"。敦煌本鲁班仙话的非遗传播与《周易》的哲学含义，自然不止以上三方面的内容，尚需深入地加以探讨。

厦门市同安区"同"字古厝保护和开发的现状及问题分析[*]

陈春香[**]

一　厦门市同安区"同"字古厝保护和开发的现状

（一）同安"同"字古厝的人文背景

同安"同"字厝位于同安区莲花镇垵柄村，由当地豪绅叶定国建于20世纪30年代初期。"同"字厝得名于其建筑平面模仿同安县名——"同"字，整栋建筑包括前落、中庭、后界楼和左右护厝，前有埕地，后有花园。"同"字厝反映了民国初年闽南建筑和南洋建筑相融合的风格。"既有典型的中轴对称，地面步步高升，红瓦红砖白石墙裙，砖、石、木结构建筑等传统，又有现代中西合璧的砖、石、木、钢筋混凝土混合结构亭楼。"其建筑特色还反映在其独特的形制上——"九五之数"。所谓"九五之数"是建筑前两进均为五开间，第三进为九开间并与两侧护厝相连，将前两进建筑围合在内。[①]

从建筑功能上来看，"同"字厝不仅仅是民居，因其建造者的军阀身份，使其兼具办公及对外防御的功能。新中国成立后，"同"字厝被作为莲花乡政府办公所在地，"文革"期间并未受到严重破坏，整体建筑保存完整（见图1）。

---

* 本文为国家社科基金重点课题（2014AGL025）"闽台民俗文化遗产资源保护与产业化问题研究"中期成果。

** 陈春香，云南大学民族学与社会学学院硕士研究生。

① 李秋香、庄荣志等：《闽台传统民居建筑文化遗产资源调查》，厦门大学出版社2014年版，第244页。

非遗与传统文化保护

2001 年"同"字厝被厦门市同安区列为第七批区级文物保护单位。2010 年"五一"期间,"同"字厝作为休闲农庄正式对外营业,然而仅仅三个月左右就由于礼堂房顶坍塌(见图 2)导致当时参加活动的 23 名学员受伤而被叫停。至今,"同"字厝仍然处于关闭状态。

图 1 "同"字厝正面　　　　　　　　图 2 坍塌的大礼堂原址

(二)同安"同"字古厝保护和开发现状

1. 政策导向

(1) 法律法规的制定

新中国成立 60 多年来,我国的法律体系越趋完善。有关文物保护的法律体系主要"以宪法为中心和统帅,以基本法律为基础,以文物保护法为主干,以文物法律和文物行政法规、文物地方性法规,以及文物规章等多个层次法律法规规范构成"。[①] 国家在相关法规的制定上,主要体现了普遍适用性的特点;而各地区则会根据国家大法的基础按照本辖区文物保护的特殊需要制定地方性法规条例。在国家层面上,《宪法》、1982 年颁布 1991 年和 2002 年两次修订的《中华人民共和国文物保护法》、1992 年颁布的《中华人民共和国文物保护法施行细则》、2003 年颁布的《中华人民共和国文物保护法实施条例》、2005 年发布的《国务院关于加强文化遗产保护的通知》、2011 年颁布的《文物保护单位执法巡查办法》都适用于各地文物保护。根据 2002 年国家修订的文物保护法,福建省在 2009 年专门颁布了《福建省文物保护管理条例》和《福建省民族民间文化保护条例》。2007 年厦门被纳入闽南文化生态保护实验区,为进一步加强闽南文化生态的保护,2008 年厦门市制定了《厦门市闽南文化生态保护实验区建设规划》,该规划特别强调了闽南文化的环境修复建设,这为文物的活态保护提供了

① 李晓东:《略谈文物法律体系与法治文化》,《中国文物科学研究》2011 年第 2 期。

更为深入的论述。

以上种种法规条例主要规定了文物保护的基本原则、方针、制度、措施等，起重要的指引作用，却缺乏实际可操作的规定、建议和意见。厦门市为鼓浪屿风貌建筑所颁布或正在筹划当中的专门的法规条例体系有较强的可施行性，倒是为未来厦门红砖古厝建筑保护的法律法规建设提供了重要的直接的借鉴。厦门最具建筑特色、被称为"万国建筑博览"的鼓浪屿为申请世界遗产做好了一系列法律法规的配套建设。如 2000 年颁布的《鼓浪屿历史风貌建筑保护条例》对鼓浪屿上建筑风貌的保护做了进一步可行的规定；2001 年的《厦门市鼓浪屿历史风貌建筑保护专项资金管理暂行办法》是专门针对保护资金所制定的法规；2011 年的《鼓浪屿文化遗产地保护管理规划》、2012 年的《厦门经济特区鼓浪屿文化遗产保护条例（草案）》以及在《鼓浪屿文化遗产地保护管理规划》内即将着手制定的《福建省厦门鼓浪屿文化遗产地保护与管理条例》《鼓浪屿控制性详细规划》《鼓浪屿历史建筑保护与更新导则》《鼓浪屿社区博物馆专项规划》《鼓浪屿遗产地文化旅游专项规划》《鼓浪屿社区遗产地保护公约》《鼓浪屿历史建筑使用和维护指南》等这些专门性的法规条例为政府工作人员和所在地民众保护鼓浪屿风貌建筑提供了条目清晰、指导性强且详细的规划和细则。这也将为未来厦门红砖古厝的保护和开发的法规制定和施行提供可资借鉴的范例。

（2）财政投入

文物保护不仅需要观念上的接受，还需要切实的行动。而保护工作的进行必然需要经费的支持，所以财政投入必不可少。《中华人民共和国文物保护法》《中华人民共和国文物保护法施行细则》《国务院关于加强文化遗产保护的通知》《福建省文物保护管理条例》和《福建省民族民间文化保护条例》五部法律法规当中有专门的条款规定有关部门要为文物保护工作规划一定的财政预算，但未规定预算数额和比例（见表1）。"同"字厝辖区的厦门市同安区将文物保护专项资金划入每年的文化体育与传媒支出预算当中。2010 年到 2012 年三年之间并未明确说明文物保护支出的具体数额，到了 2013 年明确文物保护和博物馆管理等经费为 64 万元，其占文化体育与传媒支出预算的比例仅约为 1.7%（见表2）①。可见不管是在立法上，还是在具体预算规划上，政府对文物保护的财政投

① 厦门市同安区人民政府：《关于厦门市同安区 2012 年预算执行情况和 2013 年预算草案的报告》《2011 年财政预算执行情况及 2012 年财政预算草案的报告》《关于厦门市同安区 2010 年财政预算执行情况和 2011 年财政预算草案的报告》《关于厦门市同安区 2009 年财政预算执行情况及 2010 年财政预算草案的报告》。

入的关注度都是有待提高的。

表1   财政投入相关法规条文

《中华人民共和国文物保护法（1982、1991、2002）》	第十条 国家发展文物保护事业。县级以上人民政府应当将文物保护事业纳入本级国民经济和社会发展规划，所需经费列入本级财政预算。国家用于文物保护的财政拨款随着财政收入增长而增加。
《中华人民共和国文物保护法施行细则（1992）》	第五条 县级以上各级人民政府财政部门应当将文物事业费和文物基建支出分别列入本级财政预算，由同级文物行政管理部门统一管理，其中文物基建支出以及文物修缮、维护费和考古发掘费等，应当专款专用，严格管理。
《国务院关于加强文化遗产保护的通知（2005）》	切实抓好重点文物维修工程。统筹规划、集中资金，实施一批文物保护重点工程，排除重大文物险情，加强对重要濒危文物的保护。安排专项资金，加强专业人才队伍建设。各级人民政府要将文化遗产保护经费纳入本级财政预算，保障重点文化遗产经费投入。
《福建省文物保护管理条例（2009）》	第六条 县级以上地方人民政府依法将文物保护管理经费列入本级财政预算，并根据文物保护工作的实际需要，设立专项经费，用于文物保护。用于文物保护的财政拨款随着财政收入增长而增加。
《福建省民族民间文化保护条例（2005）》	第四条 县级以上地方人民政府应当将民族民间文化保护工作纳入本行政区域国民经济和社会发展计划、城乡建设规划；将民族民间文化保护经费纳入本级财政预算，予以保障。 第二十五条 县级以上人民政府设立民族民间文化保护专项资金。专项资金来源于政府拨款和境内外捐赠。

资料来源：本文笔者整理。

表2   厦门市同安区2010—2013年关于文化体育与传媒支出预算

2010年预算	文化体育与传媒支出1354万元，其中：人员经费661万元、公用经费227万元、专项经费466万元，其中重点安排了民俗文化、电影院代管费、电影下乡、文体协管员、广场文化活动等207万元。
2011年预算	文化体育与传媒支出1631万元。重点安排了民俗文化、电影下乡、文体协管员、广场文化活动、全民健身活动、图书馆购书费和文化下乡补助等。

2012 年预算	文化体育与传媒支出 2405 万元。重点安排了文体基地活动、文体协管员、民俗文化活动、购买图书、歌仔戏团包干费等文化专项支出；问题中心影剧院委托管理费、广播影视发展基金、电影下乡补助和农村有线广播村村响运动维护费等广播影视专项；文物安全、文物维护等文物专项；体育竞赛、体育训练和场馆维护管理等专项。
2013 年预算	文化体育与传媒支出 3692 万元，其中：人员经费 834 万元，公用经费 404 万元，专项经费 2454 万元，主要用于：民俗文化活动、文体基地建设、全民健身活动等经费 570 万元，图书馆购书及维护经费 69 万元，文物保护和博物馆管理等经费 64 万元，歌仔戏研习中心经费 338 万元，广播影视发展基地、电影下乡补助和农村有线广播村村响运动维护费等广播影视专项支出 1413 万元。

资料来源：厦门市同安区人民政府：《关于厦门市同安区 2012 年预算执行情况和 2013 年预算草案的报告》《2011 年财政预算执行情况及 2012 年财政预算草案的报告》《关于厦门市同安区 2010 年财政预算执行情况和 2011 年财政预算草案的报告》《关于厦门市同安区 2009 年财政预算执行情况及 2010 年财政预算草案的报告》。

（3）旅游规划项目

"同"字厝作为同安区的文物保护单位之一，凭借其独特的建筑风格在《同安区旅游专项规划》（2009 年）中占有一席之地。该规划分为三个阶段："近期为 2009—2010 年，中期为 2011—2015 年，远期为 2016—2020 年。"[①] 该规划将同安区分为四大特色功能区块："北部山乡温泉养生区、东部北辰—竹坝文化体验区、西部山地生态休闲区、南部滨海新城休闲区。"[②] "同"字厝被定位于近期开发工程，属于西部山地生态休闲区中莲花山地生态休闲景群的莲花山地休闲运动子景群，作为中小学校外活动基地。

同安区人民政府为了加快本区旅游业的发展，于 2011 年 6 月制定了《关于加快旅游业发展若干奖励扶持的意见》。该政策旨在鼓励旅游企业对同安区旅游业的贡献，不同的对象所享受的奖励额度和方式不同。"同"字厝作为乡村游的一个基地，如果能在 2011 年 1 月 1 日至 2012 年 12 月 31 日取得国家级、省级乡村旅游示范点称誉便可分别一次性获得 30 万元、10 万元奖励。可惜的是，"同"

---

① 厦门市同安区人民政府：《关于厦门市同安区 2012 年预算执行情况和 2013 年预算草案的报告》《2011 年财政预算执行情况及 2012 年财政预算草案的报告》《关于厦门市同安区 2010 年财政预算执行情况和 2011 年财政预算草案的报告》《关于厦门市同安区 2009 年财政预算执行情况及 2010 年财政预算草案的报告》。

② 厦门市规划局：《同安区旅游专项划》。

字厝自从 2010 年 6 月被关停之后，就未重新开业，纵有再好的鼓励政策，也无法参与。

2. 民间参与

在同安区的《同安区旅游专项规划》的支持下，2009 年"同"字厝由厦门市青少年宫主任许辉煌以个人名义承包开办民俗馆并作为青少年宫学生的素质拓展基地。"同"字厝主体建筑内部主要是陈列一些民间古物供游客观赏，两护廊的一边作为旅游纪念品的售卖点。在其主体建筑后面，该承包人还承包了另外几栋红砖私宅作为青少年的培训会议中心。该中心内部有一栋两层的红砖小洋楼作为宿舍（见图 3），还有茶室、棋牌室、乒乓球室、多功能室、大礼堂、会议室、烧烤场、食堂等设施。据 2009 年 8 月 17 日厦门网一篇题为"81名小兵走进少年军校军旅磨砺营体验'魔鬼训练'"的报道称："昨日，2009厦门市军校'军旅磨砺营'第三期活动完美落幕，81 名小兵在厦门青少年军校分营地——同安莲花镇莲花村同字厝，完成了为期五天的'魔鬼式训练'。"①可见，在 2009 年，"同"字厝被开拓为厦门青少年军校分营地。在其承接青少年素质拓展活动业务一段时间之后，由于 2010 年 8 月 15 日的安全事故而被叫停至今。在这段时间里，由一名坂柄村妇女负责日常的清洁打扫（见图 4）和接待少量特殊游客外，"同"字厝一直大门紧闭，拒绝一般游客的观光（见图5）。2014 年 4 月 26 日笔者再次访问"同"字厝，获悉"同"字厝正在酝酿重新开业。

图 3　两层宿舍区

图 4　日常清洁

---

① 李玲：《81 名小兵走进少年军校军旅磨砺营体验"魔鬼训练"》，《厦门新闻》2009 年 8 月 17 日。

图5　普通游客被拒之门外

　　随着传承文化、保护文脉的思想日益深入人心，人们对红砖古厝的保护日渐重视。泉州西街的"青年客栈"和"美好生活小酒馆"均利用闽南红砖古厝的古色古韵经营客栈和酒馆，将特色建筑与现代生活很好地结合起来，为红砖古厝的保护和开发提供了可资借鉴的范本。与此同时，今年（2014 年）海沧新坡村民集体出资抢救破败萧条的古厝令人动容。海沧新阳街道祥露社区为修缮古厝而由村民独自成立修缮古厝理事会，并动员全村"有钱出钱，有物捐物，有经验的出经验"。[①]"1 万多片旧瓦片就这么汇集起来了"[②]，260 万元的修缮款也有了。其中，该村村民庄锚自愿让出近 500 平方米的土地以扩大古厝的占地面积。古厝修缮后将作为老年活动中心和旅游景点。从民间对红砖古厝保护和开发的投入中，我们可以感受到这股热爱闽南文化之风正习习吹来。但民间资本的投入还是远远无法挽救大片荒废的古厝大宅。抢救古厝只是保护的第一步，真正的保护，是活态的保护，必须使红砖古厝与现代生活、现代人的需要结合在一起。鼓励引导民间资本尤其是文化企业的投入，将文化创意引入我们的古厝使之焕发现代生命力，才能最有效地保护和利用古厝。

二　厦门市同安区"同"字古厝保护和开发中存在的问题

（一）政策法规不健全

　　首先，最大的问题是法规政策不健全。法规政策呈现模糊性，不够具体，可操作性差。这使得文物建筑在保护和开发上呈现无正规标准状态，进而导致

非遗与传统文化保护

---

①　陈瑛：《新阳古厝群村民来修缮》，《海沧消息报厦门网》2014 年 2 月 25 日。
②　同上。

保护和开发中产生种种问题，有违法规政策原意。

其次，在财政投入上，虽有强调要设立文物保护专项经费且该经费要随着财政收入的增长而增加，但并没有具体定出专项经费的数额及增长比例。这样使得文物保护部门所得专项保护经费没有一个基本的实质上的保障，只能根据领导个人对文物保护的关心度而定。保护资金无法得到保障，何谈保护呢？

再次，在专门的奖励政策上，《福建省涉台文物保护工程管理办法》和《文物保护科学和技术创新奖励办法（试行）》虽有相关规定，但奖励对象相对特殊，忽略了对那些较普通的文物建筑的奖励。同安区人民政府虽曾制定《关于加快旅游业发展若干奖励扶持的意见》，但该奖励具有时效性，仅有两年的有效期，这对于需要长期进行的文物保护和开发的引导性并不强，并不能起到长效的鼓励作用。

（二）行政权力干预大

在鼓励民间资本投入上缺乏良好的体制机制。"同"字厝文物保护单位有幸凭借《同安区旅游专项规划》而有了民间私人资本的注入，曾于2009年下半年到2010年上半年取得良好的效果。但由于政府日常监管的缺失和承包人缺乏正确的操作规范而发生安全事故。事故发生后，政府的解决之道仅是叫停营业，并未着手真正处理"同"字厝建筑结构的安全问题，以逃避的方式来保证事故的零发生率。这种做法最不明智，并不能使文物真正活态地利用起来。这使得即使民间资本有意愿投入开发文物建筑，也会因政策的限制而只好作罢。

（三）投资理念不精细

"同"字厝因其独特的建筑形制和特色而被评为区级文物保护单位。但在开发过程中并未充分利用好"同"字厝的特色，前面的开发业务主要是借由投资人个人行政关系而将其定位为厦门青少年军校分营地，以提供食宿和训练场地为主，忽略了其文化内涵。例如，古厝前落开辟的民俗馆内部仅有简单的民间古物陈列，古物的选择也相当不精细，竟然还出现现代的玩具坦克和炮弹。护厝（左边）的旅游纪念品售卖区，售卖的物品也是各个旅游景点所能看到的，毫无特色可言。

（四）在地居民保护意识薄弱

笔者在向"同"字厝附近居民了解"同"字厝保护和开发的情况时，当问到"为什么'同'字厝至今还没有再次开放"，得到的回答都是："这是私人承包的，因为先前大礼堂坍塌导致人员受伤，政府就不让开放了。"在采访现今"同"字厝的管理人（宝阿姨）时，她一直在强调："这是私人承包的，与厦门市政府、同安区政府、莲花镇政府没有一点关系。"从几次的考察当中，笔者发现在地民众把保护和开发文物当成是政府和承包商的责任，而未意识到自己在文物保护和开发当中所应扮演的角色。当然，这种意识的形成与政府的宣传教育是有一定关系的。

三 厦门市同安区"同"字古厝保护和开发的对策分析

红砖古厝作为闽南地区的地标性建筑，是我国四大古民居之一，承载着闽南人的世界观、人生观和价值观，是我们了解闽南人不可或缺的文明载体。保护和开发红砖古厝有利于保护闽南人的记忆，有利于保护文化的多样性。"保护要做到维护历史建筑的原真性和完整性，并通过合理的方式展示其历史内涵和人文价值。开发要做到在适度的基础上让历史建筑'空间再生'和传承历史。保护可以为开发提供资源，开发可以促进保护工作开展。"[1] 同安"同"字厝的未来，需要在保护原有建筑风貌的基础上，注入经济活力，让民间资本活化固态的建筑，使之在静态的文物保护和动态的经济开发中寻求长远发展的可能。在保护的基础上，寻求开发的契机，我们的政府、民间投资者、在地民众三方都需要付出努力，为厦门红砖古厝找到未来发展的康庄大道。

保护是开发的基础，没有保护完好的历史建筑，何谈开发的可能。如何保护，保护谁？不同的对象的保护准则是不一样的。文物建筑与一般历史建筑的保护原则不同，需要严格按照《文物保护法》里的相关规定，按照原真性、整体性、可持续性原则来保护文物建筑；而一般历史建筑的保护则相对来说较为灵活，可按照现实需要进行改造。"同"字厝是区级文物保护单位，应严格按照《文物保护法》的规定进行保护；而其他一般的红砖民居则可在不过分变更其建筑特色的基础上进行灵活运用。以下将保护的行为人分为政府、民间投资者和在地民众三个方面进行阐释。

（一）从政府的角度出发

从前文对"同"字厝的保护和开发现状的分析中，我们可以看出政府在红砖古厝建筑的保护和开发的政策、资金等的投入上还需要加强完善。

1. 完善相关政策法规

没有规矩，不成方圆。要想做好文物建筑及一般历史建筑的保护和开发工作，政府就必须制定一系列的保护和开发政策，让各项工作有法可依。从上文的介绍当中，我们可以看出台湾地区拥有一整套切实可行的古迹（历史建筑）

的保护和开发政策，加上近年厦门市为鼓浪屿历史风貌建筑也制定了一系列专门的法规条例。厦门市可借鉴金门保护历史建筑的法律法规体系和鼓浪屿法规条例，并依照厦门市红砖古厝保护和开发过程中所出现必须解决的问题而制定因地制宜的法规条例。如制定《红砖古厝修复施行办法》《红砖古厝委托管理维护办法》《红砖古厝活化再利用原则》《活化利用红砖古厝奖励辅助办法》。有了一系列可操作的法律规范后，红砖古厝的保护和开发就有依据可循，也就不会出现法律宽泛或无法可依的现象了。

2. 建立健全管理体系

厦门市各级文物管理部门负责文物的普查、登记、维护、监督、宣传、教育等工作。由于资金、人力等方面的问题，各级文物管理部门都将保护的重点放在重点文物上，对一般文物，如"同"字厝（区级文物），文物部门每年只对其进行抽查，至多每年检查一次。而对于普通的红砖古厝更别说检查了，它们只能等待着自然消亡。厦门处于亚热带季风气候区，夏秋季节多台风，红砖古厝很容易因台风的来临而坍塌。所以，政府应成立专门的红砖古厝保护部门，像金门专门成立的金门国家公园管理处一样，用来对古厝实行普查、登记、日常维护、安全检查等工作。这个部门应以政府为主导，以厦门高校各建筑学、旅游规划等专业的师生参与的模式来运行。这样做既能弥补政府在红砖古厝保护上的专业不足，又能引导专业人才关注厦门特色建筑的保护和开发。

3. 规范有效财政投入

红砖古厝的修复和日常维护都需要大量的资金。文物建筑属于国家所有，其经费需要国家的财政拨款。但《文物保护法》《福建省文物保护管理条例》等法律法规当中并未规定对文物建筑的具体投入数额，这对文物建筑的修复和日常维护相当不利。而那些私人所有的红砖古厝因延代传承，产权模糊，一般除了祖厝、宫庙等属于村落集体产权的，会得到村集体的自发修复和维护的外；普通民居则因高额的修复和维护费用（古厝修复一般要几十万元，甚至上百万元）而放弃对古厝的保护，任其颓丧。因此，政府不仅需要明确对文物建筑的财政投入数额，而且也需要对具有代表性的民居古厝的修复和维护做适当的辅助。

4. 编制可行旅游规划

2014年五一，除了北京和上海之外厦门成为第三大旅游城市。红砖古厝作为厦门一大特色，是未来乡村旅游的一大亮点。在闽南生态文化保护区规划下，厦门市及其各区政府在做具体旅游规划的时候，应将红砖古厝作为乡村特色游的亮点纳入每年的旅游规划当中去，为外地旅游者开辟专属于厦门的红砖民居之旅。结合新农村建设，推动乡村游、生态游，充分利用当地生态资源，为在地民众提供产业升级的机会，优化当地的收入模式，为农民创收添砖加瓦。

5. 培育建筑修缮人才

红砖古厝建筑工艺繁复，用料精细；与现代钢筋混凝土建筑工艺、用料差别较大。传统工艺多由乡村工匠传承，而随着建筑的更新换代，传统建筑工艺市场逐渐凋零，工匠老龄化严重，技艺传承断代明显。这些现象都不利于未来红砖古厝的修复和维护工作的开展。因此，政府应与厦门市各大高校的建筑系合作，制订红砖古厝修复人才传承培训计划和制作现有民间传统建筑匠师名册，为传统建筑工艺传承做好规划。结合非物质文化遗产保护项目，挖掘和指定民间传统建筑传承人，抢救正在消亡当中的技艺。政府会同高校定时开辟课堂，请民间杰出匠师为学员授课，学员必须经过严格的选拔，可以是高校建筑学、艺术学等学科学生，也可以是有兴趣从事历史建筑修复工作的社会人士。同时，请高校研究红砖古厝方面的专家定时给学员传授保护和开发红砖古厝的现状、意义等知识。课堂的学习，不仅在认识上加强保护和开发红砖古厝的宣传，而且从实际的业务操作上为红砖古厝的修缮提供技术支持。

6. 加强宣传推广活动

21 世纪是信息的时代，"酒香不怕巷子深"的心态已不适应现代社会的发展，适当运用媒体手段包装产品已是不可避免的趋势。政府可以运用自身的优势为辖区内的红砖古建筑做一系列的宣传推广活动。这些活动的目的不仅可以吸引旅客的观光，而且可以让辖区内的民众重新深入了解身边的古厝，以提升民众对自身文化的认同并产生自豪感。只有在地民众认同自己的文化、了解自己的文化，才能在未来红砖古厝的保护和开发过程中更好地营造良好的社区文化，以达到活态保护红砖古厝及其生态的目的。

（二）从民间投资者的角度出发

民间投资者投资开发红砖古厝是为了利益的最大化，而如何取得最优利益，唯有施行正确的经营管理方针，利用各种媒体资源宣传推广，并能和在地居民达成共赢的合作关系。

1. 优化经营管理方针提升创意能力

"同"字厝有其独特的闽式建筑特色和南洋风情。经营者开发之前应确定一个符合"同"字厝的主题，并围绕这个主题开展一系列的配套活动。主题鲜明了，才能突出特色，也才能吸引顾客的光临。"同"字厝可借鉴金门"乐活民宿"的"乐活""养生"的理念，将"同"字厝定位为"回归乡村、享受自然"

的融"吃、住、行、游、购、娱"为一体的多元发展项目，为顾客提供自家菜园子餐食、舒适健康的环境、在地人导览的私藏景点、融合当地元素的旅游纪念品等服务。在创意上要体现在地文化特色，用在地人的智慧创造出在地文化产品。这将是景点的一大特色。

2. 全方位利用多媒体宣传景点特色

利用现代行销手段推广"同"字厝，让外界知晓它的存在。制作属于"同"字厝的官方主页，用来宣传介绍"同"字厝的美学价值、文物价值、经营特色以及网上房间预订等活动。利用微博、微信等公众号实时更新优惠内容及有关"同"字厝各种有趣的事。学习金门在机场、码头、公交车等人流量较大的地方投放有关"同"字厝的旅游折页。举行各种有话题性的活动，以吸引媒体的免费报道。

3. 以互利共赢的心态拉拢在地居民

"同"字厝属于埃柄村的一部分，它的存在与在地居民息息相关。保护和开发"同"字厝不能只是政府或投资者的行为，在地民众是"同"字厝文化生态保护的关键。而如何吸引在地居民参与进保护和开发的行列当中呢？除了政府对在地民众的宣传教育外，投资者还应有与在地民众形成互利共赢关系的开发心态。在利益均沾下，在地民众自然会配合"同"字厝的开发规划，更好营造景区文化氛围。如何做到利益均沾呢？管理者可将某些业务外包给村民做，如景区日常的卫生打扫、餐饮服务以及上文提到的在地人导览私藏景点等等。通过利益均沾的模式，使得在地居民产生主人翁的心态，在地民众又能为景点输入在地特色，在这种良性循环下，投资者和在地人能更好地为"同"字厝的保护和开发出谋划策。

（三）从在地民众的角度出发

"同"字厝的文化内涵不仅在于其固态的建筑形式，也体现在其周边居民所营造出来的文化环境。因此，在地民众应积极参与到古厝环境的保护和开发上来，通过社区文化营造和旅游配套服务优化古厝开发环境。

1. 参与社区文化营造

厦门的每个农村都有其各自的文化特色，可以从他们的信仰习俗、人生礼仪等方面体现出来。每个古厝都离不开祖先崇拜、宗族文化。埃柄村村民可以通过政府的宣传教育了解自己的文化，形成自己的文化认同；也可以自发形成保护古厝的民间组织，自己阐释自己的文化，把握文化的解释权，为闽南生态文化保护做出自己的贡献。

2. 规范旅游配套开发

"同"字厝的保护式开发必然带来可观的旅客，为周边民众带来商机。在利益均沾的开发思路下，"同"字厝管理者应将自己的经营理念传达给周边有意愿参与商业活动的村民，为村民的经营提供专业的辅导。在地民众应严格规范自己的商业行为，为旅客提供优质的服务。在提供实质性的服务的同时，也应注重额外的服务，比如耐心为旅客解答在地文化、提供旅客可能感兴趣的景点等。

结　　语

本文立足于同安"同"字厝的个案分析，得出厦门红砖古厝保护和开发的四个问题：政策法规不健全、行政权力干预大、投资理念不精细、在地居民保护意识薄弱。未来，厦门红砖古厝的发展，不仅需要政府、民间投资者和在地民众三者的有机配合；还需要充分利用闽南文化生态保护实验区建设及申遗的各种契机，在保护的基础上开发红砖古厝，在开发中使红砖古厝真正得到保护。厦门市在制订闽南文化生态保护规划的时候，应注重对红砖古厝生存状态的保护，以世界遗产的标准严格规范红砖古厝的保护和开发。

参考文献

[1] 李长江：《试论历史建筑的保护与开发》，《商品与质量·建筑与发展》2013 年第 7 期。

[2] 李秋香、庄荣志等：《闽台传统民居建筑文化遗产资源调查》，厦门大学出版社 2014 年版。

[3] 李晓东：《略谈文物法律体系与法治文化》，《中国文物科学研究》2011 年第 2 期。

非遗与传统文化保护

青少年传统文化教育方式浅议

贾　娟[*]

随着新课标的出台，传统文化的教育已然成为我国青少年教育中不可或缺的重要内容，对培养青少年正确的价值取向、良好的道德素质修养等方面都具有良好的促进作用，这也是为什么现阶段社会各界都广泛重视青少年传统文化教育的重要原因之一。然而，在全球化经济飞速发展的当今社会，由于各国之间的文化交流日渐频繁，西方等国外思想文化的冲击，使得我国青少年的传统文化教育开始面临全新的挑战，并出现了认识不足、内容不全面、教学方法不完善等方面的问题。对此，我国应在青少年的传统文化教育方面引起重视，并从学校教学和体验的内容等多方面多角度出发来对传统文化教学的方式进行完善。

一　青少年传统文化教育的重要意义

（一）拓宽青少年的文化知识层面

我国的传统文化集合了千年来文化伟人的思想精髓，其所包含的内容不仅有着非常广泛的范围，同时也往往有着非常深刻的思想文化内涵，对拓宽当代青少年的文化知识层面具有良好的作用。通过传统文化的教育、非遗项目的体验，我国青少年可以对深层的传统文化内涵进行深入的了解，在此基础上丰富

---

[*] 贾娟，北京民俗博物馆助理馆员。

自身对传统文化价值意识的认识。因此，从传统文化教育的根本来看，通过对青少年进行传统文化的教育能帮助其充分丰富自身的文化内涵，加深其自身对文化规律的了解，进而强化其在文化探索方面的能力。而就传统文化所蕴含的思想精髓来看，其往往有着让青少年深入回味的魅力，其对青少年展开教学也往往对青少年自身的文化深度有着重要的促进作用。

（二）提高青少年的道德素质修养

对青少年的道德素质修养加以提高，是青少年传统文化教育中不可或缺的内容之一。我国的传统文化包含了千年来中华传统美德的精髓，因此在道德素质修养等方面往往有着其独有的标准体系。尽管在时代科技发展的当今社会，传统文化中对于道德素质修养的培养与创新思想的培养而言存在一定的局限性，但从其大范围的思想道德意识和行为规范的培养而言，往往对高素质的青少年培养有着非常积极的影响。由于我国现阶段大多数的青少年从小便受家人的溺爱，因此，在成长过程中难免会出现对他人的不尊重。而传统文化中"敬人者，人恒敬之"的思想则通过教育传递"想得到别人的尊重，首先就要先学会尊重别人"的思想。由此也可看出，传统文化的教育对提高青少年的道德素质修养具有重要的促进作用。

（三）提高青少年的艺术修养与情操

除了言传身教之外，我国的传统文化也往往会通过艺术的形式实现传承，比如书法、绘画及非物质文化遗产的诸多项目等。俗话说"见字如见人"，这一句话的意思指从一个人的书法中便能看出一个人的品性，可以说，在欣赏一幅书法作品时，人们往往欣赏的并不是书法的本身而是书法家在书写中融入的精神，由此也足以看出传统文化在其本质上也存在一定的艺术性。而在时代发展进步的当今社会，由于生活节奏的不断加快及社会的功利性，人们在现实生活中往往会忽视精神内容而过于重视事物的表象。对于当代的青少年而言，其所处的年龄段正是思想意识及文化艺术素养等方面培养的重要阶段，因此通过对其进行传统文化的教育，让其静下心来慢慢体会传统的体验内容也能有效促进其自身艺术修养与文化精神的提升。

（四）强化青少年的文化素养

全球化经济的飞速发展使得各国之间的文化交流越发频繁，这也在很大程度上导致了不同文化在主流地位方面的激烈竞争，青少年对传统文化的注意力也慢慢减弱。从现实层面来看，我国现阶段青少年的文化思想在很大程度上受到了西方文化的侵袭，这也使得我国传统文化的主流地位受到了极大的冲击，崇洋媚外也已然成为我国青少年中所普遍存在的一种现象。针对这一现象，对我国青少年自身的文化安全素养进行强化已然成为青少年教育中至关重要的任务。通过对传统文化进行教育，能切实有效地对我国传统的精神文化思想进行传递，以强化当代青少年对传统文化内涵与价值的认识，进而帮助他们对自身的文化安全素养加以提高，并明确传统文化在自身价值意识培养方面的重要性。

二　现阶段我国青少年传统文化教育中出现的问题

（一）对青少年传统文化教育的认识较为浅显

我国的传统文化通常包含了非常丰富的内容，不仅涉及文学的范畴，同时也涉及艺术等范畴。然而，就现阶段来看，我国的青少年在传统文化的学习中往往不能全身心地投入其中，甚至有的青少年本身就对传统文化没有清楚的概念，究其原因主要是当代的青少年往往对传统文化的重要性没有充足的认识。从当代青少年的思想意识来看，不难发现传统文化在他们身上并没有得到非常有效的传承，从学校来看，传统应试教育思想的深入使得学校及教师往往在教学中更加重视学生考试科目的成绩，传统文化的教学受到了极大的忽视。也正是由于学校及教师的不重视，当代青少年无法真正认识到传统文化的重要性，因此在实际的学习中会出现消极懈怠的现象。

（二）青少年传统文化教育的内容并不全面

受社会功利性和传统应试教育思想的影响，青少年传统文化教育的内容不全面也是现阶段出现的一个较为明显的问题。一方面，国家对青少年传统文化教育的相关内容没有进行明确的规范。就传统文化的本质来看，往往在现代青少年教育的各科内容中都有所涉猎，这也就导致传统文化教育的内容在形式上过于分散而无法形成有效的教学内容体系，这也是为什么当代青少年虽然每天都在学习传统文化却并不知道自己所学内容的主要原因。另一方面，传统文化内容的难易层次并不相同，因此在教学中往往要求教师能根据学生的实际情况及接受能力来进行教学内容的选择，但从现实情况来看，教师在传统文化的教学中往往忽视学生之间的差异性而采用统一的教学内容。

（三）传统文化的教学方法并不完善

就现阶段我国的传统文化教育来看，学校教育是最为主要的方式，然而受一定因素的制约，传统文化的教育在学校教育中却无法真正得到落实。首先，应试教育的传统观念对传统文化的教学形成了制约。在应试教育模式的影响下，我国青少年对传统文化的学习往往仅为取得所需的分数，因此在学习中往往更多地注重传统文化表面的内容，而忽视了其深层的内涵。其次，我国文理分科的教学模式导致了青少年对传统文化学习的忽视，由于传统文化的内容大多属于文科历史教学的范畴，因此，对理科生而言其往往在学习中无法引起对传统文化学习的重视。最后，传统文化在高考中并没有明确的内容，这也就造成了部分教师在教学中会忽视传统文化的重要性。

三　青少年传统文化教育中存在问题的原因分析

（一）近代文化发展境遇坎坷

20世纪初，我国一大批知识分子开始走上文化救国的道路，受西方启蒙思想影响，在国内掀起以"民主、科学"为宗旨的新文化运动，动摇了一直以来在我国占据着绝对统治地位根深蒂固的封建思想，对近现代社会的发展产生了深刻的影响。新文化运动极大地解放了人们的思想，其核心任务是打倒一切儒家文化，而儒家文化是传统文化的典型代表，因而从某种角度来看，当时的传统文化正逐渐走向衰败期。"文化大革命"全面爆发，传统文化更是被看作封建思想残留，饱受争议和批判，地位一落千丈。在这段时期里，传统文化遭受了不可修复的严重创伤。反观西方国家，一些著名的文化学者如莎士比亚、柏拉图、黑格尔等人在各自的国家中始终深受人们的尊崇与敬仰，而我国伟大的儒学思想家孔子在人们心目中却经历了尊敬和轻视两种截然不同的态度，传统文化尊严跌落社会底层并被无情践踏，境遇十分坎坷。

（二）现行文化教育的功利性

青少年群体是教育活动的主要对象，肩负着传递文明的重任，所以加强青少年的基础文化教育对于促进我国社会经济发展具有重要意义。通过研究不难发现，一直以来，我国教育都在不断变动的过程中缓慢、曲折地发展着，直至20世纪70年代起才开始取得突破性的发展。此时，我国正处于建设关键时期，综合国力空前提升，使得社会发展对人才的需求也越来越迫切。在这样一种形式背景下，教育制度的功利性也就愈加明显。

首先，人才选拔制度的单一死板。长期以来，我国都奉行应试教育思想，即以考试手段来检验学生的个人素质水平。这种方式看似公平、简单，但对于传统文化的传承与发展而言是十分不利的。学习传统文化的关键在于让学生充分理解和感悟，而非只是单纯的机械式复制、死记硬背。这种带有较强功利性的应试教育只会削弱青少年对传统文化的兴趣、崇敬之情以及向往之心，忽视行动的重要性。其次，过于重视理科教学。21世纪是市场经济时代，人们普遍重视物质而轻视文化。从就业上来看，理工科人才也往往比文科人才更容易就业且待遇要更为优厚。然而随着现代文明的不断进步，单一领域的专业知识已然无法满足社会经济的发展需求。如此单一化的教育模式对青少年的健康成长非常不利，不少人或精于业务却不善与人沟通交流，或人际关系很好但却没有业务实绩，这种严重失衡的现象与文理分科教学存在很大的联系。对于青少年而言，教育工作者应重点对其进行基础文化教育，提升他们的综合素质水平；如果学生的理论水平是提高了，但动手能力却很低，使传统文化教育的处境更加艰难，传统手工艺的传承自然也成了问题。

（三）教育者自身文化断层

教师是教学活动的直接组织者与参与者，其传统文化水平的高低直接关系最终的教学质量。从目前我国教育工作者的年龄结构来看，绝大部分处于25—55岁的区间内。而通过分析不难了解到，该年龄段的教师人群要么经历了"文化大革命"的迫害，要么是刚从应试教育模式中走出来。同样的，青少年的父母亦如此。所以学生们受到的传统文化教育相当有限，出现了断层现象。教师和父母作为青少年最常接触到的人，他们的一言一行和思想观念对青少年都有很大的影响。教育者自身的传统文化水平有限，导致青少年对传统文化的重视程度不够，认为可有可无，对我国优秀传统文化的继承与发展持淡薄、肤浅的态度，并且这种思想还会一直延续到下一代的教育中。

四　改进青少年传统文化教育方式的策略

（一）优化家庭教育，提高对传统文化的认识

父母是青少年最常接触到的人，在其成长过程中扮演着十分重要的角色。要想改进青少年传统文化教育，首先应从家庭教育着手进行优化。

1. 以传统文化精髓为重点

青少年正处于思想品格的形成初期，所以在此期间对其进行传统文化教育与道德引导是最佳时期。家长应以传统文化精髓为主线对青少年进行教育，不仅是对优秀传统文化的继承与发展，同时也是为了促进青少年道德素质水平的提升，引导其树立正确的思想价值观与人生发展方向。

2. 提高家长教育能力

与学校教育相比，家庭教育要更加自由多样化。现阶段我国传统文化启蒙教育效果普遍不理想的主要原因在于家长自身传统文化意识不足，没有掌握正确的教学方式，导致青少年在家庭教育这方面一直处于空白状态。因此，有必要提高家长们的教育能力，与学校保持必要的沟通、交流，了解学生身心健康发展的实际状况，从而更加有针对性地开展家庭教育。

3. 传统文化融入生活

家庭教育的形式非常多样，家长们可以利用一些影视作品作为传统文化教育的工具。例如，某电视台新设的栏目《中华文明之美》，每天都会介绍两三个关于中国传统文化的知识点，以一些有趣却充满寓意的情景短剧或旁白向观众阐述我国的优秀传统文化，既有效拓宽了青少年的知识面，同时还有效提高了他们道德素质水平，使其感受到传统文化之美在人们生活中无处不在。

（二）革新学校教育

1. 用情感教育代替知识教育

客观而言，传统文化在现行教材中所占比例并不是很低，尤其是在文科课程当中，占据了一定的比例。然而，就目前的教学现状来看，青少年对这些传统文化内容并不是很感兴趣，不少学生反映文言文晦涩难懂，理解背诵的难度很大，而练习书法也仅仅是为了应付作业。因此，学校应革新教学重点，以情感教育来代替传统的知识教育，致力于培养青少年对于传统文化的兴趣，提高他们的综合素质水平。

2. 用系统教育代替零散教育

由上文可知，尽管传统文化内容在现行教材中都有一定的体现，但大多是零散分布的，不能构成一个完整的体系，青少年学习到的并不是完整的传统文化。不少学者呼吁应当以教科书的形式对我国优秀的传统文化进行编排，对青少年展开系统化的教育。对于学校教育的启发是，应当将传统文化教育设立为一门独立课程，并将其作为青少年长期必修课，以充分凸显其在青少年教育体系中的重要地位。

（三）继承与创新相结合

传统文化是我国古代人民智慧凝聚的结晶，为我国社会发展提供了源源不断的动力。然而在新时期背景下，传统文化也存在着一定的局限性。因此，教育工作者们在对青少年进行传统文化教育时，应灵活运用与处理。

1. 顺应时代思潮，摒弃老旧思想

随着时代的发展，人们对于价值观的理解也有了新的看法，许多在过去备受推崇的思想已然难以适应当今社会的思潮。例如，古人崇尚"低调"，认为凡事不能争第一，因为"枪打出头鸟"，然而这在一定程度上扼杀了人们的进取思想，不利于推动社会文明的进步与发展。因此，教师要引导学生客观理解传统文化的内涵，学会取舍，正视传统文化的缺点而不是一味继承。

2. 要提炼精髓、推陈出新

对青少年进行传统文化教育并不是简单地让学生背诵记忆，而是要有选择性地提炼出有利于促进青少年身心健康发展和综合素质水平提升的精华部分，挖掘其中的道德实质。许多传统文化尽管表面上与时代发展格格不入，但其本质思想对于青少年的教育而言仍有十分重要的启发意义。因此，教师应采用辩证的思想将传统文化与时代发展内涵相结合，不断推陈出新，使其能够适应青少年的成长规律，用非遗的具体项目将传统文化具体化，将传统的内容真实地带进孩子们的课堂和家庭。

五　结语

综上所述，传统文化对青少年的成长具有十分重要的积极意义。因此，对于广大教育工作者而言，在平时的教学过程中除了要紧抓学生的知识文化教育，还应注重加强学生的传统文化教育，不断完善丰富当前的德育教学内容体系。在开展传统文化教育时，教师应与时俱进，紧跟时代发展潮流，但也应认真地对传统文化的精髓进行提取，对当前的教学方式进行优化，将青少年德育工作作为开展一切教学活动的首要任务，利用中国优秀传统文化的灌溉，用优秀的非遗项目体验作为桥梁，逐步引导当代青少年形成正确的价值观念，提高他们的思想觉悟水平，保障其身心的健康全面发展，使其成为符合社会经济发展需求的优质人才。

参考文献

[1] 陈文：《青少年对传统文化的认知弱化浅析》，《江西青年职业学院学报》2014 年第 6 期。

[2] 顾青、吴魏：《中小学传统文化教育的问题与思考》，《语文建设》2015 年第 2 期。

[3] 郝佳彤、崔月英、朱红：《中小学实施中华优秀传统文化教育的探索》，《教育探索》2015 年第 1 期。

[4] 田有成：《中华成语与传统文化教育》，《榆林学院学报》2015 年第 3 期。

[5] 徐梓：《中华传统文化应成为中小学教育的"正餐"》，《群言》2014 年第 7 期。

[6] 漆永祥：《中小学加强传统文化教育的几点建议》，《语文建设》2014 年第 1 期。

征稿启事

　　《北京民俗论丛》（以下简称《论丛》）是北京民俗博物馆主办的社会科学综合性学术年刊。每年 1 期，每年年初由中国社会科学出版社出版，面向国内外公开发行。《论丛》开设栏目丰富，主要栏目设有《民俗文物文献研究》《博物馆理论与实践》《北京史地民俗研究》《田野民俗志》《东岳文化研究》《非物质文化遗产保护》等。

　　《论丛》现诚向各界专家学者征求稿件，有关事宜启事如下：

　　一、来稿须为作者本人原创，且未公开发表。稿件内容要求文字精练、层次清晰、观点鲜明。来稿确保不涉及保密、署名无争议，因文字、引注、图片等引发的观点或版权问题，皆由作者本人承担。

　　二、本刊只接受 Word 版电子文本。文稿须包括题目、提要（100—300字）、关键词（3—5 个）及作者简介（姓名、工作单位、职称、通信地址、邮政编码、联系电话、电子信箱，务必准确）。

　　三、来稿一般以 8000 字以内为宜。编辑部有权酌情删改来稿，如不同意请予说明。

　　四、文中注释一律采用页下注，用阿拉伯数字编序，注明作者、书（或文章）名、出版单位（或期刊名）、出版年份（或第×期）、页码。［请遵循 GB/T 7714—2005《中华人民共和国作者编辑常用标准及规范》（2009 年）］

　　五、来稿请勿一稿多投。本刊处理稿件自投稿日起以 3 个月为限，逾期如未接到采用通知，请自行处理。稿件概不退还，烦请自留底稿。

　　六、本刊已被《中国学术期刊网络出版总库》及 CNKI 系列数据库收录。如作者不同意文章被录入该数据库，请在来稿时向本刊声明。

　　七、2018 年度《论丛》（第六辑）征稿截止日期：2017 年 10 月 31 日。

　　八、本刊对用稿支付稿酬，所付稿酬包括作品数字化和信息网络传播的报酬。

　　通信地址：北京市朝阳区朝外大街 141 号北京民俗博物馆《北京民俗论丛》编辑部

　　邮政编码：100020

　　电话：010 – 65514147

　　投稿邮箱：bjmslc@126.com